U0066932

中華民國憲法

The Constitution of
the Republic of China

〔 2nd Edition 〕

洪葦倉◎編著

序

　　憲法是國家的根本大法，不僅規範國家權力，更是人民權利的保障書。現代國民對憲法的基本精神和內涵，應有基本的認識和瞭解。

　　作者擔任大專院校教職多年，深深覺得青年學生對於政治、經濟、社會，以及人我之間的權利義務關係，欠缺深度關心，因此在憲法學的講授過程中，特別注重人民權利保障、國家權力監督和政府體制運作等事項之闡明，期使我國青年具備憲法知識基礎，能夠關心社會，思考問題。

　　中華民國憲法歷經七次增修，對我國政府體制、兩岸關係，乃至經濟、社會等層面，均發生深遠影響。本書引述民國九十四年六月公布施行的最新修憲條文與相關資料，期能在憲法教學與學習上提供最新的參考資料。

　　本書係參考多位憲法學先進的研究，編撰而成的教科書，並非嚴謹的學術著作，雖然於正文中註明引用出處，但囿於篇幅和行文順暢，仍有部分觀念和篇幅無法一一列明出處，特此說明，以示不敢掠美。

洪葦倉
序於信義草廬

目 錄

第 一 章

憲法的基本概念

The Constitution of the Republic China

● 第一節　憲法的發展

　　憲法是賦予國家存在基礎的根本法，這個觀念由來已久，遠自希臘時期，學者亞里斯多德（Aristotle, 384-322B.C.）就曾經蒐集一百五十八個城邦的法律，經過歸納研究，他發現這些法律可以區分為兩大類，一類是城邦的根本組織法，是所有政治組織的依據；另一類則是普通法律，由根本組織法衍生而來，不得違背根本組織法。日本憲法學者蘆部信喜說：「一個國家不論採行何種社會、經濟結構，都須有政治權力及行使這種政治權力的機關存在；而規定這種權力的機關組織與作用，以及其相互間關係的規範，就是固有意義的憲法。」[1]

　　不過，今日所謂的「憲法」，意義應不僅止於國家權力的規範。否則，將只是「固有意義」而非「近代意義」的憲法。其實，近代意義的憲法，不只是規範國家機關的組織與作用，更強調人民自由權利的保障。

　　近代憲法之發展，植基於立憲主義（constitutionalism），包括下列兩個原則：

1. **法治政治**：排斥統治者以個人主觀好惡，專制支配國家權力，而以客觀的法律規範來拘束政府活動[2]。因此，以立憲主義為基礎而發展出來的憲政制度，即為「法律主治」或「權力受到限制」的政府。政府（統治者）接受有組織而且持續性的制度約束。

2. **民意政治**：係指政府決策須直接或間接的根據被統治者的意思。人民有權利依直接民權或代議制度的方式參加國家的統治作用。詳言之，立憲主義不僅要以法規來拘束政府權力，更應

讓人民決定法律內容和政策方向，藉以防衛權利或謀福造利。

進言之，「法治」和「民意」，是民主立憲國家的兩大基石，猶如鳥之雙翼、車之雙輪，缺一不可。從西元一二一五年英國大憲章以來，憲法發展歷經「近代憲法」、「現代憲法」以及「當代憲法」三個階段，以下分別介紹其發展歷程與意涵。

一、近代憲法的發展

近代立憲主義濫觴於英國，而後隨著美國獨立建國，傳布到美洲大陸；接著，法國大革命成功，發表人權宣言，法國人據之以制定憲法，成為歐洲大陸第一部成文憲法；日本明治維新的大日本帝國憲法（簡稱明治憲法），則將近代憲法思潮帶至亞洲。

西元一二一五年，英國國王約翰受貴族逼迫，同意頒布「大憲章」（Magna Carter），主要內容在保障英國貴族的特權，而不是以保障平民權利為目的。雖然如此，但是「國王不得任意徵稅，不得非法拘捕人民」的憲章規定，使得王權不再是無上權威，而必須遵守根本法的約束，「法律主治」或「權力受到限制」的政府的近代立憲思想由此濫觴。

西元一六二八年，英國國王查理一世（Charles I）與人民代表組成的國會達成協定，簽署「權利請願書」（the Petition of Right），規定「國王非經國會同意，不得徵收租稅，不得隨意拘捕人民」。由於是國王與人民的協定而非受迫簽署，因此在內涵上，權利請願書較大憲章已有進步。

西元一六八九年，英國國會通過「權利法案」（the Bill of Rights），規定「國王不得停止法律效力；國王非經國會同意，不得增加租稅或徵召兵丁；國會議員不得因言論而剝奪其自由；犯罪之人

必須以公正的陪審審判；人民有請願的權利」。國王權力受到更大的限制，保障人民自由權利成為英國憲法的主要目的。

一二一五年的大憲章，立下限制王權的先例，洛克（John Locke, 1632-1704）以及盧梭（Jean-Jacques Rousseau, 1712-1778）等所倡言的近代自然法或自然權利（natural rights），則賦予近代憲法深厚的思想基礎。依據這種思想「人生而自由平等，有天賦權利。為確實獲得這種自然權，人們就締結社會契約（social contract），將國家權力之行使委託政府。於是當政府恣意行使國家權力而不當的限制人民權利時，人民就有抵抗政府的權利」[3]。美國獨立宣言、聯邦憲法、法國人權宣言以及法國第一共和憲法，就在這種思想支持下制定出來。

西元一七七六年，英國在北美洲的十三個殖民地宣布獨立，根據孟德斯鳩的「三權分立」學說，在一七八七年通過美國聯邦憲法，將國家治權區分為行政權、立法權和司法權，讓三權彼此分立，相互制衡，使得限制王權（政府權力）的思想落實為持續性約束的制度，亦使近代立憲主義中保障人民自由權利的終極目的更形彰顯。

西元一七八九年，法國大革命爆發，巴黎市民占領市政府並且攻占巴士底監獄，發表「人權宣言」。一七九一年，法國憲法誕生，採行君主立憲政體，施行議會制度，立法權屬於國會，行政權屬於國王。

十八、十九世紀的近代憲法，大抵上包括下列思想內容[4]：

1. 個人主義：尊重每個個人的思想和權益，以達成個人之需要為目的。

2. 自由主義：認為「最好的政府，最少的統治」，「政府之任務只限於保衛國土，不受他國侵略；在國內維持正義，安定秩序；舉辦私人不願意舉辦之事業。」

3. 主權在民：主權之淵源，在於國民，不問任何團體或個人，均

不能行使國民所未賦予的權力。

4.**法治主義**：以法律規範政府施政之範圍及人民應負擔之義務，
 亦以法律保障人民之權利。

5.**權力分立**：將國家治權區分爲行政、立法、司法三權，使權力
 間相互制衡，以防專制。

6.**立法至上**：行政與司法機關以立法機關所制定的法律爲施政之
 依據。

二、現代憲法的發展

十八世紀末葉以及十九世紀，個人自由權發揮到極至，政治上以
自由主義思想爲基礎，政府功能主要是維持最低限度的社會秩序，除
此以外，只要是基於個人自由意志的經濟活動，政府都不應加以經濟
或政治干涉，就是所謂的「管得愈少的政府，才是愈好的政府」。

然而，隨著資本主義高度發展，獨占財經集團興起，財富集中，
貧富差距拉大，勞動條件惡化。其結果，憲法所保障的自由，對社
會、經濟的弱者而言，只不過是貧乏飢餓的自由而已。因此，爲了確
保人類的自由與生存，國家（政府）的角色職能發生變化，「管得愈
少愈好」的國家（政府）乃轉變爲救濟社會及經濟弱者的福利國家。

二十世紀，特別在第一次世界大戰以後，制定的新憲法，多數採
取經濟上的平等主義，以及干涉主義政策，國家政府職能由消極保障
轉變爲積極保護，政治制度隨之受到影響，例如行政權擴張、行政機
關膨脹、委任立法增加、行政司法逐漸發達，以及緊急命令權等等。
一般而言，現代憲法具備下列四項特徵[5]：

1.**所有權的限制**：所有權不再是神聖不可侵犯的權利，所有權包
 含義務，其行使應同時有助於公共福利。

2.工作權及生存權的保障：政府之任務不僅是消極的保障人民的自由生命及財產，而且應積極地給予人民工作機會和生活保障。

3.勞工保護：包括職業介紹制度、工廠傷害衛生制度、最高工時制度、最低工資制度等等。

4.產業社會化：具有民生及獨占性質之企業，得改為公營。

三、當代憲法的發展

第二次世界大戰之後，比利時、法國、丹麥、義大利、日本……等等許多國家紛紛制定新憲法，採取國際和平主義，具有重視基本人權、放棄戰爭、國家主權限制、違憲審查權發達等特色。

(一)重視基本人權

近代憲法雖以人權保障為基本目的，但是第二次世界大戰前，憲法的基本人權之規定多屬政治宣言或口號，甚少獲得重視落實，第二次世界大戰之後，基本人權的保障始逐漸被重視並獲得落實。一九四八年聯合國大會通過世界人權宣言，這雖然只是一個道德性宣示，不具任何法律拘束力，但是它卻促使各國政府重視民權、政治權利、經濟權利和社會權利等基本人權。爾後，聯合國與各個國際組織相繼草擬各項人權條約，且對批准的國家產生了法律拘束力。

(二)放棄戰爭

第二次世界大戰之後，在憲法中明確規定不以戰爭為解決國際爭端手段，放棄參與侵略戰爭或戰爭準備的國家甚多，例如：(1)一九四六年法國第四共和憲法前言：「法國不發動任何侵略行為目的的戰爭，亦永不使用其武力以侵害任何國民之自由。」(2)一九四六年日

本新憲法第九條：「日本……永久放棄以發動國際戰爭、及武力恫嚇與行使爲解決國際紛爭之手段。爲此，不保持陸海空軍及其他作戰能力，不承認國家之交戰權。」(3)一九四九年西德基本法第二十六條：「擾亂國際和平共存之活動，或以擾亂爲目的之活動，概爲違憲，應受處罰。」(4)一九四七年義大利共和國憲法第十一條：「義大利不以戰爭爲侵犯他國自由之工具，亦不以戰爭爲解決國際紛爭之手段。」(5)一九八七年菲律賓共和國憲法第二條：「菲律賓放棄以戰爭作爲國家政策之工具。」

(三)國家主權限制

第二次世界大戰之後，許多國家的憲法採取主權自我限制，宣布遵守國際法。就理論而言，國際法規範「國家」而不能直接約束各國的國家機關或人民，但如果在憲法中有遵守國際法的原則性規定，則國家機關必須執行國際法。有些國家的憲法規定國際法優於國內法，例如法國第四共和憲法第二十六條：「凡依法通過及公布之外交條約有優於法國國內法之效力，除非事前經外交手段正式廢止外，不得修改、停止或廢棄。」有些國家的憲法則規定國際法爲國內法之一部分，例如西德基本法第二十五條規定：「國際法之一般規則構成爲聯邦法之一部分，此等一般規則之效力在聯邦法律之上，並對聯邦境內之住民直接發生權利及義務。」韓國一九四八年憲法第七條規定：「依法通過及公布之條約及一般承認之國際法規，可作韓國國內法之一部分而通行。」

(四)違憲審查權的發達

「法的位階」（hierarchy of law）闡明法律與命令不得違背憲法的觀念，是維持憲法尊嚴及根本大法的基本理論基礎。爲了防止立法機關和行政機關違憲，違憲審查（judicial review）制度相應而生。西

元一八○三年，美國聯邦最高法院在一項判決中稱：「違憲的法律不是法律」、「闡明法律的意義是法院職權」。自此而後，美國聯邦最高法院取得審查國會立法和行政命令是否違憲的權力，行政、立法、司法三權分立制衡的憲政理論落實成制度。

第二節　憲法的意義

一、形式的意義

　　憲法的形式意義，係指憲法是國家的根本大法。所有法律、命令都在這根本大法的原則下制定，不得與之牴觸，若生牴觸，則法律與命令無效。憲法、法律與命令形成一個法的金字塔，稱為法位階（hierarchy of law），憲法位於最高階層。

　　就形式意義而言，只要是國內最高位階的法規範，就是憲法。因此，形式意義的憲法，可以是專制王權統治國家的根本規範，也可以是極權國家壓迫人民的最高法律，可能與人民自由權利保障一點關係都沒有。

二、實質的意義

　　從十三世紀以來，憲法的基本精神內涵，不僅規範國家權力運作，更強調保障人民權利。因此，國家最高位階的法規範，並不一定就是具備實質意義的憲法。也就是說，夠資格稱為憲法的法規範，應該具備的實質要素包括 ：(1)規定國家權力機關的組織、職權，以及其相互間關係；(2)基本人權保障。

根據憲法兩項實質要素之有無或重要性之先後，可以將憲法區分為「固有意義的憲法」和「近代意義的憲法」。

　　「固有意義的憲法」係指一個國家的憲法，只強調國家權力機關的職權和相互關係的規範，而忽略基本人權保障，稱之為「固有意義的憲法」。固有意義憲法存在於任何時代、任何國家，即便是專制王權時代，「朕即法律」的最高法規範，就是憲法。

　　「近代意義的憲法」的旨趣，可以引用一七八九年法國人權宣言：「沒有確實保障人民權利，也沒有採行權力分立制度的社會，可視為沒有憲法。」因為從憲法史來看，一個社會組織起來制定一部憲法，是為了保障人民。人民是為了保衛自己的生命、財產和自由，才拿出財產的一部分（繳稅）、拿出生命的一部分（服兵役）、把自己自由的一部分讓渡出來（遵守法律），用來換取社會對他全部財產、生命和自由的保護。因此，人類不是為了社會而社會，也不是為了國家而國家，而是要保障基本人權。不論是大憲章、權利請願書或者是權利法案，細數其內容，提到國家組織者少，絕大部分在談基本人權的保障。直到西元一七七六年，美洲殖民地脫離英國獨立，創制美國憲法，為了確保天賦人權的實現，採取孟德斯鳩三權分立的思想，將國家機關的組織規定放入憲法，而其目的則是將分權制衡的思想實證法化，據以限制國家權力，保障人民基本權利[6]。

 ## 第三節　憲法的分類

一、成文憲法與不成文憲法

　　這是以憲法存在的形式作為分類標準。

成文憲法（written constitution）是將人民權利義務和國家根本組織等有關事項，具體而有系統地制定成憲法法典。例如西元一七八七年於費城制憲會議通過的美國憲法，即是世界上第一部成文憲法。世界各國制定的成文憲法，多數採用單一法典形式，如中華民國、日本、美國等。但是也有以一種以上的法典組合而成者，如法國第三共和憲法，便是由參議院組織法、公權力組織法以及公權力關係法等三種法律組成[7]。

　　相反地，國家根本組織和人民基本權利保障等相關規範，散見於歷史文件、普通法律、憲政習慣和法院判例之中，而非有系統的整合於單一或數種法典的，就稱為不成文憲法（unwritten constitution），例如英國就是採行不成文憲法的國家。

二、剛性憲法與柔性憲法

　　以憲法修改程序為分類標準，可以區分為剛性憲法（rigid constitution）與柔性憲法（flexible constitution）。凡憲法的修改機關與普通立法機關不同，或其修改程序比普通法律較為困難者，稱為剛性憲法。相反地，修憲機關和程序都和普通法律相同者，稱為柔性憲法。

　　不成文憲法都是柔性憲法，成文憲法卻未必都是剛性憲法。只有憲法條文中規定憲法修改機關與普通法律不同、程序比普通法律困難者，才是剛性憲法。例如義大利一八四八年憲法，雖屬成文憲法，但是憲法中並未規定修憲程序，因此為柔性憲法。

三、欽定憲法、協定憲法與民定憲法

　　這是就制定憲法的主體為標準所做的分類。

　　凡是由君主以獨斷權力制定、頒布施行的，稱為欽定憲法。如一

八一四年法國憲法、一八一七年德國俾斯麥憲法、一八八九年日本明治憲法都是欽定憲法。

由君主與人民或與代表人民的機關協議制定的憲法，稱為協定憲法，如一八○五年德國普魯士憲法。

憲法由人民直接或由人民代表機關間接制定，稱為民定憲法。民定憲法的產生形式有下列三種：(1)由普通議會制定：如法國第二、第三共和憲法。(2)由人民制憲機關制定：如德國威瑪憲法、美國憲法、中華民國憲法。(3)由公民投票決定：如法國第四共和憲法、一九五八年紐西蘭第五共和憲法，先由人民代表組成的制憲會議或機關，草擬憲法草案，再經公民投票做最後決定。

隨著民主政治的發展，欽定憲法與協定憲法都已成為歷史陳跡，現今世界各國憲法都依循民主程序，由人民代表所制定，都是民定憲法[8]。

四、資本主義憲法與社會主義憲法

資本主義憲法與社會主義憲法有如下差異[9]：

(一)人權保障V.S.人權死滅

保障基本人權是資本主義憲法所強調的，但是社會主義憲法強調人權死滅說，其所根據的理論認為，共產主義國家惟有從社會主義社會過度到共產主義社會時，才需要提倡基本人權，藉此取得言論、出版、集會、結社等自由權利，以此自由權利作為清算鬥爭的武器，以便鬥垮資產階級，取得無產階級專政。由於無產階級之間不會相互迫害，此刻便不必講求基本人權，人權自然死滅。

(二)權力分立制衡V.S.權力集中管理

近代資本主義憲法講究權力分立制衡，如法國人權宣言揭示，一個國家若不能保障基本人權，實施權力分立制度，就不算是有憲法的國家。相反地，社會主義憲法反對權力分立，為貫徹無產階級專政，必須堅持階級鬥爭，由鬥爭所得的權力不能分離，使之獨立到各機關，必須集中由人民管理，此稱為「人民民主集中制」。因此，共產政權建立最高蘇維埃、全國人民代表大會，由這些機關統籌管理行政權、立法權和司法權。

(三)私有財產制V.S.生產資料公有制

資本主義憲法規定「私有財產神聖不可侵犯」的原則，竭力保護資本主義的財產私有制度；社會主義憲法則確立公共財產神聖不可侵犯原則，確立以生產資料公有制為基礎的社會主義經濟制度。

五、規範憲法、名目憲法與語戲憲法[10]

依權力者與相對人對憲法規範的遵守程度，也就是依據憲法實施的真正效果來分類，將憲法區分為[11]：

(一)規範憲法

即政治權力能適應、服從憲法規範，凡與憲法有關係者，均能遵守憲法。如英、美等民主先進國家的憲法。

(二)名目憲法

即雖有成文憲法法典，現實上卻不能發揮其規範性，憲法只不過是名目的存在。如亞、非、拉丁美洲等許多開發中國家的憲法。

(三)語戲憲法

　　憲法雖完全被適用，實際上這種憲法卻不過是現實掌有權力者，為自己的利益，而將既存的政治權力分配予以定形化而已。如蘇聯憲法。

 # 第四節　憲法的變遷

　　憲法是制憲當時政治、經濟、社會狀態的反映，憲法一經制定，則變為具有固定性的規範。但是，隨著政治、經濟、社會環境的轉變，往往使得原憲法內容不敷應用，或出現憲法條文與國家環境難以相配合的困境。如何才能使憲法能夠適應變動的時代潮流呢？其方法有三：(1)憲法習慣；(2)憲法解釋；(3)憲法修改。透過這三種方法，憲法一方面可以適應時代的需要而改變，另一方面又能維持其根本精神[12]。

一、憲法習慣

　　習慣，係指歷年反覆不已的經驗，經一般人承認，而具有法律拘束力者[13]。進言之，凡憲法本文對某一事項未做明白規定，但因反覆實際的政治運作，而經一般人承認，具有憲法的效力，稱為憲法習慣或憲政習慣。例如一七八九年美國憲法僅規定美國總統任期四年，並未針對是否得連選連任或連任次數作詳細規定，但是自從華盛頓和傑佛遜拒絕三選後，美國總統只能連任一次，就成為憲政習慣，對美國總統產生拘束力。

二、憲法解釋

憲法是國家根本大法，對政治、經濟、社會等各層面作一般性、原則性之規範，條文簡潔，涵義抽象。當憲法具體適用時，不免發生是否牴觸憲法的疑義，因此由特定機關對憲法作確切明白的解釋，對憲政運作有其必要性。

憲法解釋可以區分為補充解釋和違憲解釋兩類。

補充解釋，是闡明憲法條文意義，對於憲法具有補充作用。例如我國憲法第七十五條規定：「立法委員不得兼任官吏。」所謂「官吏」，是文官抑或武官？是政務官抑或事務官？單指公務部門官員抑或包括國營事業人員？顯見「官吏」一詞涵義甚廣，必須補充解釋，始能正確使用。司法院大法官會議釋字第二十四號解釋文謂：「公營行業機關之董事、監察人及總經理，與受有俸給之文武職公務員，……屬於憲法……所稱公職及官吏範圍之內，監察委員、立法委員，均不得兼任。」

違憲解釋，則是根據法位階（hierarchy of law）的理論，法律和命令不得牴觸憲法，若有牴觸，法令應被宣告無效。當法令是否牴觸憲法發生疑義時，由有權解釋機關為統一之解釋，謂之違憲解釋。例如：民國三十九年公布施行之「違警罰法」，將偵訊、裁決以及處罰之執行，均規定由警察官署為之，由於違警罰法之拘留罰役，係對於人身自由之處罰，因此是否違背憲法第八條所規定「非由法院依法定程序，不得審問處罰」之人身自由保障，遂生疑義。民國六十九年，針對監察院所提釋憲申請，大法官會議公布釋字第一六六號解釋文謂：「違警罰法規定，由警察官署裁決之拘留、罰役，係關於人民身體自由所為之處罰，應迅速改由法院依法定程序為之，……。」民國八十六年，立法院另行制定「社會秩序維護法」，取代被宣告違憲的

違警罰法。

三、憲法修改

　　憲法習慣固然可以補充憲法條文的疏漏，適應時代需要，但是不成文的憲政慣例，卻極可能因為憲政環境的劇烈變遷與政治人物的挑戰，而喪失其拘束力。例如，第二次世界大戰發生，羅斯福連續三次擔任美國總統，打破美國總統不得連任兩次的憲政習慣。透過憲法的修改，使美國憲法得以維持符合民主學理的憲政慣例，美國憲法第二十二條修正案正式規定：「任何人被選為總統，不得超過兩任。」

　　其次，憲法解釋固然可以賦予憲法新生命，使憲法能夠適應環境變遷。但是憲法解釋有其限度，不能離開憲法條文的本意。如果因為憲法條文的瑕疵，以及政治社會環境變遷劇烈，導致無法憑藉憲法解釋以彌補其間差距時，便只有透過修改的方式，來使憲法成長。

　　憲法修改可以採取全部修改、局部修改和增訂條文等三種方式。所謂增訂條文係指不動憲法原條文，而附加新條文於原憲法之後。美國憲法的修改，就是採用這種方式。一七八九年制定的美國憲法，原文只有七條，一九七一年首次增補十條保護人民權利的「人權條款」，爾後陸續增修，歷經兩百多年，先後共增補了二十六條條文於原憲法本文之後。我國近年來的修憲，也是採取增訂條款的方式，保留憲法本文，而制定「中華民國憲法增修條文」。

　　一般國家的成文憲法大都規定憲法修改程序，然而有權修憲的機關，可否依憲法所規定的修憲程序，修改憲法的任何條文？換句話說，憲法的修改有沒有限制呢？

　　憲法學者林紀東先生說：「憲法制定權與憲法修改權，性質不同。憲法制定權不是受之於『法』，而是產生於『力』。力決定了國體為共和或帝制，力決定了政體為民主或獨裁，這個國體和政體便是憲

法的根本精神。根本精神決定了，而後才產生許多制度。反之，憲法修改權不是產生於力，而是受之於法，換言之，力制定了憲法，再由憲法授予某個機關修改憲法的權力。憲法所創設的權（憲法修正權）竟然破壞憲法根本之精神，這在邏輯上是行不通的。在這個意義之下，修憲機關要依照憲法所規定的修憲程序，把共和改爲帝制，把民主改爲獨裁，在法理上都是說不通的。所以憲法之修改如果超出這個界限，則無異是廢止舊憲法而制定新憲法，可稱爲革命或政變。」14

所謂不得修改的憲法根本精神，其內涵爲何？則有極大討論和發展空間。有些國家明定修改憲法的時期限制，希臘一九七二年憲法規定，自憲法公布之日起未滿五年，不得修改。有些國家明定不得修改事項，例如：法國第五共和憲法第八十九條規定，共和政體不得修改；西德基本法第七十九條規定，人權保障與德國爲民主社會聯邦國等基本原則，不得修改。美國憲法第五條規定，各州在參議院的平等投票權，非經各州同意，不得修改。

至於中華民國憲法，並無限制憲法修改事項或時期的任何條文，因此在憲法增列具體的修憲限制條文之前，只能透過憲政習慣或者大法官會議解釋，逐步建立這方面的憲政規範。民國八十八年九月憲法第五次增修，達成「第三屆國民大會代表延長任期至民國九十一年」的自肥條款，引起國內輿論大加撻伐，嗣後經大法官會議釋字第四九九號判定違憲，便是我國透過憲法解釋建立憲法修改限制的具體例子。

【註釋】

1 蘆部信喜，李鴻章譯，《憲法》，台北：月旦出版社，1995，初版，頁30。

2 蘆部信喜，李鴻章譯，《憲法》，台北：月旦出版社，1995，初版，頁39。

3 蘆部信喜，李鴻章譯，《憲法》，台北：月旦出版社，1995，初版，頁31。

4 周繼祥，《憲法與公民教育》，台北：揚智文化，民87，初版，頁18。

5 朱諶，《中華民國憲法與孫中山思想》，台北：五南出版社，民84，二版，頁51。

6 李鴻禧，《憲法教室》，台北：月旦出版社，1994年，一版，頁26-30。

7 朱諶，《中華民國憲法與孫中山思想》，台北：五南出版社，民84，二版，頁64。

8 彭堅文等，《中華民國憲法概論》，台北：今古文化公司，民87，初版，頁7-8。

9 資本主義憲法與社會主義憲法之差異，分別見諸於李鴻禧，《憲法教室》，台北：月旦出版社，1994年，一版，頁39。以及周繼祥，《憲法與公民教育》，台北：揚智文化，民87，初版，頁16。

10 此種分類稱之為「存在論分類」，是李文斯坦（Karl Loewenstein, 1891-1973）於一九六九年發表〈東西方國家的憲法和憲法性法律〉一文中提出。

11 蘆部信喜，李鴻章譯，《憲法》，台北：月旦出版社，1995，初版，頁34。

12 劉慶瑞，《中華民國憲法要義》，台北：作者自刊，1994，頁
19。

13 劉慶瑞，《中華民國憲法要義》，台北：作者自刊，1994，頁
19。

14 林紀東，《中華民國憲法釋論》，台北：三民書局，民76，頁
404-406。

第二章

中華民國憲政發展簡史

第一節　清末立憲運動概述

一、立憲思想之滋長

　　我國立憲運動肇始於清末，惟清廷假借立憲之名，行保全君位之實，立憲運動，毫無成果。自從鴉片戰爭之後，外力侵侮，清廷割地賠款，喪權辱國。國人懍於危亡，從光緒中葉起，形成兩股救亡圖存的力量。其一是孫中山先先「傾覆清廷，創建民國」的革命主張，其二是康有為、梁啟超的維新變法。兩股力量均主張立憲以救中國於危亡。孫中山先生的立憲主張，以革命為前提，根本上先要否定滿清政權，然後建立共和立憲政府；康、梁領導保皇維新，肇因於慈禧太后把持朝權，阻撓變法，而主張君主立憲政體。

　　立憲是清末講求維新過程中最為晚出的議題，戊戌政變之前，除了康、梁之外，甚少有人提出立憲的主張，即便康、梁也只是隱持立憲主張，而未公開鼓吹。戊戌政變之後，梁啟超撰〈各國憲法異同論〉，宣傳立憲政體，光緒二十六年庚子拳亂之後，梁啟超復撰〈立憲法議〉，主張「天下之生久矣，一治一亂，此為專制國言之耳。若夫立憲之國，則一治而不能復亂」，倡議中國應採行君主立憲政體，可臻國家以長治久安。自此而後，立憲思想，潛滋暗長，不過仍然只是部分士大夫內心的一種希望，還沒有形成普遍的社會輿論[1]。

　　西元一九○四年日俄戰爭，日本以蕞爾小國打敗俄國，當時社會輿論，皆以日俄之戰係立憲與專制之戰，日本之所以勝利，植基於明治維新之採行立憲政體，於是「立憲」成為社會輿論焦點，立憲運動遂澎湃發展，沛然莫之能禦。

二、憲法大綱

　　清廷為安撫立憲之呼聲與緩和革命之壓力，遂於光緒三十一年派遣載澤、戴鴻慈、徐世昌、端方、紹英五大臣，出國考察憲政，翌年諭示預備立憲。光緒三十四年，清廷頒布憲法大綱，宣告以九年為期，完成憲政。憲法大綱以日本一八八九年明治維新憲法為藍本，主要內容為：「大清皇帝統治大清帝國萬世一系，永永尊戴。」「君上神聖尊嚴，不可侵犯。」[2] 皇帝集行政、立法、司法、外交、軍事大權於一身，君王不僅設官制祿，而且有解散議會的權力。法律的頒布必須經過君王的批准，君王可以頒布代替法律的命令。臣民於法律範圍內，擁有言論、著作、出版、集會、結社、呈訴等自由權利，但皇帝有權「以詔令限制臣民自由」[3]。綜上觀之，憲法大綱與近代立憲主義所強調的「限制王權」、「保障民權」、「權力分立」等基本精神，仍有相當差距，再加上九年預備立憲的期程過長，顯見清廷並無實施憲政之誠意。

三、重大信條十九條

　　憲法大綱雖然公布，但因清廷並無實施憲政誠意，革命風潮未曾稍減，反而風起雲湧，更加澎湃。宣統三年（西元1911年），革命軍武昌起義，各省紛紛響應。清廷恐有覆滅危機，遂立即起草憲法，公布「重大信條十九條」，簡稱「十九信條」，採行英國君主立憲政體，設虛位元首，實施責任內閣制度及權力分立制，限制君權。清廷懍於時勢，雖公布十九信條取代憲法大綱，但為時已晚，清廷威信盡喪，旋於一九一二年二月宣布遜位。至此，清末立憲運動告一段落，幾無成果可言。

● 第二節　民國初年立憲運動

　　中國近代現代史的發展，可以說是一部追求國家現代化，擺脫「人為刀俎，我為魚肉」次殖民地地位的奮鬥史，這個奮鬥的過程，可以概略分為三個層次。其一：技術器物層次，是為鴉片戰爭後的自強運動，以「師夷長技以制夷」為指導方略，購買或學習製造西方的堅船利砲，以阻擋西方列強之侵略。惟徒有其形，而無其實。甲午戰爭之前，中國雖有號稱亞洲第一之北洋艦隊，但政治制度依舊專制腐朽，遂被日本輕易擊敗。其二：制度層次，是為清末民初之立憲運動，不論是革命派主張的共和立憲，抑或維新派主張的君主立憲，均以立憲政府體制為國家興亡、民族絕續之關鍵。惟近代立憲政府所強調之「國民主權」、「限制君王權力」、「權力分立制衡」等基本觀念，並未能夠深入全國朝野人心。以致雖然滿清傾覆，民國成立，但是走了滿清皇帝，來了袁皇帝；走了袁皇帝，卻又來了無數個軍閥皇帝，誠所謂「民國不成其為民國」。其三：思想觀念層次，可以民國八年之「五四運動」作為較突顯之標竿，鼓吹「科學」、「民主」等思想觀念，從根本處紮實中國追求現代化的各項努力。

　　民國初年的立憲運動，可以定性為制度層次的現代化。由於多數國人思想觀念落伍陳腐，缺乏近代立憲主義所強調的「限制王權」、「保障民權」、「權力分立」等基本精神，以致立憲屢遭障礙，進展緩慢。

一、中華民國臨時政府組織大綱

　　西元一九一一年，武昌首義，各省紛紛響應，是年十月十三日，

各省都督府代表集會於漢口，議決「中華民國臨時政府組織大綱」，同年十一月，孫中山就職臨時大總統。組織大綱凡二十一條，國體共和，屬總統制，設總統、副總統暨行政各部以及參議院，分掌行政與立法職權。

細究臨時政府組織大綱的制定程序和內容，與立憲主義的精神有一段距離，因為「一則缺乏人民基本權利的規定；再則立法機關的參議院，純由各省都督府派遣的代表組成，則所謂參議員，即無異為各省都督的代表，於是臨時大總統之由參議院選舉產生，則總統不過是各省都督所擁戴的人物而已，實則缺乏民主的基礎，因而該大綱所表現的民治，可以說除共和國體一事而外，別無可言」[4]。但是這部臨時憲法的主要目的和功能，是為當時各自為戰、組織散漫的革命軍，建立了一個統合機關，以適應當時外交軍事的迫切需要，所以前述缺乏立憲主義精神的批評，容或確實存在，但卻有其特殊的時空因素。

二、臨時約法

前述臨時政府組織大綱第二十條規定，臨時政府成立後六個月內，由臨時大總統召集國民會議，制定憲法。但是這個規定並未被遵行，反而有臨時約法之制定。民國元年二月，參議院開始起草臨時約法；三月十一日，約法正式公布，臨時政府組織大綱廢止，存在期間不足四個月。

臨時約法凡七章五十六條，大體具備近代憲法的規模，與臨時政府組織大綱相較，約法增補了民權條款以及法院專章，中央政制劃分為行政、立法、司法三部門，雖然仍設有總統，由參議院選舉產生，但是增設國務總理以掌行政大權，政府體制屬內閣制而非總統制。

何以短短四個月之間，即以臨時約法取代臨時政府組織大綱？又何以政府體制要由總統制轉變為內閣制呢？最主要是受到下列政治情

勢的影響：武昌起義，雖然獲得各省響應，但是革命軍的實力並無法一舉傾覆清廷，因此當時革命黨人多數主張與清廷和議，並用臨時大總統爲酬庸，假手袁世凱迫使清廷退位。一九一一年十月十二日議決臨時政府組織大綱前，各省都督代表即議決，如袁世凱反正，當公舉爲臨時大總統[5]。爲了早日實現共和，革命黨人不惜以臨時大總統職位作爲條件，使袁世凱贊助共和推倒清廷，但是對於袁世凱的權力野心極不信任，遂有臨時約法產生，將總統制修正爲內閣制，將原屬於總統的實際統治權，賦諸內閣，以制伏野性難馴的袁世凱[6]。

三、天壇憲草

中華民國臨時約法公布之後，孫中山先生辭去臨時大總統職，旋由參議院公舉袁世凱繼任臨時大總統，中央政府遷往北京。

依據臨時約法的規定，中華民國憲法由國會制定。民國二年四月，國會集會，制憲工作正式開始。同年七月，憲法起草委員會成立於北京永定門內天壇之祈年殿。十一月，憲法草案三讀通過，提交憲法會議審議，世稱天壇憲草。

天壇憲草，採內閣制，三權分立，採兩院制國會。由於削弱總統職權，袁世凱百般阻撓。憲法草案未完成三讀之前，袁世凱捕殺憲法起草委員會國民黨籍議員，復電令各省都督及民政長官，公開反對憲法草案，主張解散國會。憲法草案完成三讀後，袁世凱下令取消國民黨籍議員資格，國會被毀，憲法草案無從審議。直到民國五年袁氏去世，國會恢復之後，才開始其審議程序[7]。

四、袁氏約法

袁世凱解散國會之後，於民國三年三月另組一個御用的約法會

議，根據袁氏所提七項意見草擬了一部「新約法」，於同年五月一日公布，此即所謂之「袁氏約法」。袁氏約法對於總統職權之規定大得離譜，除擁有一般元首應有之職權外，對於制定官規、官制、宣戰、媾和、締結條約等，均無須國會同意。總統並得解散國會或拒絕公布法律，集行政權、立法權、司法權於一身，無異專制皇帝[8]。民國五年，袁世凱稱帝，雲南都督蔡鍔起義聲討，各省紛紛響應。袁世凱畏於情勢，同年三月下令撤銷帝制，皇帝大夢不及百日，袁氏約法也走下了歷史舞台。

五、曹錕憲法

袁世凱死後，副總統黎元洪繼任為總統，恢復共和，國會議員復集會於北京，繼續推動制憲工作。民國五年九月憲法草案進行一讀，由憲法起草委員會說明主旨，並作大體討論。民國六年一月，進行二讀，逐條討論，但此後變故多端，障礙重重，歷經國會再度破毀、張勳復辟、護法戰爭等等，制憲工作停滯不前。民國十一年國會二次恢復，繼續憲法審議工作。十二年二月，曹錕武力包圍國會，以每票五千元代價賄賂議員，當選大總統，並趕制中華民國憲法，至十二年十月，完成二讀及三讀程序，是為中華民國第一部正式憲法。擾攘十餘年的制憲工作，雖然至此告一結束，但因為這部憲法完成於曹錕賄選，自始即未能獲得各方的承認和重視，當時一般輿論多稱之為曹錕憲法或賄選憲法。

六、十四年憲草

民國十三年，直奉戰爭爆發，曹錕失敗退職，段祺瑞組織臨時政府，取消曹錕憲法，組織國憲起草委員會，重新起草憲法草案，於十

四年完成草案，史稱「十四年憲草」。因時局動盪，制憲國民代表會議未能召開，段祺瑞的臨時政府亦隨後瓦解，草案終未討論。

🔵 第三節　國民政府時期的立憲運動

創建民國，實施憲政，是孫中山先生領導革命的目標，但是自從臨時約法於民國元年頒布後，軍閥干政，民國不成民國，立憲大業淪為野心政客權力爭逐的工具。民國三年，袁世凱破壞約法、非法解散國會，民國制憲大業從而受阻。民國六年，國會再次被毀，甚且發生張勳復辟事件，孫中山先生認為「民國已無依法成立之政府」[9]，遂積極於南方另立新政府，以為維護民國，實施憲政之基地。

孫中山以為，民國之所以受軍閥武夫干憲亂政，致不成其為民國，主要原因是未能遵行「軍政、訓政、憲政」的革命方略[10]。民國十三年，孫中山先生手定建國大綱，重申「軍政、訓政、憲政」建國三序，宣示軍政時期之宗旨，在掃除反革命勢力；訓政時期宗旨，在指導人民從事革命建設，完成地方自治；俟全國有過半數省份達致憲政開始時期，即召開國民大會，制頒憲法，國民政府即解職，還政於民。

在前述建國三序革命方略的指導下，國民政府於民國十四年七月一日正式建制成立。國民政府受中國國民黨之指揮監督，掌理全國政務，確立了以黨治國的最高原則。民國十七年，國民政府完成北伐，全國統一，進入訓政階段，我國制憲大業開展新頁，終於在民國三十六年元旦公布「中華民國憲法」，並於三十六年十二月二十五日正式施行。

無疑地，國民政府的建制與國家統一的完成，是我國憲政運動邁入新境界的契機。茲就國民政府時期的制憲過程，概述如下：

一、訓政時期約法

　　民國十七年北伐完成，進入訓政時期。同年十月八日公布國民政府組織法與五院組織法，首次建立五權體制。二十年三月開始起草訓政時期約法，草案完成後，經國民政府提交國民會議議決，五月十二日三讀通過，並於六月一日公布。

　　訓政時期約法為國民政府時期之國家根本大法，其主要特色如下：

1. 國民政府本於三民主義、五權憲法以建設中華民國。
2. 明定以黨治國原則，訓政時期由中國國民黨全國代表大會代表國民大會行使中央統治權，中國國民黨全國代表大會閉會時，其職權由中國國民黨中央執行委員會行使之。
3. 推行地方自治，由國民政府訓導人民行使選舉、罷免、創制、複決四種政權。
4. 設行政、立法、司法、考試、監察五種治權，由國民政府行使之。
5. 政府體制屬合議制，國民政府設主席一人，委員若干人，政務處理，以委員合議決定。
6. 人民權利義務之規定，採法律保障主義。
7. 中央與地方權限劃分，採均權制度。

二、五五憲草

　　訓政只是進入憲政的準備階段，本應有一定之期限。民國十八年國民黨二屆三中全會，即曾決議訓政時期為六年，於民國二十四年完

成訓政，進入憲政。民國二十年，九一八事變發生，部分國人對訓政成績感到不滿，強烈主張儘快結束以黨治國的訓政階段，實行憲政。民國二十一年十二月，國民黨四屆三中全會中，孫科先生提出「集中國力以挽救危亡」案 11，爲憲政催生。提案經全會討論後修正通過，決議由立法院儘速草擬憲法草案，以備國民研討，並擬定於民國二十四年三月召開國民大會，議決憲法以及頒布憲法之日期。

孫科先生於民國二十二年一月被任命爲立法院院長，就職後旋即組織憲法起草委員會，提出中華民國憲法草案初稿。民國二十三年九月，立法院開始討論憲法草案初稿修正案，同年十月六日完成三讀，是爲立法院第一次議定之憲法草案。十一月九日，該憲法草案呈報國民政府，轉呈國民黨中央審核。二十四年十月，國民黨四屆五中全會完成憲法草案審核，並議決五項原則，責成立法院據以修正。同年十月二十五日，立法院完成修正並三讀通過，是爲立法院第二次議定之憲法草案。十二月上旬，國民黨設置「憲法起草審議委員會」，針對前項憲法草案擬定二十三點修正意見，立法院乃對憲法草案重加整理，並於民國二十五年五月一日三讀通過，是爲立法院議定之第三次憲法草案。此項草案由國民政府於同年五月五日公布，是爲「中華民國憲法草案」，簡稱「五五憲草」。

五五憲草共八章一百四十七條，幾乎完全依照孫中山先生對於憲政體制之思想所草擬，是傾向總統制的五權憲法體制。其主要特色如下：

1.國體特別規定：「中華民國爲三民主義共和國」。
2.依「權能區分」理論，由國民大會代表全國人民行使政權，管理中央政府之行政、立法、司法、考試、監察五種治權。
3.總統爲行政首長，行政院院長、副院長、政務委員、各部部長、各委員會委員長，各對總統負其責任。

4.中央與地方權力劃分，採「均權制度」。人民權利採法律保障主義。

5.確立民生主義的國民經濟。

三、政協憲草

憲法草案經國民政府於民國二十五年五月五日正式公布之後，由於對日抗戰全面爆發，以及國共內戰衝突等因素，制憲國民大會未能順利召集，制憲大業陷入停頓。其間雖有「憲政期成會」與「憲政實施協進會」多次研議五五憲草修正意見，但均未能直接助益制憲之完成。

抗戰結束，民國三十五年一月召開「政治協商會議」，依會議之決定，另組「憲草審議委員會」，參酌「憲政期成會」與「憲政實施協進會」之憲草修正案與各方意見，重新擬定五五憲草修正案，提供制憲國民大會作為制憲之稿本。

政治協商會議之來由，係民國二十九年「新四軍事件」發生之後，國共衝突惡化，共產黨退出國民參政會，而未參與五五憲草修正之相關作業。民國三十四年八月日本投降之後，毛澤東飛抵四川，國共雙方進行會談，會後發表「雙十會談紀要」，其中關於政治民主化問題，雙方「一致認為應迅速結束訓政，實施憲政，並應先採必要之步驟，由國民政府召開政治協商會議，邀集各黨派代表及社會賢達，協商國是，討論和平建國方案及召開國民大會各項問題」[12]。

政治協商會議由國民黨八人、共產黨七人、民主同盟九人、青年黨五人以及社會賢達九人，共計三十八人組成，會議於三十五年元月十日揭幕[13]。關於憲法草案問題，會中協議憲草修改原則十二項，其內容如下[14]：

1. 全國國民行使四權，名之曰國民大會（俗稱無形國大）。

2. 立法院為國家最高立法機關，由選民直接選舉之，其職權相當於民主國家的議會。

3. 監察院為國家最高監察機關，由各省議會及各民族自治區議會選舉之，其職權為行使同意、彈劾及監察權。

4. 司法院即為國家最高法院，不兼管司法行政，由大法官若干人組織之。大法官由總統提名，經監察院同意後任命之。

5. 考試院採委員制，考試委員由總統提名，經監察院同意後任命之，其職權著重於公務人員及專業人員之考試。

6. 行政院為國家最高行政機關，行政院長由總統提名，經立法院同意後任命之。行政院對立法院負責，如立法院對行政院不信任時，行政院長或辭職，或提請解散立法院。

7. 總統經行政院決議，得依法發布緊急命令，但須一個月內，報告立法院。

8. 省為地方自治之最高單位，省長民選。省與中央權限之劃分，採均權主義。省得制定省憲，但不得與國憲牴觸。

9. 凡民主國家人民所應享有之自由及權力，均應受憲法之保障。關於人民自由，如用法律規定，須出於保護自由之精神，非以限制為目的。

10. 選舉應列專章，被選年齡，定為二十三歲。

11. 憲法上規定之基本國策，應包括國防、外交、國民經濟、文化教育各項目。

12. 憲法修改權屬於立、監兩院聯席會議，修改後之條文，應交選舉總統之機關複決之。

上述政協會議所通過之十二項憲法草案修改原則，對於五五憲草所本之「五權憲法」之基本精神與架構，作了結構性改變，國民黨中

央無法全部接受。經多方協調，達成三項新協議 15 ：(1)國民大會仍為有形組織。(2)取消立法院之不信任權，及行政院的解散權。(3)省憲改為省自治法。

政協會議結束後，「憲草審議委員會」成立，依據前述憲法草案修改原則，接續折衝朝野意見。至民國三十五年十一月十九日，正式完成憲法草案之修正案，是為「政協會議對五五憲草修正案草案」，簡稱「政協憲草」。政協憲草共分為十四章一百五十二條，完全依照上述各方所協定之原則而擬定，與依據孫中山先生思想所擬之五五憲草，內容差異頗大，但是「政協憲草」終究成為制定中華民國現行憲法之稿本。

四、制憲之完成

民國三十五年十一月十五日，制憲國民大會於南京召開。制憲代表共一千七百七十二人，由國民黨、青年黨、民社黨以及社會賢達組成。因與國民黨改組政府之協議失敗，共產黨與民主同盟抵制制憲，拒絕派代表參加。

制憲國民大會設九個委員會，分別審查憲法草案，三十五年十二月二十五日三讀通過憲法草案，同時議決中華民國憲法定於三十六年元旦公布，同年十二月二十五日實施。國民政府亦依照制憲國民大會決議之日程，頒布施行中華民國憲法。我國制憲大業終告完成，邁入憲政時期。

第四節　行憲後的憲政發展

一、動員戡亂時期臨時條款

　　民國三十七年三月，第一屆行憲國民大會於南京召開，當時共產黨已經稱兵作亂，國際局勢對中華民國政府十分不利，民國正值危急存亡之際，憲法體制不足以應付變局，勢需修憲以授予政府非常權力，乃能應付兵凶戰危之局。但是憲法甫經頒布，尚未全面施行，若即予修改，恐將危害憲法尊嚴。因此國民大會代表莫德惠等七百七十一人，提案請依憲法第一百七十四條第一款之程序，制定動員戡亂時期臨時條款，既可維護憲政體制之尊嚴，又可賦予政府緊急應變之權力。民國三十七年四月十八日，國民大會三讀通過動員戡亂時期臨時條款，同年五月十日公布施行。此後，動員戡亂時期臨時條款歷經四次修正，對台海局勢以及中華民國在台灣的政治、經濟、社會發展，影響深遠。

　　民國四十九年三月，第一次修正。為因應變局，賦予總統緊急處分權，取代憲法上之緊急命令權；解除憲法第四十七條總統連選得連任一次的限制，以鞏固領導中心。民國五十五年二月，第二次修正。解除憲法第二十七條第二項有關國民大會行使創制、複決兩權之限制，使國民大會得以制定創制、複決兩權辦法，據以創制中央法律原則，複決中央法律。民國五十五年三月，第三次修正。授權總統設置動員戡亂機構，得以行政命令調整中央政府之行政機構及人事機構，並得訂頒辦法，在自由地區或光復地區增選或補選依選舉產生之中央公職人員。民國六十一年三月，第四次修正。授權總統訂頒辦法，辦

理立法委員和監察委員的增額選舉，以充實中央民意機構，強化國會功能。

　　動員戡亂時期臨時條款對中華民國在台灣早期的政經局勢穩定，的確有其功能，但是隨著民主政治逐步推動，國人對於國家元首無連任屆次限制、總統緊急處分權、國家安全會議，乃至於中央民意代表未能全面改選等等，認爲有違民主憲政常軌，遂在民國八十年四月二十二日，由國民大會議決廢止動員戡亂時期臨時條款，並經李登輝總統於五月一日公布廢止，動員戡亂時期亦於同一天宣告終止，回歸民主憲政體制。

二、憲法增修條文

　　自從民國三十八年政府播遷來台之後，國家即長期處於分裂分治的狀態，中華民國政府的統治權僅限於台澎金馬自由地區，憲法中諸多條文因爲政治情勢變遷而窒礙難行。倘臨時條款廢止後完全回歸憲法，必然發生憲法與現實環境扞格不入而無法落實的情況，憲法勢必要因應時代環境的變遷，作適當之調整。

　　民國七十九年六月，李登輝總統邀集海內外朝野人士，舉行「國是會議」，商討終止動員戡亂時期，回歸憲法後所面臨的憲政改革問題，會中朝野達成「一機關、兩階段」的修憲結論。所謂「一機關」是以國民大會爲修憲的單一權責機關，不採由立法院提憲法修正案再交由國民大會複決的兩機關修憲方式。至於「兩階段」修憲，則是先廢除動員戡亂時期臨時條款，同時賦予第二屆國民大會代表產生之法源，此階段是謂「程序修憲」；接著再由新選出的第二屆國民大會代表進行憲法條文的具體修正，是所謂「實質修憲」。

　　中華民國憲法自從民國八十年四月首次增修以來，迄今已增修達七次之多，對我國的政府體制、兩岸關係，乃至於經濟、社會等各層

面，均發生深遠之影響。茲就歷次憲法增修條文內容，重點概述如下：

(一)民國八十年五月一日，總統公布憲法增修條文第一條至第十條

　1.規定第二屆中央民意代表之產生法源、名額、選舉方式、選出時間及任期。

　2.修正總統緊急命令權之行使條件和程序，賦予總統較大之權力空間，以應付緊急事件。

　3.針對原僅適用於動員戡亂時期的法律，制定落日條款，明定應於八十一年七月三十一日前完成修訂程序，逾期即不再適用。

　4.賦予設置國家安全會議、國家安全局與人事行政局的法源依據。

　5.自由地區與大陸地區間人民權利義務關係及其他事務之處理，得以法律為特別之規定。

(二)民國八十一年五月二十八日，總統公布憲法增修條文第十一條至第十八條

　1.國民大會對總統所提名之司法、考試、監察三院之正副院長，大法官、考試委員和監察委員，行使任命同意權。

　2.國民大會於集會時得聽取總統國情報告，並檢討國是，提供建言。

　3.國民大會代表任期縮短為四年。

　4.總統、副總統選舉方式改變為「由中華民國自由地區全體人民選舉之」。

　5.總統、副總統任期縮短為四年。

　6.提高罷免總統、副總統之提案與同意人數。

7. 訂定副總統補選制度。

8. 由大法官組成憲法法庭，掌理政黨違憲之解散事項。

9. 調整考試院職權，有關公務人員之任免、考績、級俸、陞遷、
   褒獎等事項，只保留有關法制事項之權限，至於實際執行權
   限，不再歸考試院掌理。

10. 監察院正、副院長和監察委員的產生方式改變，改由總統提
    名，經國民大會同意後任命之。並調整監察院職權，取消對
    司法、考試兩院重要人員之任命同意權，同時取消監察委員
    的言論免責權和不被逮捕的身分特權。

11. 地方自治法制化，賦予省、縣自治組織之法源。

12. 充實基本國策。獎勵科學技術發展及投資，促進產業升級；
    經濟與科學技術發展應與環境生態保護兼籌並顧；保障婦
    女、殘障者、原住民、金馬地區人民及僑民的權益。

(三)民國八十三年八月一日，總統公布修正增修條文為第
   一條至第十條

　　此次修憲方式是將前兩階段增修之十八條條文，重新增刪、組合
後，整理為十條。

1. 國民大會設置議長，由非常設機關變成常設機關。

2. 總統、副總統選舉方式明定為公民直選，並自民國八十五年第
   九任正、副總統選舉實施。

3. 總統發布依憲法經國民大會或立法院同意任命人員之任免令，
   無須行政院長副署。

4. 中央民意代表之報酬和待遇，應以法律定之。

(四)民國八十六年七月二十一日，總統公布修正增修條文
　　為第一條至第十一條

除第三條為新增外，其餘為第三階段憲法增修條文之部分修改。

1. 行政院長產生方式改變，由總統直接任命，無須經立法院同意。
2. 總統得被動解散立法院。
3. 立法院得對行政院長提出不信任案，行政院長應提出辭職並得呈請總統解散立法院。
4. 增列立法院彈劾總統、副總統，但以內亂、外患罪為限。
5. 明定自第四屆起立法院立法委員總額為二百二十五人。
6. 司法院所提年度概算，行政院不得刪減，但得加註意見，編入中央政府總預算案。
7. 省虛級化，省長及省議員之選舉不再辦理。
8. 取消各級政府預算中所列之教育、科學、文化的經費下限。

(五)民國八十八年九月十五日，總統公布修正增修條文第
　　一條、第四條、第九條及第十條

不過，此次修憲過程與結果均有重大瑕疵，經大法官會議釋字第四九九號判定違憲，並自解釋公布之日起失效，八十六年七月修正公布之原增修條文繼續適用。

1. 第三屆國大代表延長任期至民國九十一年。自第四屆起國大代表停止選舉。改由各政黨依立委選舉得票比例分配名額，國大代表人數減為三百人，自第五屆起國大代表人數減至一百人。
2. 立委任期改為四年。

(六)民國八十九年四月二十五日，總統公布第三屆國民大會第五次會議通過修正中華民國憲法增修條文

1.修改國民大會職權，僅限複決立法院所提憲法修正案、領土變更案，以及議決立法院所提之總統、副總統彈劾案。

2.國民大會改為任務型國大，於執行前述職權前，以比例代表制選出國大代表集會組成。任期與集會期間相同。

3.總統發布行政院長與依憲法經立法院同意任命人員之任免命令及解散立法院之命令，無須行政院長副署。

4.增列立法院職權，包括：聽取總統國情報告權、決議變更領土權，以及司法院、考試院、監察院三院重要人員之人事任命同意權。

5.修正立法院彈劾正、副總統權力，不限於內亂、外患罪。

6.增列國家應重視社會福利工作，並應優先編列社會救助和國民就業等救濟性支出預算的基本國策。

(七)民國九十四年六月十日，總統公布修正中華民國憲法增修條文第一條、第二條、第四條、第五條、第八條及增訂第十二條條文

1.廢除國民大會，公民投票入憲：凍結憲法本文「國民大會」專章及相關條文之適用。原憲法修正案及領土變更案之複決權行使，改由公民投票複決。亦即當立法院提出憲法修正案、領土變更案，經公告半年，中華民國自由地區選舉人應於三個月內投票複決。

2.正、副總統彈劾案，經立法院提出後，由司法院大法官組成憲法法庭審理：判決成立時，被彈劾人應即解職。

3.國會減半：立法院立法委員自第七屆起一百一十三人，任期四

年。直轄市、縣市七十三人，每縣市至少一人。平地原住民及山地原住民各三人。全國不分區及僑居國外國民共三十四人。

4.立法委員選舉制度改為單一選區兩票制：直轄市、縣市等區域立委，依直轄市、縣市人口比例分配，並按應選名額劃分同額選舉區選出之。全國不分區以及海外僑民代表，依政黨名單投票選舉之，由獲得百分之五以上政黨選舉票之政黨依得票比率選出之。

【註釋】

1 荊知仁，《中國立憲史》，台北市：聯經，民73，頁83-92。

2 憲法大綱分兩部分，關於君上大權十四條，臣民義務九條。請參酌
荊知仁，《中國立憲史》，台北市：聯經，民73，頁131-132。

3 彭堅汶等，《中華民國憲法概論》，台北市：今古文化，民87，頁
34。

4 王世杰、錢端升，《比較憲法》（下冊），台北：商務，民35年，頁
143。

5 谷鍾秀，《中華民國開國史》，頁35。

6 李劍農，《中國近百年政治史》，頁349。

7 荊知仁，《中國立憲史》，台北市：聯經，民73，頁248-253。

8 張忠正，《中華民國憲法釋論》，台北市：李唐文化，民85，頁
23。

9 中山先生「向非常國會辭大元帥職通電」，《國父全集》（第三
冊），函電，374頁。

10 荊知仁，《中國立憲史》，台北市：聯經，民73，頁362。

11 孫科，《憲政要義》，商務，民33，頁90-91。

12 王健民，《中國共產黨史稿》（第三冊），民54，頁485-487。

13 名單可參閱荊知仁，《中國立憲史》，台北市：聯經，民73，頁
438-439。

14 荊知仁，《中國立憲史》，台北市：聯經，民73，頁439-442。

15 荊知仁，《中國立憲史》，台北市：聯經，民73，頁444。

第 三 章

序言與總綱

第一節　序言的涵義及內容

　　憲法「序言」是指在憲法本文之前，說明該國憲法由來、目的和基本精神的文字。憲法「序言」創始於一七八七年的美國聯邦憲法，許多國家如法國、瑞士、日本、德國等均仿傚之。

　　中華民國憲法也有「序言」，即「中華民國國民大會受全體國民之付託，依據孫中山先生創立中華民國之遺教，為鞏固國權、保障民權、奠定社會安寧、增進人民福利，制定本憲法，頒行全國，永矢咸遵。」這段序言揭示以下意義：

1. 制憲機關：國民大會為制定我國憲法的唯一機關。
2. 制憲權源：國民大會受「全體國民之付託」而制憲，其權力淵源自全體國民，而非專制君王。因之我國憲法係「民定憲法」。
3. 制憲依據：以孫中山先生主張之三民主義、五權憲法、權能區分等，為我國憲法的整體原則和基本精神。雖然制憲過程經過多方協商，憲法全文中存有若干規定與孫中山先生遺教之原義頗有出入，但基本上，我國憲法仍以孫中山先生遺教作為制憲之主要依據。
4. 制憲目的：包括鞏固國權、保障民權、奠定社會安寧以及增進人民福利。由此觀之，不僅消極地保障國家安全、維護社會治安與人民之自由權利，更積極地以增進人民福利為目的，揭示我國憲法是「福利國家」憲法。

第二節　憲法的總綱

　　我國憲法第一章「總綱」，將國家成立的基本要素，作提綱挈領的規定。共有六條條文，分別規定了國體與政體、主權、國民、領土、民族、國旗等事項，茲分項敘述於後。

一、國體與政體

　　國體為國家的形式（form of state），是以國家元首的產生方式作為區別標準，可分為君主國及共和國兩種國體。凡國家元首由世襲而來者，稱為君主國體，如英國、日本；凡國家元首不由世襲，而是由選舉產生，且有一定任期者，謂之共和國體，如美國、中華民國。

　　政體為統治的形式（form of government），以政府統治權的歸屬或行使方式作為區別標準，可分為專制政體與民主政體。凡政府統治權的行使，不以民意為依歸，不受人民之監督約束，政府施政由一人或政黨少數人決定者，稱為專制政體。凡政府統治權的行使，以民意為依歸，依選舉而進退，且受民意監督拘束，並負政治與法律責任者，稱為民主政體。

　　中華民國憲法第一條規定：「中華民國基於三民主義，為民有、民治、民享之民主共和國。」是以中華民國為共和國，國家元首由人民選舉產生，非承襲我國數千年舊有法制，以世襲之國王或皇帝為國家元首。政府統治型態則是基於三民主義之民族、民權與民生主義之民主政體，並以美國總統林肯所倡言之「民有（of the people）、民治（by the people）、民享（for the people）」為理想，強調國家為人民所共有，政治為全民所共治，而利益為人民所共享。

二、主權

　　主權是國家最高權力的代名詞，對內居於優越地位，具有最高而絕對的支配力，對外則能獨立做主，排除他國之干涉與支配。主權（sovereignty）一字源於拉丁文superanus，有較高或最高之意思。亞里斯多德稱之為「最高權力」；布丹（Bodin）認其是「絕對且永恆的權力」；盧梭（J. Rousseau）則稱「主權是人民的總意志」。

　　就性質而言，主權具備「最高性」、「不可分性」和「獨立性」三大特性。首先，主權居於優越地位，可以支配國內一切權力，主權是決定國家最高意思的權力。其次，主權是唯一的，而且不能分割、捨棄或讓與。行政、立法、司法三權分立，是政府治權的分立，不能視為主權的分割。再者，國家除受國際法限制外，在其領土範圍內，獨立行使統治權，不受其他國家之干涉。

　　就歸屬言，國家最高權力由誰掌握？歸屬何人？依據歷史發展，主權歸屬有不同學說：

1. 君主主權說：創始於十六世紀，為布丹所主張。主權不屬於國家，而是屬於統治者，亦即君主的權力最高。
2. 國家主權說：國家具有人格，可以做為權力的主體。主權屬於國家，國家之外，沒有其他權力能夠違反國家的意思。
3. 議會主權說：盛行於十九世紀的英國。英國議會擁有最高立法權，能制定任何法律、憲法，不受限制，是為國家主權的擁有者。
4. 國民主權說：濫觴於十七、十八世紀的自然法思想與國家契約說。盧梭認為：「主權不在於統治者，而在於公民，公民全體之意志，即主權也。」美國獨立宣言和法國人權宣言，都標舉

國民主權說，認為主權屬於國民全體。美國獨立宣言：「政府乃由人民設立，而其所具有之權力應基於被統治者之同意」；法國人權宣言第三條：「一切主權本質應淵源於國民。任何團體或個人，均不得行使非經國民賦予之權力」；中華民國憲法第二條規定：「中華民國之主權，屬於國民全體」。主權既屬於國民全體，一切國家機關必須直接或間接由國民產生，且其權力又必須直接或間接淵源於國民。

三、國民

凡一國領域內之自然人，不論本國人或外國人或無國籍人，皆為「人民」，都是國家統治權之對象。具有本國國籍的人民，即為「國民」，大部分居於國內，少部分則僑居他國。「公民」則為年滿二十歲的國民，享有公民權或參政權。

(一)國籍取得的立法例

依各國通例，凡具備國籍者，即為該國國民。但是國籍如何取得的相關程序規定，諸如應具備何種條件、經由何種程序等等，各國法例並不相同：(1)有些國家以憲法直接規定，將國籍取得與喪失的相關條件和程序，明文列陳於憲法條文。例如，如美國憲法增補條文第十四條：「凡出生或歸化於美國並受管轄之人，皆為美國及其所居之州之公民。」(2)有些國家以民法法典規定，如一九三一年比利時憲法第四條規定：「比國國籍之取得、保留與喪失，依民法所定之規則。」(3)多數國家則以單行法規（或稱國籍法）對國籍取得或喪失作詳細規定，如瑞士、日本、大韓民國等。我國亦屬之，憲法第三條規定：「具有中華民國國籍者，為中華民國國民。」但有關國籍取得與喪失等相關事項，則另由國籍法作詳細規定。

(二)國籍取得的原則

由出生而取得之國籍，稱爲「固有國籍」（original nationality），由出生以外之原因，如婚姻或歸化，而取得之國籍，稱爲「取得國籍」（acquired nationality）。

世界各國對「固有國籍」之取得，分別有三種不同原則：

1. 血統主義：依出生血統以決定國籍，而無論其出生地，凡爲子女者必取得其父或母之國籍。
2. 出生地主義：依出生地決定國籍，而無論其父或母之國籍。換言之，只要出生在該國領土範圍內，即可取得該國國籍，而不問其父母是否爲該國國民。
3. 折衷主義：或以出生地主義爲主，輔以血統主義。例如美國，凡出生於美國之人，均取得美國國籍，但美國人的子女，雖出生在美國以外其他國家，仍然取得美國國籍。或以血統主義爲主，而以出生地主義爲輔。例如我國，凡是我國國籍之人所生的子女，均取得我國國籍，但生於我國境內之人，如有一定條件，亦取得我國國籍。

我國國籍法（89.02.09）第二條規定：「有下列各款情形之一者，屬中華民國國籍：一、出生時父或母爲中華民國國民。二、出生於父或母死亡後，其父或母死亡時爲中華民國國民。三、出生於中華民國領域內，父母均無可考，或均無國籍者。四、歸化者。」由此可知，我國對於固有國籍取得之規定，係採血統爲主、出生地爲輔的折衷主義。特別值得一提的是，於國籍法未修正之前，我國係採取父系血統主義，以父親之國籍作爲固有國籍取得之主要依據，八十九年國籍法首度修正，改採雙系血統主義，父或母之國籍均可作爲子女取得我國固有國籍之依據。

(三)雙重國籍與忠誠義務

國籍確定了國民與國家之間的權利義務關係。國民固得主張應享有之權利，亦應善盡其對國家之義務。

我國國籍法第十一條規定：「中華民國國民取得外國國籍者，不得擔任中華民國公職；其已擔任者，……由各該機關免除其公職。」但是為了因應國際化潮流，避免阻礙具備特殊專長技能之人才為國服務，國籍法第十二條另為例外之規定，允許取得外國國籍之中華民國國民擔任下列公職：(1)學校或研究機關的正副首長、講座、教師、研究人員或專業技術人員。(2)公營事業中主要經營決策責任以外之人員。(3)各機關專司技術研究設計工作而以契約定期聘用之非主管職務。(4)僑務主管機關依組織法遴聘僅供諮詢之無給職委員。

四、領土

所謂領土，乃是國家主權範圍內所支配的土地。因此，國家在其領土內，有領土主權（territorial sovereignty），一方面可積極的對領土以內的人、事、物行使權力，另一方面又可消極的排除外國的侵犯、干涉或權力的行使。

(一)領土的內涵

領土包括領陸、領海、領空和浮動領土。一國之內所有土地之地面及地下，包括河川、湖泊等內水，稱為「領陸」。沿著領陸海岸線向外延伸一定浬數之海面、海床與底土，稱為「領海」。領陸以及領海的上空，稱為「領空」，國際慣例以大氣層內為領空，大氣層以外為太空，各國得自由使用。公用航空器、公務船舶、軍艦、駐外使館，雖位於他國領域之內，但依國際法及慣例，視為國家領土延伸，

稱為「活動領土」。

(二)領土範圍的規定方式

各國憲法對於該國領土範圍之規定，可以區別為「列舉」和「概括」兩種方式。

所謂「列舉式」，係將組成該國領土的地域，明確列舉於憲法條文。聯邦國家多採取此種規定方式，將各邦名稱列舉於憲法之中，保障並界限各邦之領地治權。但也有例外情形，例如美國，制憲之時顧及美洲大陸中部及東部尚有許多地區可以占領，故不將十三邦之邦名規定於美國憲法。

至於「概括式」，係對該國領土範圍，僅作概括規定，而未明確列舉組成該國領土之地域，單一國家的憲法，多採此種方式，如韓國、菲律賓等是。

中華民國憲法對於領土範圍，係採取「概括」規定方式，僅以「固有領域」四字規範我國領土範圍。惟因國際因素與兩岸關係等因素之糾葛纏繞，導致中華民國領土範圍究竟包括哪些實質地域，直至目前仍屬「重大政治問題」，無法明確界定。

民國六十八年十月八日，總統發布命令，宣布領海為十二浬，經濟海域為兩百浬 [1]，惟缺乏法律依據。民國八十七年一月二十一日，「中華民國領海及鄰接區法」、「中華民國專屬經濟海域及大陸礁層法」相繼公布實施，我國領海範圍始有明確的法律基礎。

領陸是領土的主要內涵，領海和領空都須以領陸作為劃設基礎，可惜就領陸而言，中國大陸、釣漁台列嶼，甚至台灣和澎湖，是否屬於中華民國領土範圍，都存在爭議。

(三)領土變更

領土的變更可分「自然變更」與「人為變更」等兩種。自然變更

乃因自然因素而導致領土變更，如因地震產生之陸沉，或因泥沙堆積導致海埔新生地等。人為變更則因人為因素而導致的領土變動，如國與國之間的領土買賣、交換、贈與、合併、脫離、割讓。

中華民國憲法第四條規定：「中華民國領土依其固有之疆域，非經國民大會之決議，不得變更之。」我國領土範圍僅以「固有疆域」概括規定，顯非列舉規定。再者，「非經國民大會之決議」不得變更領土範圍之條文，則顯示係採取憲法限制主義，亦即必須由修憲機關依修憲程序，方得變更領土範圍。不得由行政機關以行政命令，或由立法機關依一般立法程序，作領土之變更。

民國九十四年，憲法第七次增修，凍結憲法第四條以及國民大會相關章節條文之適用。目前，依憲法增修條文第四條第五項：「中華民國領土，依其固有疆域，非經全體立法委員四分之一之提議，全體立法委員四分之三之出席，及出席委員四分之三之決議，提出領土變更案，並於公告半年後，經中華民國自由地區選舉人投票複決，有效同意票超過選舉人總額之半數，不得變更之。」我國領土範圍仍採取概括式規定，領土範圍變更程序，則係由立法院提出領土變更案後，再經中華民國自由地區公民複決。

五、民族

中華民國憲法係依據孫中山先生遺教制定，以三民主義為立國基礎。憲法第五條：「中華民國各民族一律平等。」便是貫徹孫中山先生民族主義遺教，期能消除各民族歧見，並促進中華民族之形成。

為促進各民族間之積極平等，憲法對少數民族之參政權、自治權，以及各種建設之扶助推動，列有相關的特別保障條文。例如，憲法第二十六條、第六十四條，係中央民意代表的少數民族保障名額，憲法增修後，則有山地和平地原住民的名額規定。其次，憲法第一百

十九條、第一百二十條、第一百六十八條以及第一百六十九條，則分別規定應該保障少數民族的自治地位，並扶植其地方自治事業。憲法增修條文，進一步規定應該維護原住民的語言文化，並對其教育文化、交通水利、衛生醫療、經濟土地及社會福利事業，予以保障扶助並促其發展。

六、國旗

國旗爲代表國家的標幟，或爲一國立國精神之象徵，或爲國家構造之表示，其圖案、形狀、顏色常由憲法加以規定，以示崇敬和重視之意。例如法國國旗以藍、紅、白三色旗象徵自由、平等、博愛；美國的星條旗，十三條表示建國時的十三州，五十顆星則代表現在的五十個州。

我國在清末時，海禁未開，原無一定之國旗，後爲徵收關稅方便計，乃以黃龍旗爲國旗。滿清覆滅，民國肇建，南京成立民國臨時政府，採用紅、黃、藍、白、黑組成之五色旗，寓五族共和之意。北伐以後，北京政府瓦解，五色旗不再使用，始採用同盟會會旗——青天白日滿地紅旗。而訓政時期約法第四條及現行憲法第六條均明文規定：「中華民國國旗定爲紅地、左上角青天白日」，寓涵自由、平等、博愛。

【註釋】

1 林騰鷂，《中華民國憲法》，台北市：三民書局，民88，頁85。

第四章
人民權利與義務

第一節　人權的基本理論

　　各國憲法論及的人民權利與義務，與人權（human rights）的概念有密切關係。所謂「人權」是指做為一個「人」所必須擁有的基本權利，它是一種自然權利（natural right），與生俱來，神聖不可侵犯，是人類組織國家社會的終極目的。因此近代各國在立憲風潮下，逐漸透過憲法制定的方式，將人權轉換成「權利」的層次，國家機關受到憲法的規範，不但不能侵犯人權，同時也有落實保障人權的責任與義務[1]。

一、近代人權理論 —— 自然權利說

　　近代人權思想萌芽於十六世紀中葉、十七世紀初。學者開始提出自然法理論，有系統地論述「原初狀態」、「自然權利」及「社會契約」等概念。

　　所謂「原初狀態」，係指人類尚未形成氏族、社會，國家政府尚未出現的狀態。如果「原初狀態」是伊甸園，生活其間的人類，像亞當、夏娃般滿足或蒙昧未開，那或許不需要創造出國家和政府這類的制度。那麼，到底是什麼樣的「原初狀態」，始成為創發家庭、氏族、鄉黨、社會和國家等制度的溫床呢？霍布斯主張，原初狀態是「人為生存而相互鬥爭殺害」；洛克則認為，「人的私心偏見，導致爭奪戰爭」，是原初狀態。

　　由於人類不喜長期生存於生命受到威脅、財產受到侵犯的強凌弱、眾暴寡的恐懼之中，於是乎人們約束自己，交託出部分權利，組成政府，以保障人的權利，這便是「社會契約」，也就是國家政府由

來之根本原由。

生命、財產、自由等自然權利與生俱來，爲了落實或者保障這些自然權利，而組成的國家政府，其權力的行使當然必須以服務自然權利爲目的，人民與國家政府之間的地位關係，遂有了根本變化，人民始從政治權力的附屬品或被支配者，轉變爲國家政府權力的原始付託者。洛克（John Locke, 1632-1704）主張，國家的目的在保護人的自然權利。自然權利來自於人類的理性，代表社會公平、正義、道德和良心，概括言之，就是自由權、平等權、生命權和財產權。自然權利不可侵犯、不可剝奪，也不可轉讓，人們交給政府的僅是用於保護自然權利的其他具體權利。任何一個政府均不得侵犯自然權利，否則就構成違反社會契約，人民可以起而革命，推翻政府。

二、現代人權理論 —— 社會權利說

現代人權理論發展於十八世紀。由於極端的天賦人權理論，無法限制不斷聚斂財富的資本家和大地主，導致資本主義高度發展，貧富差距懸殊，勞動條件惡化。所謂自由和權利，對弱勢者而言，只不過是選擇貧乏和飢餓的自由權利。因此，許多人開始反省自然權利說的限制，於是，「社會權利說」遂開始發展。

盧梭（Jean Jacques Rousseau, 1712-1778）便說，人權不是根據自然法，而是基於社會全意志（general will）。基於共同利益和共同福利，人們才享有權利。他又說，人權不是天賦的自然權利，是有了社會契約後，公正替代了本能，個人成爲社會公民，從中獲得公民權利。自此爾後，權利開始有了義務的色彩，惟有在不牴觸公平正義和全民意志的情況下，始有權利主張的正當性。

十九世紀時，天賦人權學說受到質疑，認爲基本人權並非超越國家的自然權利，而是由國家所賦予，藉制定憲法而予以保障的權利。

國家之所以承認個人自由，並非因為這些自由是一種人權，而是因為這些自由係個人發展其人格所必需。社會全體的進化有賴於個人人格的發展，國家為促進社會全體的進化，不能不給人民以各種自由權利。因此，基於社會全體福利的必要性，國家得依憲法和法律的規定，限制人民自由權利的行使。

● 第二節　人權的體系與分類

憲法學在討論人權體系區分時，大多由人民與國家權力間的關係來加以探討，其中以德國公法學者耶力涅克（George Jellinek, 1851-1911）的主張，最具代表性。耶力涅克以人民相對於國家所處的地位為基準，將人民與國家的關係區分為四個階段，隨著人民在國家中所處地位的變化，人權內容也隨著改變。

一、被動地位

在「普天之下，莫非王土；率土之濱，莫非王臣」的君主專制時代，一切都是君主的財產，人民根本沒有權利，只能接受專制君主的支配。直到限制王權的年代來到，人民始從被動的地位去判明義務所在。義務雖非權利，卻是權利萌芽之處。西元一二一五年的英國「大憲章」，與其說是爭取權利，不如說是向英王宣示人民義務之所在，君主不能在人民對國家的義務之外，多做要求[2]。

人民居於被動地位，履行義務，必須服從國家統治權支配。但是千萬不可誤解為國家權力可以單方面強制人民做什麼，或規範人民必須如何等等。國家課以人民義務，必須基於正當理由，亦即要求國民義務，必須是為了保障人權體系的更完整運作，並以更落實人權保障

為最終目的。因此，義務的要求，若不是有助於人權的更獲保障，即違反人權理念[3]。

二、消極地位

人民居於消極地位，排除國家統治權的支配，要求國家不得侵害或介入干涉人民自由，這就發生了人民的自由權。自由權保障的歷史，溯源自英國一二一五年大憲章、一六二八年權利請願書，和一六八九年的權利法案。隨著人民抗爭的成功，專制君王的絕對權力，逐步受到限制，人民相對地取得排除君王（或稱國家）權力介入干涉的自由權。詳言之，此一階段的自由權，是人民與君王（或稱國家）鬥爭之後的呈現，是君王（或稱國家）權力受到限制之後所釋放出來的一種權利。

源於前述自然權利思想，近代民主國家莫不在憲法中明確規定自由保障條款，藉以明白宣示國家權力不可侵入干涉的範圍，但是絕非主張惟有憲法明文保障，自由權才存在。自由權是一種自然權利，先於國家而存在，是與生俱來的基本人權，不是法律所能賦予，也不是法律所能剝奪、限制。

三、積極地位

人民站在積極地位，可以要求國家行使統治權，由於這種地位，就發生了受益權。當各種自由權利遭受國家或個人的侵害時，人民可要求國家權力機關（特別是司法機關）協助排除侵害，具體落實自由權。

二十世紀，由於自由資本主義高度發展，引發階級對立與貧富差距等社會病癥，社會主義勃然而興。除原有的司法上的受益權之外，

增加了要求國家積極介入、保障人民權利的社會權，即生存權、環境權、學習權、工作權、勞工基本權等。所異者，受益權要求作為的對象以司法機關為核心，社會權則以立法及行政機關為核心。但本質上，同樣都是要求國家積極作為的權利[4]。

四、主動地位

當人民積極要求國家協助排除侵害或謀取福利，卻未能得到積極之回應時，人民應有扭正國家機器運作的權力；亦即人民應有參政權，藉以居於主動地位，參加國家統治權的行使。一般而言，參政權包括選舉、罷免、創制、複決等權利，是民主國家國民不可或缺之權利。不過，參政權與自由權和受益權不同，並非一般國民均得享有之權利，而只是公民始得享受的權利，所以可稱之為公民權。

綜言之，人權的體系區分及其內容，常會因時代潮流的變遷，以及人民在國家中所處地位的改變，而變易其內容。不過，迄今人權思想之發展，已然有一完整的體系，亦即一個民主憲政國家，她的人民應該擁有自由權、受益權以及參政權，缺一不可。

🔵 第三節　我國憲法保障的人民權利

關於我國憲法所保障的人民權利，依其性質區分為四類：(1)平等權。(2)自由權，包括人身自由、居住遷徙自由、言論、講學、著作及出版自由、秘密通訊自由、宗教信仰自由、集會結社自由、財產自由。(3)受益權，包括生存權、工作權、請願、訴願及訴訟權、受國民教育權。(4)參政權，包括選舉權、罷免權、創制權、複決權、

應考試及服公職權。

　　這些權利就其適用對象而言，參政權中之選舉、罷免、創制、複決四項政權，限於具有公民身分者才能享有，屬於公民權；經濟及教育上的受益權以及應考試權，可以視之爲國民權，以具有中華民國國籍者的人民享有爲原則；至於平等權和自由權，則屬於人權，凡在中華民國國權管轄下之人民，無論爲本國人或外國人，一律皆應享有。

一、平等權

(一)平等權的意義

　　中華民國憲法第七條規定：「中華民國人民，無分男女、宗教、種族、階級、黨派，在法律上一律平等。」

　　憲法上所謂平等，不是指人類天賦才能的平等，而是要打破人爲的不平等，使法律對於一切人民的保護和懲罰，均一律平等，不承認任何人在法律上享有特權的意思。

　　綜觀世界各國憲法，多有類似「法律之前人人平等」的條文規定，主張任何人均受法律同樣的保護和懲罰。

　　然而，倘若平等的意義僅限於「保護與懲罰平等」，而未顧及社會人群間所存在的個別差異，其結果，僅表現消極的平等，未能眞正解決社會上不平等的問題。因此，現代憲法對於平等概念的落實，不再僅是法律之前人人平等的形式平等，更進一步要求國家須以「合理的差別待遇」，照顧勞工、婦女、兒童，以及少數民族等弱勢族群，以實現實質平等。例如威瑪憲法第一百五十七條：「勞動力受聯邦的特別保護」；法國第四共和憲法前言：「國家對於全體人民，尤其對於孩童、母親及年老勞動者，應保障其健康之保護、物質上之享用、休息及閒餘」。中華民國憲法第一百五十三條、第一百五十五條、第

一百五十六條規定，國家應針對勞工、農民、婦女、兒童、老弱殘障等弱勢族群，制定法律，實施保護政策，予以適當之扶助與救助。中華民國憲法第一百六十八條、第一百六十九條，以及增修條文第十條，針對邊疆地區民族以及原住民，予以扶助和保障。

至於所謂「合理差別待遇」，具體落實時應掌握下列原則和判斷基準。首先，採取差別待遇的前提條件，應是事實狀態卻有不利的差異存在，例如勞資關係的現實經濟力差異、殘障者的弱勢競爭力、傳統女性參與政治活動的機會不平等。凡此，皆有採取差別待遇，以求實質平等的法理基礎。其次，差別待遇的方式、程度，須為社會一般大眾所能容許，不能因而出現逆差別待遇，形成另一種身分特權；亦即，在給予差別待遇時，應依事實差異程度，予以比較衡量，不能反而失去合理比例的平衡性，造成逆差別的不平等[5]。

(二)平等權的種類

■男女平等

男女平等是指人民不應因性別之差異而在法律上有不平等之待遇，在我國，男女不但享有平等的私權（如婚姻、繼承權的平等），亦得享有平等的公權（如選舉權、被選舉權）。憲法一方面固然宣示男女平等原則，而另一方面鑑於婦女處於劣勢地位，所以對婦女有特別保障及優待之規定。例如，憲法增修條文第四條規定立法委員之選舉，依政黨名單投票選舉產生之全國不分區以及海外僑民代表，各政黨當選名單中，婦女不得少於二分之一。兩性平權是世界性問題，各國憲法雖有具體規範，惟是否確實在政治、經濟、教育、文化及社會各方面充分落實，卻是必須面對及反省的課題。

■宗教平等

所謂宗教平等，概括言之，即是在法律上不問信仰任何宗教，均

予以同一待遇，不得歧視、壓迫或限制。即中華民國不承認「國教」之存在，任何宗教不應享有特權禮遇，也不受到任何歧視迫害。

■ 種族平等

我國憲法第五條規定「中華民國各民族一律平等」，又在第七條規定「中華民國人民，無分種族在法律上一律平等」。此外，我國憲法增修條文鑒於原住民的特殊地位，特別規定保障原住民的政治參與，扶助並促使原住民之教育文化、社會福利及經濟事業等順利發展。另外，憲法基本國策則規定，保障邊疆地區民族的利益。凡此，皆為我國憲法明確保障種族平等之規定。

■ 階級平等

中古封建時代，人民分為許多階級，各享有不同的權利，而且各自適用不同的法律，因此並無所謂的階級平等。政治上，以出身成分或血統作為標準，區分為貴族階級和奴隸階級。經濟上，則因為各種社會因素的影響，區分為資本階級和勞動階級。我國自推翻滿清以後，貴族制度已隨之廢除，所以憲法所謂的階級平等，應指勞資階級而言。勞資階級不僅適用相同的法律，並接受法律相同的保護和懲罰，我國憲法第一百五十三條也規定，國家應制定保護勞工法律，實施保護農民之政策。基於人權的觀念，階級已逐漸被「社會角色」所取代，亦即每個人在社會上只是扮演不同的角色，彼此不但有相互依存的責任與義務，且皆對社會有所貢獻，實在不應該有高下、貴賤之區別。而角色的變換或者社經地位階層的流動，較為開放、自由而無壓迫性[6]。

■ 黨派平等

此乃我國憲法特別之規定，環顧世界各國，均無於憲法中明列黨派平等者。所謂黨派平等有兩個意義：一為政黨平等，即政黨與國家

分離，任何政黨均不得享受優待與特權，亦不受歧視或壓迫。二為黨員平等，即任何人不問其屬於哪一個政黨，均不得在公權上享受特別優待或受歧視，換言之，黨派平等不是指公職應平等分配於各黨派，而是謂各黨派均受法律同等之保護，均得以同等之機會，從事競選以及相關政治活動。

二、自由權

人民居於消極地位，不受國家統治權干涉的權利，稱為自由權。中華民國憲法自第八條至第十四條，列舉人民各項自由權利，茲概要說明如下：

(一)人身自由

人身自由亦稱人身不可侵犯權（inviolability of the person），即人民身體不受國家權力的非法侵犯。我國憲法第八條、第九條即屬於人身自由保障條款，茲就條文內涵說明如下：

■正當法律程序

我國憲法第八條第一項規定：「……除現行犯之逮捕，由法律另定外，非經司法或警察機關依法定程序不得逮捕拘禁。……」，也就是說只有司法或警察機關，才有權力逮捕、拘禁犯罪嫌疑犯，並且必須遵守法定程序，否則即構成非法逮捕、拘禁。

所謂「現行犯」，係指犯罪實施中或實施後即時發覺者，但有下列情形之一者，亦以現行犯論：(1)被追呼為犯罪人者；(2)因持有凶器、贓物或其他物件，或於身體、衣服等處露有犯罪痕跡，顯可疑為犯人者。對於現行犯，不問何人，得逕行逮捕之。至於非現行犯之逮捕、拘禁，除僅限於司法和警察機關才得為之外，亦須依照刑事訴訟

法所規定之程序爲之，如傳喚被告，應用傳票；拘提被告，應用拘票；通緝被告，應用通緝書；羈押被告，應用押票等是。

■司法一元主義

我國憲法第八條第一項規定：「人民身體自由應予保障。……非由法院依法定程序，不得審問處罰。……」；第九條規定：「人民除現役軍人外，不受軍事審判。」皆屬司法一元主義之範疇。亦即惟有普通法院[7]，才得審問或處罰人民，其他法院，如軍事法院、特別法院等，則無審問或處罰一般人民之權。至於有權逮捕、拘禁之警察或其他司法機關，當然亦無審判、處罰人民的權力。

■罪刑法定主義

罪刑法定主義根源於一七八九年法國人權宣言第八條「任何人非依行爲前所制定公布且經合法適用之法律，不得加以處罰」。此後各國均奉爲刑罰的根本原則，有的規定於憲法，有的規定於法律。前者如威瑪憲法第一百十六條：「無論何種行爲，非在行爲之前，以有法律規定處罰者，不得科以刑罰」；日本新憲法第三十九條：「任何人，如其行爲在實行時合法，不得追究其刑事責任」。後者即如我國刑法第一條規定：「行爲之處罰，以行爲時之法律有明文規定者爲限。」

■提審制度

提審制度淵源於英國一六七九年的人身保護法（Habeas Corpus Amendment Act）。凡人民因犯罪嫌疑而被捕或受拘禁者，得要求有適當管轄權之法院，發出人身保護令狀（Writ of Habeas Corpus），命令逮捕或拘禁犯罪嫌疑人之機關，於一定期間內，將該犯罪嫌疑人交給法院，由法院依法審理，有罪判刑，無罪釋放。提審制度之目的在防止非法訊問、刑求取供，以保障人權，世界各民主國家及人權公約

都有類似規定。

　　我國憲法第八條規定「……人民因犯罪嫌疑被逮捕拘禁時，其逮捕拘禁機關應將逮捕拘禁原因，以書面告知本人及其本人指定之親友，並至遲於二十四小時內移送該管法院審問。……」。所謂「法院」，往昔包含檢察官在內，換言之，過去不但法院有羈押人犯之權力，檢察官亦得為之，因此只要在逮捕嫌疑犯後的二十四小時內，將人犯移送檢察官，即屬合憲。

　　但是，檢察官是代表國家行使犯罪偵防、維護治安之行政機關，並非「不告不理」、「中立聽訟」的審判機關，因此，檢察官擁有羈押權，並不恰當。司法院大法官會議於民國八十四年公布第三九二號解釋，明白宣示憲法第八條所稱之法院，係指「有審判權之法官所構成之獨任或合議之法院」，宣告檢察官擁有羈押權係屬違憲。民國八十六年十二月，刑事訴訟法部分條文修正，檢察官不再擁有羈押權。自此而後，檢察官必須和警察機關共用二十四小時時限，大幅縮短嫌犯審判前的拘禁時間，落實人身自由保障。另一方面，為了彌補拘禁時間縮短對刑案偵查品質所造成的影響，遂有「法定障礙事由」制度設計，凡因以下「法定障礙事由」所消耗的時間，都可以排除在二十四小時之外 ：(1)交通障礙時間；(2)解送時間；(3)犯罪嫌疑人在夜間被逮捕不得接受偵訊；(4)被告或犯罪嫌疑人身體健康發生狀況；(5)等待辯護人時間；(6)等待通譯時間；(7)經檢察官命令具保或責付之被告；(8)犯罪嫌疑人經法院提審期間[8]。

(二)居住遷徙自由

　　我國憲法第十條規定：「人民有居住及遷徙之自由。」

　　所謂居住自由，實即人身自由之延伸。係指人民居住處所不受非法侵犯之自由權利。因之，不論是暫時居寓之居所，或是有永久居住意思之住所，非得本人同意，任何人不得侵犯，即使是國家官吏，非

依法定程序，亦不能侵入、搜索、封錮。遷徙自由即通行自由，人民得自由選擇居住處所，或自由設定居住處所，包括遷徙或旅居各地之自由，以及進出國境之自由。

以下分別就居住自由與遷徙自由作進一步說明。

■ 非依法定程序，不得侵入居住處所

在英國，一六二八年權利請願書及一六八九年權利法案均明文規定，軍隊不得駐紮民房。住宅為個人之城堡（one's house is his own castle），不得侵犯，亦早為英國普通法所承認。美國在殖民時代，英國軍隊常有強迫駐紮民房之事例，故美國憲法增修第三條規定：「未經屋主許可，平時不得駐紮軍隊於民房。除依法律所規定之手續外，戰時亦不得在民房駐紮軍隊。」[9]

針對無故侵入他人居住處所之個人，刑法設有無故侵入他人住宅罪之處罰[10]。就國家官員而言，只有在必要情形下，方得依法定程序侵入人民居住處所。例如行政執行法第十條規定，只有在「人民之生命、身體、財產危害迫切，非侵入不能救護者」，以及「有賭博或其他妨害風俗或公安之行為，非侵入不能制止者」的情形下，才可以侵入人民家宅或其他處所。

■ 非依法定程序，不得搜索居住處所

專制王權時代，國家官吏經常非法搜索人民之身體、住宅或其他處所，扣押證據，以作罪證，侵害人民自由權利甚鉅。因此各民主國家均透過憲法和法律，嚴格規範國家官員搜索人民身體和居住處所的要件及程序。例如美國憲法增修第四條規定：「人民有保護其身體、住所、文件與財產之權，不受無理拘捕、搜索與扣押，並不得非法侵犯。除有正當理由，經宣誓或代誓宣言，並詳載搜索之地點、拘捕之人或收押之物外，不得頒發搜索票、拘票或扣押狀。」

為保障人民居住自由，我國刑法設有違法搜索罪：「不依法令搜

索他人身體、住宅、建築物、舟、車或航空機者，處二年以下有期徒刑、拘役或三百元以下罰金」，不論任何個人或國家官員均不得違法搜索。依據我國刑事訴訟法第一百八十二條規定，搜索人民住宅或身體，須由檢察官、法官或司法警察持搜索票執行，否則即為違法搜索。但有下列情形之一者，司法警察雖無搜索票，亦得逕行搜索住宅或其他處所（刑訴法第一百三十一條）：因逮捕被告或執行拘提羈押者；因追躡現行犯或逮捕逃人者；有事實足信為有人在內犯罪而情形急迫者。

■非依法定程序，不得封錮居住處所

封錮住所，不但有妨礙人民之居住自由，且有侵犯人民之財產權，須由法院依強制執行法之規定為之。

■人民之遷徙固然自由，但亦有相當限制

就國內遷徙自由而言，軍事設防區域、戒嚴地區、傳染病流行區域等，為確保國家安全以及人民權益，自得對人民遷徙自由作必要之限制。其次，對於假釋人犯以及破產人的遷徙與選擇住居處所之自由，都得依法限制。

就國際遷徙自由之限制而言，凡具有本國國籍的國民，除因涉及刑案、或未依護照條例取得相關文件者之外，應得自由出入國境，不受限制。過去許多旅居海外的本國人，因為不同的政治主張被列名於「黑名單」上者，即不被准許入境，是對人民國際遷徙自由嚴重侵害。另外，限制役男出國的規定，亦明顯違背憲法保障人民遷徙自由之精神，業經大法官會議釋字第四四三號解釋宣示為違憲[11]。

(三)意見自由

所謂意見自由，即人民得自由傳達思想和意見，而不受非法限制或侵害的權利。我國憲法第十一條規定：「人民有言論、講學、著

作、出版之自由。」所保障的就是人民的意見自由。

■言論自由

所謂言論自由（freedom of speech），係指在群眾集會或公共場所，發表演說或參加討論的權利。言論自由是民主社會能夠存在的前提條件，因為人人有言論的自由，可以對政府政策發表意見並且相互討論，而促使政府向人民負責。言論自由使民主選舉真正存在，亦使近代立憲主義之有限政府，具有實質意義。

■講學自由

根據大法官會議釋字第三八一號解釋文（84.05.26），所謂講學自由，係指對「學術自由」之制度性保障。憲法保障學術自由的基本意義，在使學術研究不受政治的、宗教的或其他學術以外勢力之任意干涉，使學術研究者享有下列自由權利：

1. 研究自由：不受與研究無關之外在勢力或規定之干預或約束，而能自行選擇研究對象、目的、方法、場所與時間。
2. 發表自由：將研究成果以出版刊行或公開演講的方式，對外他人傳布。
3. 教學自由：得根據其學術研究成果，從事教學講授。
4. 學習自由：讓作為學術的共同研究與討論者的學生，基於學習之需要，自主選擇課程或研究主題，來從事學習活動。

學術研究是發現真相、探究真理的重要途徑，對人類文明的進步發展，有著基本而不可抹滅的貢獻。誠如許慶雄教授所言：「人類要追求發展，就必須追求新知識，進行改革，而在研究求知求變的過程中，亦必然地會對既有的支配體制、價值觀念、社會秩序提出批判及懷疑，同時也會對既存的權威、教條不斷地挑戰，也惟有如此才能真正地對所謂的『真理』重新加以認識。然而，由人類的歷史可知，對

既有權威及體制挑戰，必然會引起既存體制的不滿，而加以打壓及迫害。例如，中古時代的教會權力及近代的國家權力，即對所謂的『異端分子』或『異議分子』加以殘酷迫害。而後來證明，許許多多不受當時社會、國家容忍的『異端』、『異議』，後來都成為人類社會發展的重要基礎。」12

■ 著作自由

所謂著作自由，係指透過不同形式或媒介之創作，藉以表達意見而不受非法干涉之權利。但就積極保障及促進著作自由之層面而言，最具體的做法應是貫徹保護著作權。依我國著作權法之規定，所謂著作，不論其屬於文學、科學、藝術或其他學術範圍之創作，亦即語文、音樂、戲劇、舞蹈、美術、攝影、圖形、視聽、錄音、建築，以及電腦程式等創作，均屬著作權保障之範圍。著作人於著作完成時即享有著作權，而且著作權存續期間為著作人生存期間及其死亡後五十年。

著作人享有公開口述、播送、上映、演出、展示其著作之權利，亦有改作或改編其著作，以及出租其著作之權利。著作權亦得依當事人之約定為全部或部分讓與他人或與他人共有。

為保障著作權，著作權人對於侵害其著作權者，得請求排除之；有侵害之虞者，得請求防止之。因此，如果未經著作權人之允許，擅自以公開口述、播送、上映、演出、展示他人著作，或以改作、改編、出租或其他方法侵害他人著作權者，處三年以下有期徒刑，得併科新台幣十五萬元以下之罰金。

■ 出版自由

所謂出版自由，係指人民得將其本人或他人之著作，以文書、圖畫、錄音帶、錄影帶、磁碟片或電影等形式印製，並加以出售或散布的權利。意見自由之內容，以出版自由最為重要，因為出版即意味著

大量傳播，不論內容好壞，對社會大眾的影響最為深廣，因此世界各國對於著作物出版的管理，均甚為重視，茲就出版的管理制度略加說明：

◎預防制

出版物不只在出版之後，須受法律的制裁追訴，即使在出版之前，也須受行政機關的檢查或監督，就叫做預防制。預防制又細分為以下四種：(1)檢查制：出版物於出版之前，須送至行政機關檢查，得其允許後，始可出版，謂之檢查制。(2)特許制：出版物於出版之前，雖不受檢查，但出版業之開辦，則須取得行政機關的特許。(3)保證金制：出版業開辦之前，須向行政機關繳納若干保證金。一方面可因巨額保證金而遏阻出版業之設立，另方面可由保證金之沒收而影響出版物之內容，均造成對出版自由之箝制。(4)報告制：出版物在出版之前，須向行政機關報備，但行政機關卻無拒絕其出版的權力。報告制的目的，在使行政機關得預知某種出版物之出現，而予以注意。

◎追懲制

出版物出版之前，不受任何機關之干涉，但在出版之後，如發現有違法之情事，則依法予以制裁或懲罰。

■意見自由的限制

意見自由係一種外在表現自由，具有社會性本質，易與其他人的人權產生衝突，因此意見自由是一種相對權利，必須受到合理的限制。以下針對言論及出版自由的限制作進一步說明：

◎誹謗或中傷他人的言論出版之限制

言論或出版不得誹謗或中傷他人。根據我國刑法第三百一十條規定，透過指摘、傳述或文字、圖畫，散布足以毀損他人名譽之事者，處誹謗罪。但是對於所誹謗之事，能證明其為真實者，不罰，但涉及

私德而與公共利益無關者，不在此限[13]。換言之，涉及公共利益的言論或出版，如能證明其為真實者，即便對他人有所毀謗，亦不構成誹謗罪。此外，就新聞媒體而言，構成誹謗罪的標準更為寬鬆，根據大法官會議解釋，所謂「能證明其為真實者」，並非指證據確鑿，全無疑義，而是只要新聞媒體善盡查證之責任，即便報導非全屬實，亦不成立誹謗罪責。

◎猥褻的言論出版之限制

世界各國對猥褻刊物之定義或有不同，但是猥褻刊物不在言論出版自由保障範圍之內，舉世皆然。我國刑法第二百三十五條即針對散布、販賣及製造、持有猥褻物品的行為，明文規定加以處罰。至於猥褻的定義，依據大法官會議釋字第四七○號解釋，係指「在客觀上足以刺激或滿足性慾，並引起普通一般人羞恥或厭惡感而侵害性的道德感情，有礙於社會風化。」「猥褻出版品與藝術性、醫學性、教育性等出版品之區別，應就出版品整體之特性及其目的而為觀察，並依當時之社會一般觀念定之。」

◎破壞治安的言論出版之限制

言論出版自由縱然有其神聖價值，但亦不能毫無限制，而致危害治安及社會秩序。但所謂「破壞治安」的明確界限為何？則應依個案所處的時空環境條件做具體認定。理論上，「如果言論有明白而立刻的危險可以產生暴動、混亂、交通妨害，或其他對公共安全、和平、秩序有直接威脅的事情，則得加以防止或處罰。否則不得藉口維持治安而不當壓迫言論的自由」[14]。例如，在戲院中大聲呼喊「失火」的假訊息，導致觀眾陷於慌亂奔逃的危險境況，此等言論自不在保障之範圍。一九四九年，美國一位民眾於屋內發表演說，激烈攻擊民主黨及猶太人，致引起屋外數千群眾之憤怒，欲衝進屋內，而造成情勢緊張，因之被處妨害治安罪。但美國最高法院以為：言論之一項功用，即在造成爭執，固然此一演說造成社會不安，但不能因群眾之激

動情緒，而加之以罪。

◎危害國家安全及民主自由基本秩序的言論出版之限制

　　保障言論出版自由的目的之一，在使意見充分交流，以達到監督並促使政府向人民負責，甚而使不符人民期待的政府，經由「和平」的方式交出政權。因此，言論出版自由的保障，應不包括主張以武裝暴力或政變等非法手段推翻政府的自由。德國基本法第十八條即具體規定：「凡濫用言論自由……以攻擊自由、民主之基本秩序者，應剝奪此等基本權利。」國家安全與言論自由經常處於緊張的辯證關係，特別是戰亂時期，許多國家均會以國家安全為由，制定法律，限制人民言論出版之自由。因此，如何在不損害國家安全的前提下，充分保障人民言論出版自由，一直是民主憲政的重要議題。關於如何在合憲的條件下合理限制人民的言論出版自由，美國最高法院曾經提出了兩個原則性的標準，「一為『明白而立刻的危險』原則（clear and present danger test），即言論有產生實質弊害的明白而立刻的危險時，始得加以限制或處罰。……二為『惡劣傾向原則』（bad tendency test），即凡言論出版有惡劣的傾向，則可加以處罰，無須待有明白而立刻的危險」[15]。現今大多數民主國家採取「明白而立刻危險」原則，主張面對有害於國家安全的言論出版，應該由充分自由的言論出版市場機制，進行改正或淘汰的機能，而非由國家公權力做主觀的判斷。亦即除非該言論出版已經引發明顯而且立刻的危害，必須由國家機關及時制止，否則不應予以限制或處罰。

◎妨害司法審判的言論出版

　　為維護訴訟當事人接受公平審判的權利，多數國家均限制報章雜誌及廣電媒體不得針對偵查或審判中的案件進行評論，而僅得進行報導。例如我國出版法第三十三條規定：「出版物不得對於尚在偵查或審判中的訴訟事件，或承辦該事件之司法人員，或與該事件有關之訴訟關係人，加以評論，或登載禁止公開訴訟事件之辯論。」廣播電視

法第二十二條亦有類似規定，禁止廣播電視節目對偵查或審判中的案件，加以評論，以避免發生「媒體審判」的情況。

(四)秘密通訊自由

凡用書函、電報、電話、傳真、網路等傳達意思者，均謂之通訊。秘密通訊自由是指人民意思之交流可以秘密方式進行，不受任何政府官吏或他人侵犯。根據我國相關法律規定，所謂「秘密通訊自由」，其涵義係指：人民通訊不得無故被扣押或隱匿，通訊之內容亦不容無故遭人拆閱。

美國憲法增修第四條：「人民有保護……文件……之權，不受無理……扣押，並不得非法侵害……。」瑞士憲法第三十六條：「書信與電報秘密之不可侵犯，應予保障。」德國基本法第十條：「書信秘密、郵件與電訊之秘密不可侵犯，……前項限制惟依法始得為之。」我國憲法除明文規定人民有秘密通訊之自由外，亦透過刑法相關規定，處罰侵犯秘密通訊自由之行為。例如，我國刑法第一百三十三條：「在郵務或電報機關執行職務之公務員，開拆或隱匿投寄之郵件或電報者，處三年以下有期徒刑、拘役或五百元以下罰金。」

秘密通訊自由雖為憲法明文保障，但在特殊情形下，法律仍得加以限制。例如，未成年人之通訊，得由家長或其監護人拆閱；被羈押之被告所為之通訊，得由押所檢閱或限制；破產人之函件，得由破產管理人收拆；受刑人接收之書信一律由監獄長官檢閱，均為適例。另外，依據我國通訊監察法規定，為確保國家安全，維護社會秩序，對於犯有最輕本刑為三年以上有期徒刑，或涉及內亂、外患、煙毒、貪污、走私、期貨交易罪之被告或犯罪嫌疑人之通訊，得施以監察。

(五)信仰宗教自由

所謂信仰宗教自由，包括宗教自由和政教分離兩大意義。茲分述

如下[16]：

■ **宗教自由**

宗教自由再可細分為信仰自由、崇拜自由和傳教自由：

1. **信仰自由**：即人民在內心有信仰任何宗教與不信仰任何宗教之自由。因此國家或任何團體及個人，均不得強迫人民告白其信仰，亦不得強迫人民信仰或不信仰某一宗教，或強迫人民採取違反其信仰之行為。
2. **崇拜自由**：即人民有參加或不參加宗教儀式之自由。
3. **傳教自由**：即信教人有宣傳教義之自由

信仰自由純屬個人內心世界之範疇，與思想及良心自由一樣，同被稱為內部的精神自由。由於毫無妨礙、影響他人自由之可能，因此屬於絕對保障之自由權利，而不受任何限制。崇拜與傳教自由，則係形諸於外的一種表現，可能影響社會上其他個人之權利，因此是一種相對保障的自由權利，在某種情形下應該受到法律的限制。例如，崇拜與傳教自由不得違反善良風俗、不得擾亂公共秩序，亦不得侵犯人民居住處所，強制傳教。

■ **政教分離**

國家對於宗教應採取超然中立之地位，謂之政教分離。包含下列意義：

1. 國家不得設立國教，亦不得承認某教為國教。因為既有國教之存在，就隱含強迫信仰之意義，而與信仰自由相違背。
2. 國家不得由國庫資助任何一種宗教或全部宗教。因為國庫收入由全國人民負擔，而全國人民未必全為教徒，如由國庫資助宗教，無異強迫不信教的國民負擔宗教經費，而鼓勵人民信教。

3.國家不得因人民信仰或不信仰宗教，而予以優待或歧視。

4.學校不得強迫任何方式的宗教教育。

(六)集會及結社自由

我國憲法第十四條規定：「人民有集會及結社之自由。」茲說明如下[17]：

■集會自由

所謂集會自由，乃人民得自由集合一處，以演講方式，表達意見，或以辯論方式，交換思想或意見。集會自由固為各國憲法所保障，國家不得無故干涉或侵害，然而亦非全無限制。各國對於集會自由之限制，不外兩種制度：(1)追懲制：即在集會之前，不受任何機關之干涉，僅於集會有違法之行為時，始依法懲處。(2)預防制：即在集會之前，須向警察機關履行一定之手續，如取得警察機關之許可（許可制）；或向警察機關報備（報告制）等是。

與集會性質相近者為遊行；遊行可視為室外集會之延伸。我國憲法雖未明文規定遊行自由之保障，但因其與集會有密不可分之關係，故各國之法制亦多將遊行與集會視為人民基本權力之內容，並立法保障規範。依我國集會遊行法規定，所謂「集會」，係指「於公共場所或公眾得出入之場所舉行會議、演說或其他聚眾活動」；所稱「遊行」，則指「於市街、道路、巷弄或其他公共場所或公眾得出入之場所之集體行進」。

依據集會遊行法第八條之規定，「室外集會、遊行，應向主管機關（警察局或警察分局）申請許可」。惟下列三類活動之舉行不必事先申請許可：(1)依法令規定辦理者；(2)學術、藝術、旅遊、體育競賽，或其他性質相類似之活動；(3)宗教、民俗、婚喪、喜慶活動。而對於室內集會，並無須事先申請許可之規定。由此可知，我國集會

遊行法對於室外之集會遊行係採許可制，對於室內集會則採追懲制。

■結社自由

　　結社為特定多數人之一種永久性之結合，與集會自由同為人民集體活動之一種。但集會與結社有其顯著不同，一為結社必須具有永久性，二為結社必有一定之規章，三為結社必有固定之組織。

　　人民結社，可分為兩類：一為以營利為目的的結社，稱為營利結社，如公司；二為不以營利為目的的結社，稱為非營利結社。非營利結社又可區分為政治性結社與非政治性結社，前者如政黨；後者如職業團體（如工會、漁會、農會、醫師公會、律師公會）、社會團體（如婦女團體、宗教團體、慈善團體）等。

　　各國對於結社自由之限制，亦與集會相同，有預防制與追懲制兩種。採追懲制者，在結社之前不須有任何手續，但在結社後有任何違法行為時，則依法加以處罰。採預防制者，則事先應取得行政機關的許可（許可制），或僅須向行政機關報備（報告制）。往昔歐洲大陸各國，多採預防制，目前世界潮流趨向追懲制。

　　我國對於結社自由之限制，究係採預防制或追懲制？憲法並未明文規定。不過，屬於營利性結社者，如組織公司須依民法與公司法之規定，應向主管機關辦理登記，只要手續合法，主管機關必須受理，故屬於預防制之報告制。至於非營利結社，則受「人民團體法」之規範，依據該法之規定，人民團體（包括職業團體、社會團體和政治團體）之組織，應由發起人檢具申請書、章程草案及發起人名冊，向主管機關申請許可，故屬於預防制之許可制。惟屬於政治性團體之政黨，只要向主管機關備案即可，則屬於預防制之報告制。

三、受益權

「受益權」顧名思義，乃指人民站在積極地位，為自己的利益，請求國家為一定之作為，以享受其利益。受益權與自由權不同，自由權是消極排除國家統治權力之干涉侵害；受益權則是要求國家「積極」作為，協助人民排除侵害、為人民創造福利。

受益權區分為兩大類，一類是救濟請求權，要求國家協助人民排除侵害，例如，我國憲法第十六條規定的請願權、訴願權和訴訟權。請願權屬於行政上的受益權，訴願權以及訴訟權則屬於司法上的受益權。

另一類是新興受益權，包括經濟與教育的受益權。我國憲法第十五條規定的生存權、工作權及財產權，屬於經濟上的受益權；憲法第二十一條規定的接受國民基本教育權利，屬於教育上的受益權。

茲就行政上的受益權、司法上的受益權、經濟上的受益權與教育上的受益權，敘述如下：

(一)經濟上的受益權

十九世紀末，放任競爭的資本自由主義盛行，資本家挾其資金與土地的雄厚實力，不擇手段地剝奪勞工權益，而政府卻被要求扮演「管得愈少的政府，是愈好的政府」的角色，導致二十世紀初的西方國家，出現貧富不均、階級壓迫對立的社會病態。於是二十世紀的憲法，乃朝向社會化的方向發展，要求國家扮演積極的角色，對經濟問題採取干涉政策，保護經濟上的弱勢者，具體實現真正的平等。威瑪憲法第一百六十三條第二項規定：「對於一切德國人民，均應給予機會，使其從事經濟勞動，以取得生活資源。凡不能給予適當勞動機會者，應給予必要的生活費。」這就是經濟上受益權之濫觴。

我國憲法第十五條規定的生存權、工作權及財產權，即屬經濟上的受益權。

■生存權

　　生存權的意義，不僅止於存活，而係有要求國家提供合乎人性尊嚴的生存機會與環境。我國憲法對生存權之保障，甚為重視，除在第十五條明示對生存權之保障外，憲法第一百五十五條規定：「國家為謀社會福利，應實施社會保險制度。人民之老弱殘廢，無力生活，及受非常災害者，國家應予以適當之扶助與救濟。」憲法增修條文第十條第七項規定：「國家對於身心障礙者之保險與就醫，無障礙環境之建構、教育訓練與就業輔導及生活維護與救助，應予保障，並扶助其自立與發展。」這些規定目的在保障弱勢者的生存權，提供他們合乎人性尊嚴的生存機會與環境。

■工作權

　　十六、七世紀，工作權以「自由選擇職業」為核心。十九世紀，資本家控制市場，以極盡苛刻的工作條件和工資，壓迫勞工。工作對工人而言，根本是喪失自由，淪為奴工的開始。

　　因此，現代憲法擴張工作權內涵，不僅包括「自由選擇職業權」，更包括「安全暨衛生工作條件權」、「同工同酬權」、「平等升遷權」、「組織及參加工會權」等等，對於那些被排除在就業市場之外的人民，則主張「就業與失業保障權」，提供完善的失業保險和失業救濟制度。

　　我國憲法第十五條規定，人民工作權應予保障，並於憲法第一百五十二條規定：「人民具有工作能力者，國家應予以適當之工作機會。」憲法第一百五十三條規定：「國家為改良勞工及農民之生活，增進其生產技能，應制定保護勞工及農民之法律，實施保護勞工及農民之政策。婦女兒童從事勞動者，應按其年齡及身體狀態，予以特別

保護。」以上所列憲法條文旨在明示保護農民、勞工之權益。事實上，政府並通過「就業服務法」、「勞動基準法」……等相關法規，以落實工作權之保障。

■財產權

憲法第十五條關於人民財產應予保障的規定，旨在確保人民有自由使用、收益、處分其財產的權利，並免於遭受公權力或第三人之侵害，俾能實現個人自由，發展人格及維護尊嚴。

十八世紀，西歐各國以財產為天賦人權，神聖不可侵犯，這種觀念對於十九世紀資本主義的發展，有很大貢獻。但是私有財產過於發達，卻造成貧富懸殊，勞資階級對立，而引起嚴重的社會問題。因此人們對財產權的觀念遂發生改變，不以財產權為天賦人權，而認為財產權的行使，負有增進公共福利的社會職務，因此財產權不是不受任何限制的絕對權利，而是可以限制的相對權利。

(二)司法上的受益權

司法上的受益權是人民權利遭受私人或政府機關侵害時，得向普通法院或行政法院提起訴訟，請求國家保障或救濟的權利。司法受益權的請求，以法院為受理訴訟機關，法院必須依法定程序，獨立、公平進行審判，不得任意拒絕或無故擱置。

憲法第十六條：「人民有……訴訟之權。」憲法第七十七條：「司法院為國家最高司法機關，掌理民事、刑事、行政訴訟之審判……。」憲法第一百三十二條：「……選舉訴訟，由法院審判之。」可見司法上的受益權包括：民事訴訟、刑事訴訟、行政訴訟與選舉訴訟等四項訴訟權。茲分述於下：

■民事訴訟權

民事訴訟權乃人民之財產權、身分權、人格權等私權遭受侵害或

發生爭執時，得依民事訴訟法規定之程序，向法院提起訴訟，要求國家站在中立之地位，維持私法秩序，保護其私權或解決其與他人之權利紛爭。

■刑事訴訟權

　　刑事訴訟權乃人民遭受他人犯罪侵害時，得依刑事訴訟法規定之程序，請求法院對犯罪者科以刑罰，保障自己權利。刑事訴訟可分公訴與自訴，公訴乃檢察官偵查犯罪事證後，向法院提起之訴訟；自訴乃受犯罪侵害的被害人，不經檢察官而逕向法院提起之訴訟。

■選舉訴訟權

　　選舉訴訟可分「選舉或罷免無效」之訴、「當選無效」之訴與「罷免案通過或否決無效」之訴。選舉訴訟不僅影響候選人權益，也影響公益，因此，選罷法規定選舉訴訟應設選舉法庭，採合議制審理，二審終結並不得提起再審，而且應於六個月內審結。

■行政訴訟權

　　行政訴訟權係指人民對中央或地方機關的違法行政處分，認為損害其權利，經依訴願法提起訴願而不服其決定，或訴願機關逾期不為決定，人民得向行政法院提起行政訴訟，請求以判決變更或撤銷原機關的違法處分。

(三)行政上的受益權

　　我國憲法第十六條規定的請願權以及訴願權，係人民以行政機關為主要對象，請求協助排除侵害，因此稱為行政上的受益權。茲分述如下：

■請願權

　　人民對於國家政策、公共利益，或其他權益之維護，得按其性

質，向民意機關或主管行政機關表示願望，請求國家機關作為或不作為。

根據「請願法」規定，人民得請願事項包括：國家政策、公共利害或私人權益。但牴觸憲法、干預審判，或依法應提起訴訟、訴願之事項，不得請願。除法院不得作為請願對象之外，中央或地方行政機關，以及立法、考試、監察機關，均得作為請願的對象。

■訴願權

訴願權是人民對於政府機關的違法或不當行政處分，請求行政機關再為審查該行政處分，以為撤銷或變更的權利。

訴願的提起應於一定期間內為之，否則訴願會被程序駁回。訴願期間依訴願法規定，乃是自行政處分書送達之次日起算三十日內。

訴願受理機關應自收受訴願書之次日起，三個月內做出「維持」、「撤銷」或「變更」原行政處分的決定，必要時得延長一次，但不得逾二個月，且應通知訴願人。訴願人如果不接受訴願受理機關的決定，可以進一步提起行政訴訟。

自然人、法人、地方自治團體及其他公法人，均得向原行政處分機關提起訴願，再由原行政處分機關層轉至上級行政機關處理，使民眾不致混淆訴願管轄機關，亦可促使原行政處分機關自我省察。其次，由於行政訴訟採改二級二審制度，加上訴願程序，行政救濟實質上已有「三級三審」，因此，為避免行政救濟程序過長，致影響行政效能，遂取消再訴願程序。

(四)教育上的受益權

人民為獲得智能成長、人格發展之基本能力，應享有平等教育機會的權利，稱為教育受益權。茲將我國憲法相關規定簡述如下：

■保障教育機會平等

　　憲法第一百五十九條：「國民受教育之機會，一律平等。」教育機會平等是人格發展機會平等的基礎，也是一切平等的基點。因此，保障國民受教育之機會一律平等，是一種相當重要的基本權利。惟必須特別強調，所謂「平等」，並非僅僅只是形式上的平等，而是必須針對缺乏教育機會的弱勢者，給予優待或補助，以達到實質的平等。

■基本教育一律免納學費

　　憲法第一百六十條規定：「六歲至十二歲之學齡兒童，一律受基本教育，免納學費。其貧苦者，由政府供給書籍，已逾學齡未受基本教育之國民，一律受補習教育，免納學費，其書籍亦由政府供給。」

　　民國五十六年，六年國民義務教育延長為九年，民國六十八年「國民教育法」公布，該法第二條明文規定：「凡六歲至十五歲之國民，應受國民教育；已逾齡未受國民教育之國民，應受國民補習教育。」此對人民之教育受益權，顯有提升。

■教師、學生、教育事業之獎勵或補助

　　憲法第一百六十一條：「各級政府應廣設獎學金名額，以扶助學行俱優無力升學之學生。」國家免費教育的範圍，以國民基本教育為限，但為使貧困子弟亦能以平等機會享有較高教育，國家應透過獎勵與補助的方式，扶助學行俱優無力升學的學生。

　　國家為普及教育，使人民獲得充分之教育機會，除了自辦公立學校外，也應盡力獎助私人創辦學校或其他教育事業。憲法第一百六十七條即規定國家對於私人經營之教育事業或僑居國外國民之教育事業，成績優良者，應予以獎勵或補助。

■邊遠及貧瘠地區教育事業之補助

　　憲法第一百六十三條：「國家應注重各地區教育之均衡發展，並

推行社會教育，以提高一般國民之文化水準，邊遠及貧瘠地區之教育文化經費，由國庫補助之。其重要之教育文化事業，得由中央辦理或補助之。」

憲法第一百六十九條：「國家對於邊疆地區各民族之教育⋯⋯，應積極舉辦，並扶助其發展。」

憲法增修條文第十條：「國家應依民族意願，保障原住民族之地位⋯⋯，並對其教育文化⋯⋯予以保障扶助並促其發展，其辦法以法律另定之。對於澎湖、金門及馬祖地區人民亦同。」

■優先編列教育、科學、文化經費

憲法第一百六十四條：「教育、科學、文化之經費，在中央不得少於其預算總額百分之十五，在省不得少於其預算總額百分之二十五，在縣市不得少於其預算總額百分之三十五。⋯⋯」

憲法增修條文第十條：「⋯⋯教育、科學、文化之經費，尤其國民教育之經費應優先編列，不受憲法第一百六十四條規定之限制。」

四、參政權

參政權是指公民（citizenship）基於主動地位，參與國家統治意思形成的權利。「公民」並不包括所有的本國國民，一般而言，各國均以法定成年年齡作為取得公民資格的積極條件。各國法律所規定的成年年齡並不一致，最小者為滿十八歲，最大者為滿二十三歲[18]。除法定成年年齡規定外，各國法規亦規定取得公民資格的相關消極條件與積極條件。

我國憲法十七條規定：「人民有選舉、罷免、創制、複決之權。」第十八條規定：「人民有應考試服公職之權。」此即公民擁有之參政權。此外，我國憲法第十二章專章討論「選舉、罷免、創制、複

決」，可見制憲諸公對參政權之重視。茲就選舉權、罷免權、創制權、複決權、應考試權、服公職權敘述如下：

(一)選舉權

選舉權是指公民經由選票圈選或其他方法，選出官吏或民意代表的權利。一般認知，均將「被選舉權」包含在內。惟「被選舉權」是公民成為公職候選人，經由選舉人之選擇，成為機關首長或民意代表的權利，究其性質，較接近任官權，屬於憲法第十八條保障之服公職權[19]。本文為敘述之順暢，茲將被選舉權與選舉權一併說明：

■ 選舉人與被選舉人資格

根據我國憲法第一百三十條，以及「總統副總統選舉罷免法」、「公職人員選舉罷免法」等相關規定，我國國民必須符合以下積極資格、消極資格，才能取得選舉權或被選舉權。

積極資格，係指取得選舉權或被選舉權所必須具有的條件。依憲法與選罷法之規定，中華民國國民須年滿二十歲，且在某選舉區居住四個月以上，才有該選舉區的選舉權。至於被選舉權的積極資格，除了必須具備「國籍」與「居住」兩項資格以外，被選舉人的年齡條件更為嚴格。中央或地方各級民意代表候選人須年滿二十三歲；總統、副總統候選人則須年滿四十歲；直轄市長候選人須年滿三十五歲；縣（市）長候選人須年滿三十歲；鄉（鎮、市）長候選人須年滿二十六歲。另外，我國現行「公職人員選罷法」雖已廢除各級民意代表候選人學經歷資格限制，惟對各級地方政府首長候選人仍定有學經歷之資格限制。

消極資格，係指取得選舉權或被選舉權不得具有的條件或情形；亦即雖然具有前述積極資格，但如有受褫奪公權而尚未復權或受禁治產宣告而尚未撤銷者，均喪失選舉權。我國選罷法有關被選舉人之消

極資格規範，較選舉人更爲嚴格，具有下列情形者，均不得成爲公職候選人：褫奪公權尚未復權者；受禁治產宣告尚未撤銷者；受刑事有關之處分，如曾犯內亂、外患、貪污、妨害投票自由、投票行賄罪者，經判決確定者；受保安處分或破產宣告確定，尚未復權或期滿者；現役軍人或警察；現爲學校肄業學生，但如屬公職人員在職進修者，不在此限；辦理選舉事務人員；現任官吏不得在其任所所在地，申請登記爲國大代表候選人；被罷免之公職人員自辭職之日起，四年內不得爲同一公職人員候選人（選罷法第八十五條）。

■選舉原則

依憲法第一百二十九條規定：「本憲法所規定之各種選舉，……以普通、平等、直接及無記名投票之方法行之。」此四項原則是針對選舉程序而言，因此同時適用於選舉權與被選舉權。茲分項說明：

◎普通選舉

選舉權之取得，除積極資格與消極資格之限制外，未另設其他條件限制者，稱爲「普通選舉」（universal suffrage）。反之，所謂「限制選舉」，即以財產、性別、教育、種族等條件，作爲是否取得選舉權的條件，限制特定族群的投票權。

◎平等選舉

凡是具有投票權的公民，對於某一項選舉，每人僅能投一票，而且每張選票之票值相等。即所謂「一人一票，票票等值」；反之，不同時具備此兩種條件者，稱爲「不平等選舉」。例如二十世紀初期之前的英國，有所謂的「複數投票制度」（plural vote system），和「等級投票制度」（class vote system）。前者係指選舉人在其選區之外，可以在其產業所在地再投一票；後者則將選舉人按納稅多少排定次序等級，每級選舉人納稅額等於總稅額的三分之一，每一級各選出相同數目的議員，於是選舉人各投一票，但每票的價值不同。

◎直接選舉

　　選舉人投票後能直接選出當選人者，稱為「直接選舉」；反之，須由選舉人選出的代表再次投票決定當選人者，稱為「間接選舉」。我國憲法第一百二十九條雖然規定採取直接選舉，但依憲法第二十七條、第九十一條之規定，總統、副總統以及監察委員之產生，係採取間接選舉。前者由國民大會代表間接選出；後者由省、市議會及蒙藏地方議會議員間接選出。惟憲法歷經多次增修後，總統、副總統選舉已改由公民直選產生；因應監察院改制，不再辦理監察委員選舉，改由總統提名經國民大會同意任命。因此，我國目前已全面採取直接選舉制度。

◎無記名投票

　　即所謂的「秘密投票」。選舉人在列有候選人姓名之選票上，圈選支持對象，無須標記自己姓名或書寫任何文字。如此可確保選舉人的自由意志不受威脅。

■ 選舉制度

　　世界各國選舉制度，雖然種類繁多，但是都由「當選票數計算」與「當選名額多寡」兩個因素組合而成。

　　依「當選票數計算」原則來區別，選舉制度可分為「相對多數當選制」、「絕對多數當選制」和「比例代表制」三種不同類型。候選人只要獲得較多選票，不管是否超過半數，都可宣告當選，稱為「相對多數當選制」；候選人必須獲得百分之五十以上的選票，才能當選，稱為「絕對多數當選制」。至於「比例代表制」，是指政黨總得票數跨過一定「門檻」後，即可依該政黨之總得票率，贏得一定比率的議員席次。「門檻」的設置，是用來防範多黨林立的一種限制，我國中央民意代表選舉中的全國不分區以及僑民代表之產生，即採比例代表制，而依選罷法之規定，「門檻」則限定在百分之五。

依「當選名額多寡」原則來區別，選舉制度可以區分為「單一選區制」（又稱「小選區制」），「複數選區制」（又稱「大選舉區制」）。每個選區只有一個當選人名額，稱為「單選區制度」；每個選區當選名額兩名以上，稱為「複數選舉區制度」。

將「當選票數計算」與「當選名額多寡」兩個因素交叉組合，形成「單一選區相對多數制」、「複數選區相對多數制」、「單一選區絕對多數制」和「複數選區比例代表制」。

「單一選區相對多數制」，選舉區內應選名額只有一名（或一組），不論選票上出現多少名候選人，投票人只能圈選一名（組），計票時，以得票數最高的一名（組）候選人當選。「複數選區相對多數制」，選舉區內應選名額多於一名，候選人以得票高低依次宣告當選。「單一選區絕對多數制」，應選名額僅有一名，而且必須獲得過半數以上的票數，才能當選。由於經常發生所有候選人均未達過半數票數之情況，因此衍生出「連續投票制」、「兩輪決選制」、「選擇投票制」等不同的投票設計。「複數選區比例代表制」，比例代表制以「政黨」為計票單位，亦即依各政黨總得票數，按比例分配各政黨當選名額，復依各政黨候選人名單順序，宣告當選人。

我國各類公職人員選舉，採用不同的選舉制度。總統、副總統、直轄市長、縣（市）長、鄉（鎮、市）長等選舉，採「單一選區相對多數制」；直轄市議員、縣（市）議員、鄉（鎮、市）民代表等選舉，採取「複數選區相對多數制」；立法委員選舉，兼採單一選區絕對多數制與比例代表制，依據民國九十四年憲法增修條文第四條相關規定，我國立法委員選舉自第七屆起，採取單一選區兩票制。也就是說，一百一十三名應選立法委員當中，直轄市、縣市等區域代表，採取單一選舉區絕對多數制，而全國不分區和海外僑民代表，則採取政黨比例代表制，由獲得百分之五以上政黨選舉票的政黨依得票比率推派。

(二)罷免權

罷免權係指選民對於經選舉產生之公職人員,在任期屆滿之前,藉由投票方式使之去職的權利。憲法第十七條規定人民有罷免之權,憲法第一百三十三條復規定:「被選舉人得由原選舉區依法罷免之。」因此,凡是經由人民選出之公職人員,無論是總統、副總統、各級地方首長,或各級民意代表,均得由原選舉區之選民依選罷法所規定之程序罷免。不過,依政黨比例代表制產生之民意代表,因為不具有所屬選舉區,並不適用罷免之規定。

(三)創制權、複決權

創制與複決兩權,是人民直接針對政策或法案,主動且直接參與,形成國家統治意思。創制權主要為防止立法機關之「立法怠惰」或「蔑視民意」,由人民依一定程序,直接提出法案原則或條文;複決權則是由人民投票決定是否接受政府機關決議的法案或重大政策。

我國憲法第十七條、第二十七條、第一百二十三條,以及第一百三十六條,係我國人民創制複決權的相關具體規定。但行憲以來,一直存在著不同觀點的爭議。部分學者以為,憲法第二十七條第二項以及第一百二十三條之規定,顯然係將憲法以及全國性政策、法律案等創制、複決權,交由國民大會代表全國人民行使。至於一般人民,則僅得就縣自治事項,行使創制複決權。相對地,部分學者以為,相關憲法條文,並未排除人民就全國性法律或政策,直接行使創制、複決的權利。只要依憲法第一百三十六條規定,由立法機關制定創制複決法,人民自得依創制複決法規定之程序,對全國性法律或政策行使創制複決權。事實上,行憲以來,尚無國民大會代表行使創制複決權的先例,立法院亦未曾制定創制複決法,所以,我國人民行使創制複決權的主體、範圍與程序,遲遲未能獲得釐清與確認。

惟依據公民投票法（92.12.31）以及憲法增修條文（94.06.10）之規定，前述問題已經獲得一定程度的解決。茲作以下說明：

民國九十二年，公民投票法公布實施。依據該法第二條規定，公民投票包括全國性及地方性兩類。全國性公民投票適用事項如：法律複決、立法原則創制、重大政策創制或複決、憲法修正案複決；地方性公民投票適用事項如：地方自治法規複決、地方自治法規立法原則創制、地方自治事項重大政策創制或複決。

民國九十四年，憲法第七次增修。增修條文第一條，凍結國民大會組織與職權相關憲法條文之適用，國民大會形同廢除。其次，增修條文第一條亦規定：「中華民國自由地區選舉人於立法院提出憲法修正案、領土變更案，經公告半年，應於三個月內投票複決。」於是，我國公民業已得以行使憲法修正案與領土變更案的複決權利。

(四)應考試權

人民因有應考試權，藉此可以取得公務人員任用資格，擔任公職以參與國家統治意思之形成，故應考試權為參政權之一環。應考試權相關條文如：憲法第十八條：「人民有應考試……之權」；憲法第八十五條：「公務人員之選拔，應實行公開競爭之考試制度……，非經考試及格者，不得任用」；憲法第八十六條：「左列資格，應經考試院依法考選銓定之：一、公務人員任用資格。二、專門職業及技術人員職業資格。」

所謂「應考試權」，是指人民無分男女、宗教、種族、階級、黨派之別，均得參加考試。惟「應考試權」並非全無資格限制。依據公務人員考試法第七條之規定，中華民國國民，年滿十八歲，具備相關學經歷資格者，得參加各級公務人員考試，但有以下情形者，不得應考：(1)動員戡亂時期終止後，曾犯內亂罪、外患罪，經判刑確定或通緝有案尚未結案者。(2)曾服公務有貪污行為，經判刑確定或通緝

有案尚未結案者。(3)褫奪公權尚未復權者。(4)受禁治產宣告,尚未撤銷者。

(五)服公職權

所謂服公職之權,即凡具有法定資格之公民,均有擔任公職之權利。但是並不表示國家一定要給予其所要求之職務,只是表示國家不能非法剝奪其任公職之權利而已。

至於何謂公職,依據司法院大法官會議釋字第四二號解釋:「凡各級民意代表,中央與地方機關之公務員,及其他依法令從事於公務者皆屬之。」由此可見,服公職之法定資格,除按前項應考試而取得外,亦可由選舉程序獲得。

第四節　人民權利的保障、限制與救濟

一、權利事項的規定方式

各國憲法對於人民權利事項的規定方式,大體上可以區分為下列三種:

(一)列舉式

將人民應享之權利,具體條列於憲法條文。雖有明確一致、不易混淆之優點,但是卻有掛一漏萬,而且除非具有彈性修憲的能力,亦恐將有無法快速因應社會環境變遷之缺點。隨著時代變遷,人民權利的概念與內容,不斷變易、增加。例如民族自決權、環境權、和平生存權等之爭取入憲,均是適例。

(二)概括式

將人民應享之權利，作原則性之規定，而非具體條列於憲法條文之中。其優缺點恰與列舉式相反，雖有「包羅萬項」且能與時俱進，而無須時時修憲之困擾，但是當政府與人民有不同的認知與解釋時，極容易引發爭議，甚且給予野心政客侵犯人民權利的模糊空間。

(三)折衷式

也稱例示式。除了將人民權利明確列舉之外，亦以概括方式保障其他應屬人民之權利。可避免列舉或概括規定的缺點，兼顧明確不易混淆，以及適應政治、經濟、社會環境變遷需要的優點。例如美國憲法增修條文，除了列舉各項美國人民權利之外，亦於第九條規定：「本憲法列舉各種權利，不得解釋爲否認或取消人民所保有之其他權利。」[20]

我國憲法於第七條至第二十一條，逐條列舉人民權利，而於第二十二條概括規定：「凡人民之其他自由及權利，不妨害社會秩序及公共利益者，均受憲法之保障。」因此我國憲法有關人民權利事項之規定方式，係屬於折衷式。

二、權利的保障

各國憲法對於人民權利的保障有兩種方式，其一是間接保障，其二是直接保障，茲說明如下[21]：

(一)間接保障

或稱法律保障。即憲法所規定之人民自由權利，仍有「依法律」或「非依法律不得限制」等附加條件，亦即限制行政機關不得以行政

命令剝奪或限制人民的自由權利，但仍得以立法機關通過之法律，剝奪或限制人民的自由權利。例如，日本舊憲法第二十九條規定：「日本臣民，在法律範圍內，有言論、著作刊行、集會及結社之自由。」我國五五憲草第十三條規定：「人民有言論、著作及出版之自由，非依法律，不得限制之。」等是。

(二)直接保障

或稱憲法保障。即對人民享受之各種權利，由憲法詳細規定，直接予以保障，而無「依法律」或「非依法律不得限制」等附加條件。換言之，即便是立法機關亦不得通過法律，剝奪或任意限制人民的權利。例如美國憲法修正案第一條規定：「國會不得制定下列事項之法律：一、確立宗教或禁止信教之自由，二、剝奪人民言論或出版之自由，三、剝奪人民和平集會及請願於政府之權。」

中華民國憲法第二章各條所列，均直接規定「人民有……之自由」或「人民有……之權」，而無「依法律」或「非依法律不得限制」之附帶條件，顯見我國憲法對於人民權利係採取直接保障主義。

三、權利的限制

環顧各國憲法對於人民自由權利的保障，直接保障主義是現今世界潮流。直接保障主義不允許藉由法律剝奪人民自由權利，但是並非表示權利的行使可以任意為之，不受任何限制。實際上，採取直接保障主義的國家，多數均制定法律來規範人民自由權利的「合理」行使。

限制自由權利的理論基礎，學說不一。

其中一種說法承襲「社會權利說」對「天賦人權」的質疑，認為權利並非與生俱來，而是「國家為促進社會全體的進化，不能不給人

民以各種自由，……個人自由不外是憲法賦予的權利，在法律上可依制憲者的意思而變更。」[22]「權利既非天賦而來，而是社會生活之產物，則於享受與行使權利之際，自應顧及社會公益，不容個人專擅自為」[23]，因此為了維護國家安全、社會秩序、公共福祉，即可限制人民權利。

另一種說法則仍然主張人民權利是天賦的基本人權，不可以因為多數人的利益，或因多數人贊同，就加以限制或剝奪，否則人權就失去其「基本保障」「不可讓渡」的本質。因此，只有在人權體系的整體調和，以及為了使人權保障更加充實的前提下，才得以對人民權利作「合理」限制[24]。

不論基於何種理論，在實際運作層次，各國普遍透過法律規範人民權利的行使。惟類似的限制必須符合「必要」而且「合理」的原則，否則便是侵犯人民的權利。所謂「必要」原則，是指對人民權利的限制，惟有在「社會公益」或「人權保障」所必要的範圍內，方得為之；所謂「合理」原則，是指限制人民權利的法律規定和行政行為必須符合「比例原則」，亦即實施公權力行為的「手段」和「目的」之間，應有一定的比例關係，必須選擇在侵犯人民權利最小的範圍內行使之，故又稱為「最小侵害原則」。

中華民國憲法對於人民自由權利的保障係採取憲法直接保障主義，惟憲法第二十三條亦明確規定：「以上各條列舉之自由權利，除為防止妨礙他人自由、避免緊急危難、維持社會秩序，或增進公共利益所必要者外，不得以法律限制之。」進言之，上述規定旨在貫徹權利直接保障主義，非在必要情形下，不得限制人民權利，而且僅得由立法機關以法律為之，否則即為違憲。茲就憲法規定之四項必要條件說明如下[25]：

(一)防止妨礙他人自由

人民行使其自由權利，以不妨礙他人之自由為限度，否則即為自由之濫用。法國一七八九年人權宣言第四條謂：「所謂自由是指有權作任何不損害他人之事情而言。」我國民法第一百四十八條亦規定：「權利之行使，不得違反公共利益，或以損害他人為主要目的。」倘人民行使自由權利，有妨害他人之自由，則不僅不受法律之保障，且須受法律之制裁或限制。如我國刑法第二十六條妨害自由罪之規定，即以法律以防止妨害他人自由之行為。

(二)避免緊急危難

緊急危難有對國家發生者，有對個人發生者。前者如國家發生戰爭、內亂、天災等緊急危難，得依法律限制人民之自由權利。如「戒嚴法」（38.01.14）第十一條規定，戒嚴地區最高司令官得停止或限制集會結社自由、言論自由、秘密通訊自由、宗教活動自由等。又為避免個人緊急危難，行政官署對於瘋狂或酗酒泥醉、意圖自殺、暴力或鬥毆等緊急危難中之人，得加以管束（行政執行法第七條）。

(三)維持社會秩序

國家為維持社會秩序，亦得依法限制人民之權利。最顯著之例，即是刑法第七章所列「妨害秩序罪」。該章固為維持社會秩序而設，推而廣之，刑法各章亦可視為維持廣義社會秩序而設。再如「槍砲彈藥刀械管制條例」（79.07.16），其第一條亦規定該法之意旨係為「維持社會秩序」，皆屬之。

(四)增進公共利益

國家為增進公共利益，得依法限制人民之自由權利。例如「土地

法」（84.01.20）關於土地之徵收；「建築法」（73.11.07）關於建築物之管理，均為增進公共利益而對個人之自由權利所設之限制。

四、權利損害之救濟

當人民權利遭受侵損害時，應有適當之救濟管道，否則保障人民權利之憲政理想，將徒負空談。侵害權利之來源主要有二，其一是私人之違法侵權行為，其二是違法或不當之國家行政行為。前者所造成的權利損害，可循司法訴訟途徑，要求國家主持公道，協助排除侵害，此即為民法和刑法所規範之司法救濟體系；至於後者所造成的權利損害，則可循行政救濟和國家賠償制度以資補救。

人民因行政權之行使而致自由或權利受損，有權要求國家協助排除侵害，請求行政機關或行政法院將違法或不當的行政行為除去，使回復至未受侵害之狀態，此即「受益權」一節中所論及的「請願、訴願、再訴願」以及「行政訴訟」，於此不復贅述。但是，人民因違法或不當之行政行為而致權利受損，有時亦會造成財產上的損失，如果只有「請願、訴願、再訴願」以及「行政訴訟」的救濟，並無法彌補人民財產上的損失，依憲法保障人民財產權的旨意，必須給予人民適當之賠償，此即國家賠償制度。

我國憲法第二十四條規定：「凡公務員違法侵害人民之自由或權利者，除依法律受懲戒外，應負刑事及民事責任。被害人民就其所受損害，並得依法律向國家請求賠償。」這就是我國國家賠償制度的法源依據。目前規範國家賠償制度的法律有「冤獄賠償法」和「國家賠償法」，茲將兩項國家賠償制度之要點敘述如下[26]：

(一)冤獄賠償法

依刑事訴訟法令受理之案件，具有下列情形之一者，受害人得依

冤獄賠償法請求國家賠償（第一條）：(1)不起訴處分或無罪判決確定前，曾受羈押者；(2)依再審或非常上訴程序判決無罪確定前，曾受羈押或刑之執行者。羈押及徒刑或拘役執行之賠償，以新台幣三千元以上五千元以下折算一日；死刑執行之賠償，除依前述規定賠償外，並支付新台幣五百萬元以上一千萬元以下之撫慰金（第三條）。

(二)國家賠償法

　　具有下列情形之一者，受害人得自知有損害起二年內，請求國家賠償：(1)公務員於執行職務、行使公權力時，因故意或過失不法侵害人民之自由或權利，或公務員怠於職務致人民之自由或權利遭受損害者，國家均負賠償責任（第二條第二項）；(2)公有公共設施因設施或管理有欠缺，致人民生命、身體或財產受損害者，國家亦應負損害賠償責任（第三條第一項）。

　　公務員違法侵害人民自由或權利時，除了必須擔負行政、刑事和民事責任外，為加強公務員之守法心和責任感，國家賠償法亦同時規定：當國家賠償事實成立後，公務員有故意或重大過失所造成之國家賠償，賠償義務機關對之有求償權。

 ## 第五節　人民的義務

一、義務的意義

　　人民的義務，是指人民居於被動地位，依據法律規定，接受國家統治權支配，為一定作為的責任。

　　在近代立憲主義的基礎上，課人民義務必須基於正當理由，絕非

指國家權力可以單方面強制或規範國民，亦即「要求國民義務，必須是為了保障人權體系的更完整運作，並以更落實人權保障為最終目的」，例如「所謂國民有納稅義務，絕非指在稅制不公平或貪污舞弊橫行的情況下，國民仍有被強制納稅的義務，國民納稅是要建立一個保障人權的政府」[27]。相同地，服兵役是為保衛國家生存、護衛民主憲政與人權價值，而非作為統治者侵略他國或奪權的工具。

憲法關於義務之規定，各國不同，如我國憲法第十九條至第二十一條規定，雖僅列舉納稅、服兵役與受國民義務教育三者，但所列舉者，係為例示而已，非謂人民只負擔此三項義務。此外，人民尚有效忠國家、服從法律、維護公共秩序等義務[28]。

二、義務的種類

(一)納稅

憲法第十九條：「人民有依法律納稅之義務。」

憲法第一百零九條：「左列事項，由省立法並執行之，或交由縣執行之：……七、省政及省稅……」

憲法第一百一十條：「左列事項，由縣立法並執行之：……六、縣財政及縣稅……」

人民享受各項權利，國家為保護人民及增進人民各種福利，必須支出巨額經費，自應由人民納稅，共同負擔。因之本國國民無論居住國內或國外，財產之在國內或國外，以及居住於本國的外國人，凡為國家權力所及者，既受國家保護，皆應依法納稅。

所謂「依法律」，係指各種賦稅之納稅主體、稅目、稅率、納稅方法及納稅期間等事項，均應由法律規定之，而不得逕以行政命令課人民納稅之義務（司法院釋字第二一七號解釋），此稱「租稅法定主

義」。至於課稅原因事實之有無及有關證據之證明力如何，則為事實認定問題，不屬租稅法定的範圍。

至於由省、縣地方自治團體立法所規定之省稅、縣稅，是否與租稅法定主義相違，應加以釐清。依憲法第一百七十條之規定，所謂「法律」，謂經立法院三讀通過，並經總統公布之法律。因此省、縣地方自治團體所立之法，僅係地方單行法規，並非法律，其理甚明。省稅、縣稅既然非依據法律而課徵，則人民似無繳納之義務。惟依據司法院大法官會議釋字第二七七號解釋，以及財政收支劃分法之規定，可由中央制定「地方稅法通則」或「省縣賦稅通則」，以為省稅、縣稅立法之依據。

(二)服兵役

憲法第二十條：「人民有依法律服兵役之義務。」

我國探徵兵制，凡役齡男子均有服兵役的義務。所謂「依法律」，指依兵役法、兵役法施行法等法律；「服兵役」，則包括軍官役、士官役及士兵役。其免役、禁役、緩徵、緩召、服役年限等，亦應以法律規定之。再者，服兵役者首重對國家之忠誠，故以我國國民為限。至於女子合於兵役年齡者，得依其志願服役，有關其徵集及服務，仍以兵役法規定之。

民國八十九年二月二日，替代役實施條例公布，依其條文規定，替代役包括社會治安類（警察役、消防役）、社會服務類（社會役、環保役、醫療役、教育服務役）以及其他經行政院指定之類別。徵兵檢查為常備役體位者，得依志願申請服替代役；替代役體位者，應服替代役。申請服替代役役男，具國家考試及格取得替代役類別專長證照者，得優先甄試。申請服替代役人數逾核定數額時，以抽籤決定之。但因家庭、宗教因素申請服替代役者，得免參加抽籤。常備役體位服替代役之役期較服常備兵役役期長四至六個月；替代役體位服替

代役者，役期與常備兵役役期相同。因宗教因素服替代役者其役期較服常備兵役役期延長二分之一。

(三)受國民教育

憲法第二十一條：「人民有受國民教育之權利與義務。」

憲法第一百六十條：「六歲至十二歲之學齡兒童，一律受基本教育，免納學費。其貧苦者，由政府供給書籍。」

接受國民教育，同時為人民之權利與義務。以其為人民之義務，國家得強制學齡兒童入學，因此國民教育又稱強迫教育。憲法規定六歲至十二歲為國民義務教育，已於民國五十七年起延長為九年。

【註釋】

1 許慶雄，《憲法入門》，台北市：月旦出版社，民81，頁48。

2 李鴻禧，《憲法教室》，台北市：月旦出版社，民83，頁48。

3 許慶雄，《憲法入門》，台北市：月旦出版社，民81，頁65。

4 許慶雄，《憲法入門》，台北市：月旦出版社，民81，頁50。

5 許慶雄，《憲法入門》，台北市：月旦出版社，民81，頁73-74。

6 彭堅汶等，《中華民國憲法概論》，台北市：今古文化，民87，頁101。

7 所謂普通法院係指依「法院組織法」所規定之法院，即簡易法庭、地方法院、高等法院、最高法院。

8 周繼祥，《憲法與公民教育》，台北市：揚智文化，民87，頁59。

9 劉慶瑞，《比較憲法》，台北市：大中國圖書，民71，頁92。

10 刑法第三百零六條規定：「無故侵入他人住宅，建築物或附連圍繞之土地或船艦者，處一年以下有期徒刑、拘役或三百元以下罰金。」

11 釋字第四四三號（86.12.26）略謂：「……查兵役法及兵役法施行法並無任何限制役男出境之條款，且兵役法施行法第四十五條僅授權行政院訂定徵兵規則，對性質上屬於限制人民遷徙自由之役男出境限制事項，並未設有任何具體明確授權行政機關訂定之明文，更無行政院得委由內政部訂定辦法之規定，……內政部所定之『役男出境處理辦法』第八條限制役男出境之規定，雖基於防範役男藉故出境，逃避其應盡之服兵役義務，惟已構成對人民自由權利之重大限制，與前開憲法意旨不符，應自本解釋公布日起至遲於屆滿六個月時，失其效力。」

12 許慶雄，《憲法入門》，台北市：月旦出版社，民81，頁89。

13 我國刑法第三百一十條規定：「意圖散布於眾而指摘或傳述足以毀損他人名譽之事者，為毀謗罪，處一年以下有期徒刑、拘役或五百元以下罰金。散布文字、圖畫犯前項之罪者，處兩年以下有期徒刑、拘役或一千元以下罰金。對於所誹謗之事，能證明其為真實者，不罰，但涉及私德而與公共利益無關者，不在此限。」

14 劉慶瑞，《比較憲法》，台北市：大中國圖書，民71，頁104。

15 劉慶瑞，《比較憲法》，台北市：大中國圖書，民71，頁106。

16 劉慶瑞，《比較憲法》，台北市：大中國圖書，民71，頁114-118。

17 張忠正，《中華民國憲法釋論》，台北：李唐文化，民85，頁82-84。

18 中央選舉委員會編纂，《各國憲法有關選舉制度輯要》，台北：中央選舉委員會，民76，頁693-696。

19 許志雄等合著，《現代憲法論》，台北市：元照出版社，1999，頁226。

20 國民大會秘書處，《新編世界各國憲法大全》（第三冊），民85，頁413。

21 請參酌劉慶瑞，《比較憲法》，台北市：大中國圖書，民71，頁76-77。以及洪泉湖等，《憲法新論》，台北市：幼獅，民89，頁120-121。

22 劉慶瑞，《比較憲法》，台北市：大中國圖書，民71，頁75。

23 張忠正，《中華民國憲法釋論》，台北縣：李唐文化，民85，頁103。

24 此派學者稱之為「人權調整」，請參酌許慶雄，《憲法入門》，台北市：月旦出版社，民81，頁52-54。

25 張忠正，《中華民國憲法釋論》，台北縣：李唐文化，民85，頁103-104。

26 張忠正，《中華民國憲法釋論》，台北縣：李唐文化，民85，頁 101-102。

27 許志雄，《憲法入門》，台北市：月旦出版社，1992，頁65。

28 曾繁康，《比較憲法》，台北市：三民書局，1983，頁172-173。

第 五 章

國民大會

第一節　國民大會的理論基礎

　　國民大會依據孫中山先生「五權憲法」、「權能區分」的理論創設，爲我國特有之憲政制度，與西方近代立憲國家政府組織的設立原理，並不完全相同。

　　孫中山先生以爲，立法權兼掌監察權，易造成議會專制，政府無能。考試權隸屬行政部門，則權限太廣，易造成盲從濫選。他說：「現在立憲各國沒有不是立法機關兼有監察權限，那權限雖然有強有弱，總是不能獨立，因此生出無數弊病。比方美國糾舉權，歸議會掌握，往往擅用此權，挾制行政機關，使它不得不俯首聽命，因此常常成爲議會專制」；「考試權如果屬於行政部，那權限未免太廣，流弊反多」；「必要設獨立機關，專掌考試權。大小官吏必須考試，定了他的資格，無論官吏是由選舉的，抑或委任的，必須合格的人，方得有效，這便可以除卻盲從濫選及任用私人的流弊。」[1]

　　因此，孫中山先生主張將考試權自行政權獨立出來，防止行政權濫用私人之弊端；再將監察權從立法權分離出來，以避免立法權過度擴張，箝制要挾行政機關，致使政府癱瘓。

　　近代立憲國家的政府組織設計，掌握「權力分立制衡」原理，將政府權力區分爲行政權、立法權和司法權，使三種權力相互牽制，達到平衡。確保政府機關不致濫用權力，侵害人民生命、財產、自由權利。孫中山先生從「五權憲法」理論的角度出發，設計五權分立相維的萬能政府，亦即組成政府的五權之間，講求「分工合作」而非「分立制衡」。

　　至於如何防止政府政府權力濫用，侵害人民權利呢？孫中山先生提出「權能區分」理論，主張政府有「治權」，亦即行政、立法、司

法、考試、監察等五種能力，五權相維，分工合作，發揮最大的效能；人民有「政權」，亦即選舉、罷免、創制、複決等四權，人民經由四種政權，可以直接參與政事。選舉、罷免兩權，用以控管政府官員，擇優汰劣；創制、複決兩權，用以確保法律品質，當立法機關懈怠，不依民意需求制定法律時，即由人民行使創制權，制定法律原則，交立法機關據以制定具體法律條文，或者當民意機關違背民意，制定侵害人民權利的法律時，則由人民行使複決權，否決該項法律。

人民擁有四個政權，可以直接參與政事，孫中山先生稱之為「直接民權」。理論上雖然如此，但在實際行使上，卻頗有困難。因為以當時中國的情形而言，不僅幅員遼闊、人口眾多、國事複雜，甚且人民知識水準以及交通資訊設施均深待提升改進。人民如欲直接參與中央政事，則每選舉或罷免一名中央官員，每創制或複決一項中央法律，動輒須數千萬公民連署，數萬萬公民投票，勞民傷財，曠廢時日，顯然並不適宜。

孫中山先生鑒於事實上之困難，而又不願意放棄直接民權之理想，遂有「國民大會」之設置，以代表人民行使中央政權；並且以「縣」為單位，由人民行使四項政權，直接參與地方政事。孫中山先生這種「以人民直接行使地方政權，以國民大會代表人民行使中央政權」的構想，在建國大綱中規定得至為明顯具體。例如，建國大綱第九條：「一完全自治之縣，其國民有直接選舉官員之權，有直接罷免官員之權，有直接創制法律之權，有直接複決法律之權。」建國大綱第十四條：「每縣地方自治政府成立之後，得選國民代表一員，以組織代表會，參與中央政事。」建國大綱第二十四條：「憲法頒布之後，中央統治權（及中央政權）則歸於國民大會行使之，國民大會對於中央官員有選舉權、有罷免權，對於中央法律有創制權、有複決權。」

第二節　憲法本文規定的國民大會

一、國民大會的性質與地位

(一)國民大會是政權機關，非主權機關

中華民國憲法第二十五條規定：「國民大會依本憲法之規定，代表全國國民行使政權。」憲法第二條規定：「中華民國之主權屬於國民全體。」可見國民大會只是代表人民行使政權的機關，並非主權機關。

依據孫中山先生原始設計，國民大會行使政權的範圍，涵蓋面甚廣，建國大綱第二十四條規定，國民大會對中央官吏有選舉、罷免權，對中央法律有創制、複決權。但是經過制憲協商，國民大會的政權行使範圍已大幅縮減。

依據中華民國憲法草案（五五憲草）第二十三條規定，國民大會雖然仍擁有對中央法律的創制、複決權，但是對中央官吏的選舉、罷免權，則明顯縮減，僅擁有對總統、副總統、立法院正副院長、立法委員、監察院正副院長、監察委員的選舉權和罷免權。至於行政院正副院長、部會首長以及政務委員，均由總統任免之。大體來說，五五憲草對於國民大會的職權規定，雖較國父遺教範圍縮小，但仍然擁有實質政權，可以合理控制中央治權機關，政權機關和治權機關的界限，亦尚為分明，只有國民大會是代表人民行使政權的機關，其餘機關，即便是立、監兩院，都是聚集專家貢獻其專門知識的治權機關。

依據中華民國憲法第二十七條規定，國民大會對於中央官吏的選

舉、罷免權，僅剩下選舉總統、副總統，以及罷免總統、副總統，至於法律的創制、複決權，雖仍規定由國民大會行使，但是必須等到全國有半數之縣市曾經行使創制、複決兩項政權時，再由國民大會制定辦法並行使之，形同凍結國民大會行使創制、複決權。

(二)國民大會相當於民主國家的國會

國民大會由人民選舉之代表組織而成，雖與一般民主國家之國會同為人民之代表機關，但觀諸憲法賦予國民大會之職權，較諸民主國家國會所擁有之職權，實有甚大之差異，因此國民大會是否與國會同一性質，行憲未久即發生疑義，大法官會議乃於民國四十六年五月三日作成釋字第七六號解釋文，認為國民大會、立法院、監察院，共同相當於民主國家的國會。其解釋文如下：「我國憲法，係依據孫中山先生之遺教而制定，於國民大會外，並建立五院，與三權分立制度，本難比擬。國民大會，代表全國國民行使政權；立法院為國家最高立法機關，監察院為國家最高監察機關，均由人民直接間接選舉之代表或委員所組成。其分別行使之職權，亦為民主國家國會之重要職權。雖其職權行使之方式，如每年定期集會、多數開議、多數決等，不盡與民主國家國會相同，但就憲法上之地位及職權之性質而言，實應認為國民大會、立法院、監察院，共同相當於民主國家之國會。」

二、國民大會的組織

(一)國民大會代表的產生

依據中華民國憲法第二十六條及第一百三十五條之規定，國民大會代表包括以下幾種不同類別：縣市區域代表、蒙古西藏少數民族代表、僑民代表、職業團體代表、婦女團體代表、內地生活習慣特殊國

民代表。

國民大會代表種類繁多，固然有代表多方民意之優點，但是職業團體代表與區域代表之代表性重疊與衝突，爭議不斷；婦女既有保障名額（憲法第一百三十四條），爲何又須婦女團體代表之雙重保障？再者，國大代表產生方式多元，相對地使得國民大會代表人數龐雜（第一屆國大代表計達三千零四十五人），不利議事進行。所幸，憲法賦予國民大會的職權，除了選舉總統、副總統爲每六年行使的職權之外，罷免正、副總統與修改憲法之職權並不經常行使，創制、複決兩權則形同凍結，遂使國大代表人數龐雜，不利議事進行的結構性缺點，隱而不顯。

(二)國民大會代表的任期

憲法第二十八條規定：「國民大會代表，每六年改選一次。每屆國民大會代表之任期，至次屆國民大會代表開會之日爲止。」因此國民大會代表任期以六年爲原則，但富有彈性。此與憲法規定立法委員任期三年（憲法第六十五條），以及監察委員任期六年（憲法第九十三條），並不相同。亦即當國家遇有重大變故，而次屆國民大會代表事實上無法即時產生或集會時，則該屆國民大會代表之任期雖已屆六年，亦得繼續行使職權，直至次屆國民大會開會之日止。

行憲後，第一屆國民大會代表於民國三十七年三月二十九日集會，至民國四十三年三月二十八日屆滿六年。依憲法第二十八條第一項之規定，本應於四十三年改選，但因值大陸淪陷於共黨，國土分裂，無法辦理全國性之選舉，故第一屆國民大會代表依憲法第二十八條第二項之規定，遂一再延長其任期。

爲了因應台、澎、金、馬自由地區民眾民主改革之要求，立法院於民國七十八年通過「第一屆資深中央民意代表自願退職條例」（78.02.03），給予退職者優渥之酬勞金，鼓勵其自願退職，以加速第

一屆資深中央民意代表之退職。惟爲加速憲政改革，司法院大法官會議也以釋字第二六一號解釋文（79.06.21）明確規定：「第一屆未定期改選之中央民意代表，除事實上已不能行使職權或經常不能行使職權者，應即查明解職外，其餘應於中華民國八十年十二月三十一日以前終止行使職權，並由中央政府依憲法之精神，……適時辦理全國性之次屆中央民意代表選舉……。」

在前述一推一拉的力量下，沒有定期改選的萬年國會問題，才漸次獲得解決。總計第一屆國民大會代表自民國三十七年三月二十九日就職起，至民國八十年十二月三十一日，全數退職完畢止，任期長達四十三年又九個月。

(三)國民大會代表的保障與特權

■言論免責權

憲法第三十二條規定：「國民大會代表在會議時所爲之言論及表決，對會外不負責任。」此種保障，俗稱之爲民意代表之言論免責特權。關於此種特權之由來，源自英國一六八八年權利法案第九條之規定：「議會內之言論自由。討論或議事不應在議會外之任何法院或場所，受追訴或審問。」目的在建立權力分立體制，維持議會政治的獨立地位。我國憲法賦予國民大會代表之言論免責特權，亦是仿傚歐美議會政治之慣例而來。

■不被逮捕特權

憲法第三十三條規定：「國民大會代表，除現行犯以外，在會期中，非經國民大會之許可，不得逮捕或拘禁。」考諸憲法歷史，此項規定之理由，亦由於防止政府藉口議員有犯罪嫌疑，擅予逮捕，以排除異己，致議員爲權勢所脅，不能執行職務，甚至根本喪失自由，而影響國會開會與表決。故自英國權利宣言以來，各國憲法，均設有此

項規定。我國憲法第三十三條之規定，亦是本於此旨而設者。

(四)國民大會的集會

■常會

憲法第二十九條規定：「國民大會代表於每屆總統任滿前九十日集會，由總統召集之。」總統之任期原為六年；因此，國民大會之常會，每六年始由總統召集一次，其主要目的為選舉總統、副總統，但亦得行使國民大會臨時會之職權。

■臨時會

依憲法第三十條第一項之規定，國民大會遇有下列情形之一者，得召集臨時會：(1)依憲法第四十九條之規定，應補選總統、副總統時。(2)依監察院之決議，對於總統、副總統提出彈劾時。(3)依立法院之決議，提出憲法修正案時。(4)國民大會代表五分之二以上請求召集時。

三、國民大會的職權

關於國民大會之職權，依據憲法第四條以及第二十七條之規定，包含下列六種職權：(1)選舉總統、副總統。(2)罷免總統、副總統。(3)修改憲法。(4)複決立法院所提之憲法修正案。(5)創制、複決一般法案（須俟全國有過半數之縣市曾經行使創制、複決兩權後，始得由國民大會制訂辦法行使之）。(6)議決領土變更案。

第三節　憲法增修條文規定的國民大會

　　自從民國八十年憲法首次增修以來，國民大會的性質、組織與職權，迭經多次變革。依據民國九十四年第七次憲法增修條文規定，凍結憲法本文國民大會組織與職權等相關條文，目前，國民大會實際遭到凍結，並未實際運作。以下簡要介紹憲法第六次及第七次增修過程中，國民大會組織與職權更迭。

　　依據第六次憲法增修條文（89.04.25）第一條：「國民大會代表三百人，於立法院提出憲法修正案、領土變更案，經公告半年，或提出總統、副總統彈劾案時，應於三個月內採比例代表制選出之，……國民大會之職權如左，……複決立法院所提之憲法修正案……複決立法院所提之領土變更案……議決立法院提出之總統、副總統彈劾案。……國民大會代表於選舉結果確認後十日內自行集會，國民大會集會以一個月為限，……國民大會代表任期與集會期間相同……。」國民大會性質丕變為任務型國大，職權已大幅縮減，僅限於複決立法院所提憲法修正案、領土變更案，以及議決正副總統彈劾案的任務需求下，始得以政黨比例代表制方式，選舉產生三百名國大代表。同時，該屆國大代表任期與集會期間相同，並且嚴格限定集會期間以一個月為限。

　　民國九十三年底，立法院三讀通過憲法修正案，主要內容包括：立委總額減半為一百一十三名，立委選制改為單一選區兩票制，廢除國民大會以及公民投票入憲等。九十四年五月順利選舉產生任務型國民大會代表，隨即於陽明山中山樓集會修憲，順利完成第七次憲法修正案。

　　根據第七次憲法增修條文之規定，凍結憲法本文第二十五條至第

三十四條及第一百三十五條之適用，國民大會正式走入歷史。原來屬於國民大會行使的憲法職權，如憲法修正案以及領土變更案的複決權，轉由中華民國自由地區公民投票行使；再如正副總統彈劾案，則由司法院大法官審理，經憲法法庭判決。茲將第七次憲法增修條文（94.06.10）相關條文臚列如下：

憲法增修條文第一條：「中華民國自由地區選舉人於立法院提出憲法修正案、領土變更案，經公告半年，應於三個月內投票複決，不適用憲法第四條、第一百七十四條之規定。憲法第二十五條至第三十四條及第一百三十五條之規定，停止適用。」

憲法增修條文第二條：「立法院提出總統、副總統彈劾案，聲請司法院大法官審理，經憲法法庭判決成立時，被彈劾人應即解職。」

憲法增修條文第四條：「中華民國領土，依其固有疆域，非經全體立法委員四分之一之提議，全體立法委員四分之三之出席，及出席委員四分之三之決議，提出領土變更案，並於公告半年後，經中華民國自由地區選舉人投票複決，有效同意票過選舉人總額之半數，不得變更之。」

憲法增修條文第四條：「立法院對於總統、副總統之彈劾案，須經全體立法委員二分之一以上之提議，全體立法委員三分之二以上之決議，聲請司法院大法官審理。」

憲法增修條文第五條：「司法院大法官，除依憲法第七十八條之規定外，並組成憲法法庭審理總統、副總統之彈劾及政黨違憲之解散事項。」

憲法增修條文第十二條：「憲法之修改，須經立法院立法委員四分之一之提議，四分之三之出席，及出席委員四分之三之決議，提出憲法修正案，並於公告半年後，經中華民國自由地區選舉人投票複決，有效同意票過選舉人總額之半數，即通過之，不適用憲法第一百七十四條之規定。」

【註釋】

1 參閱「三民主義與中國民族之前途」演講詞。

第六章

總統

第一節　總統的地位與性質

一國之國體依國家元首之產生方式，區分為君主國與共和國。君主國之元首由世襲產生，稱為「國王」（king）或「皇帝」（emperor），前者如英國女王，後者如日本天皇。至於共和國之元首則由人民選舉產生，稱為「總統」（president）。總統之性質與地位，因各國政治制度之不同而有差異，民主國家政治制度概分為內閣制、總統制、委員制和雙首長制，茲簡要說明各種政治制度總統的地位和性質：

一、內閣制之總統 —— 虛位元首，是國家元首，但非行政首長

內閣制（cabinet system）以英國為代表，係歷史經驗的產物，而非發明的一種制度。內閣制有三個主要特色：

(一)信任制度

在內閣制國家，內閣總理由國家元首任命，但是元首任命內閣總理只是一種象徵性的儀式，不可以依照自己的好惡來選擇總理，而是必須經由國會的同意。因此，英國國王任命的總理，通常是國會多數黨的黨魁，如果國會中沒有多數黨，則任命多數黨派共同支持的人士出任總理。至於內閣的其他成員，包括副總理以及各部會首長，都由內閣總理提請元首任命，元首只能同意，不能否決。簡言之，內閣制國家元首基於國會的信任，任命內閣總理，而國會的信任則代表人民的信任。

(二)副署制度

在內閣制國家，行政權屬於由閣揆與閣員組成的內閣，立法權屬於國會，國家元首僅擁有儀式上的權力，不能單獨行政。國家元首雖然有發布法律和命令的權力，但是必須經內閣總理簽署後，發布的法律與命令才具有效力。副署代表權力，亦即表示國家政策由內閣決定，副署同時也是一種責任，當法律或政策發生錯誤，由內閣負責，閣揆及相關閣員即可能因此去職。至於國家元首，則因徒擁虛位，並無決策權，所以不負任何責任。

(三)責任制度

在內閣制國家，元首徒擁虛位，內閣並不向元首負責。內閣既是由國會議員的精英組成，執行最高民意機關所通過的法律和預算，因此是對國會負責。國會透過質詢、法案審查、預算審查、調查、彈劾、不信任投票等方式，來管理及監督內閣。內閣則必須向國會提出施政報告，接受國會的質詢監督。當國會通過對內閣的不信任案時，內閣必須下台負責，或者由閣揆提請國家元首下令解散國會，提前舉行國會議員選舉，訴諸選民決定，由新的國會席次分配，來決定內閣的去留。

綜合前述內閣制之特點，內閣制國家都有一個「虛位元首」，只在儀式上以元首地位代表國家，如主持國家大典，接見外國大使等，但在政治決策權上並沒有實權。國家元首只能基於國會和人民的信任，行使任命內閣總理和閣員的儀式。國家政策由內閣決定，並對國會負責，元首不能對某項政策或法律表示意見，必須保持中立。內閣制總統的性質與地位，即是代表國家的「虛位元首」，行政權則歸屬內閣總理。

內閣制的總統，可以法國第三共和及威瑪憲法時代的德國為代表。前者經由國會選舉產生；後者由人民直接選舉產生。不論總統由人民直接或間接選舉產生，但其性質與地位均係偏向內閣制國家的虛位元首，故稱為內閣制的總統。

二、總統制的總統 —— 實權元首，是國家元首，也是行政首長

總統制由美國創始，亦以美國為典型。中南美洲與非洲多數國家以及菲律賓、印尼、南韓等國，亦採用之。總統制並非歷史經驗的產物，而係刻意發明的一種制度。

原為英國子民的美國人，為何在建國之初，刻意建立三權分立制衡的總統制呢？因為「當英國人對國會賦予完全信任時，美國移民卻非常痛恨英國國會，因為英國國會常制定法律、增加稅目來欺壓殖民地。因此美國獨立後，就希望選出一個比較有權力的元首來與國會抗衡，免得被國會壓得抬不起頭來，因為他們對英國國會實在不信賴。」[1]

美國的總統制，以孟德斯鳩的三權分立學說為依據，強調權力分離（separate）、分立（independent each other），並且使之相互牽制（check）而達到平衡（balance）。國家權力依其性質，區分為行政權、立法權和司法權，彼此分立，相互制衡，而不致遭到擁權者濫用而侵犯人民權利。總統不僅僅為國家元首，更是國家最高行政首長。

進言之，總統制的總統之地位與性質，可從下列特徵中明白呈現：

(一)總統是國家元首，亦是最高行政首長

在內閣制國家，內閣為最高決策機構，而以內閣總理為主席，但

在總統制國家，政策由總統決定，內閣只是總統的顧問機構。

在總統制國家，總統不僅為國家元首，且為國家最高行政首長，國家一切大政方針，均由總統決定。總統既是最高行政首長，又是國家元首，因此總統公布法律、命令，無須副署。

(二)總統對人民負責，而不對國會負責

內閣制的內閣總理和閣員雖由元首任免，但是他們不對元首負責，而對國會負責。總統制的總統由人民選舉產生，直接對人民負責，無須國會信任，亦無須對國會負責。因此，總統制的總統不須向國會提出施政報告並備質詢；內閣成員不得出席國會討論法案或參與表決。總統與國會相互分立制衡，直接對人民負責，而不向國會負責。是故，國會縱使反對總統之政策，亦無法對之提出不信任案，迫使總統去職。總統制的總統如果在重大政策和預算案上，與國會爭執不下，則發動覆議權，將政策或法案發回國會重新議決。

(三)總統由人民選舉產生，無須元首基於國會信任而任命

在內閣制國家，元首任免內閣首相及內閣成員，須以國會信任為基礎。反之，在總統制國家，總統由人民選舉產生，直接對人民負責，內閣成員由總統直接任免，對總統負責，均無須以國會信任為基礎。

三、委員制的總統 —— 合議制的首席部長代表

委員制以瑞士聯邦為代表。瑞士之最高行政機關為「聯邦行政委員會」（Bundesrat），由聯邦議會兩院聯席會議，自眾議員中選出七位委員組織之，任期四年。七位聯邦執行委員分掌政務、軍事、司法及警察、財政及關務、內政、國家經濟、郵電交通等七部。七位聯

邦執行委員中的一位，再兼任聯邦總統，任期一年，不得於次年連任。

　　聯邦執行委員會採合議制，事無鉅細，均須開會決定。聯邦總統僅以元首資格代表國家，又於行政委員會開會時，擔任主席，掌理議事程序，除此以外，其他權限完全與其他委員相同，在法律上及事實上均不能獨攬行政權，僅分掌行政委員會職權之一部分。因此稱之為合議制的首席部長代表。

四、雙首長制的總統 —— 與內閣總理分享行政權的國家元首

　　雙首長制以法國第五共和為代表。一九八五年之前，法國政治制度原係內閣制，但是由於缺乏健全的政黨政治基礎，小黨林立，國會中缺乏多數黨，僅能組成聯合內閣，而聯合內閣之基礎極不穩定，動輒倒閣，導致法國政局動盪不安。為補救此一缺失，法國第四共和總統戴高樂（Charles De Gaulle, 1890-1970），乃於一九五八年重新制定第五共和憲法，學者杜瓦傑（Maurice Duverger）稱其政治制度為「半總統制」（semi-president system），近年來多數人則以「雙首長制」（dual-executive system）稱之。茲就其特徵，敘述如下：

1. 總統由人民直接選舉，對人民負責。由於有充分的民意基礎，法國總統逐漸跳脫出內閣制國家虛位元首的性質和地位，而擁有較大的權力。
2. 總統有任命內閣總理的權力，無須經過國會同意。亦即無須以國會信任作為任命內閣總理的政治基礎，顯然法國第五共和的總統，較諸內閣制國家的元首，有較大的權力。但是在任命內閣總理的過程中，法國總統並不敢完全忽視國會中多數黨的意

見，而一意堅持自己中意的總理人選。

3. 法國第五共和憲法，賦予總統相當多的行政職權，而且這些職權的行使，有些並不需要內閣總理的副署。依據法國第五共和憲法第十九條之規定，無須總理副署的總統職權包括：(1)任命內閣總理（法國憲法第八條）。(2)將有關公權組織、國家經濟或社會政策及相關公共事務改革之法律草案，或有關國際條約之批准，該條約雖未牴觸憲法，但足以影響現行制度之運作者，提交公民複決（法國憲法第十一條）。(3)諮詢總理及國會兩院議長後，得宣告解散國民議會（法國憲法第十二條）。(4)在共和制度、國家獨立、領土完整或國際義務之履行，遭受嚴重且危急之威脅時，經正式諮詢總理、國會兩院議長及憲法委員會後，得採取緊急措施（法國憲法第十六條）。(5)向國會兩院提出咨文（法國憲法第十八條）。(6)任命憲法委員會委員（九名委員當中之三位）以及憲法委員會主席（法國憲法第五十六條）。(7)得在法律未公布前，提請憲法委員會審議，就該法律案之合憲性予以裁決（法國憲法第六十一條）。

4. 內閣總理領導的政府，制定並執行國家政策，對國會負責（法國憲法第二十條）。此外，除了前述無須總理副署的總統職權以外，總統所簽署的其他法案，均須經總理或有關部會首長之副署（法國憲法第十九條），顯然，內閣總理亦擁有相當大的行政權。

綜合上述，法國第五共和雖有內閣之設置，但行政大權並非由內閣總理獨攬。總統雖有若干措施仍須內閣總理副署，但總統擁有諸多重要之行政大權，亦非內閣制之虛位元首所能比擬，故法國第五共和的憲政制度，遂被稱為「雙首長制」。當總統所屬政黨和國會多數黨不屬同一政黨時，內閣總理即可能與總統分屬不同政黨，而造成所謂

的「左右共治」（cohabitation）。在左派社會黨密特朗擔任總統時，其所屬政黨有兩度在國會中屬於少數，第一次是一九八六年三月至一九八八年五月，第二次是一九九三年至一九九五年，密特朗顧及國會生態，只好分別任命右派的席哈克和巴拉杜擔任內閣總理，這就是有名的「左右共治」，此時，內閣總理對憲法中規定的內閣權限，大力爭取，導致總理與總統在許多事務上的互不相讓。

五、我國總統之地位與性質

我國憲法依據孫中山遺教制定，按孫先生之主張，我國總統應為掌握行政權之國家元首。譬如「憲法制定之後，由各縣人民投票選舉總統，以組織行政院」（孫文學說第六章）；「在憲政開始時期，中央政府當完成設立五院，以試行五權之治」、「五院院長皆歸總統任免而督率之」（建國大綱第十九條、第二十一條）。

憲法本文所設計之中央政府體制，與孫先生原先之主張有很大差距。關於總統之規定，其性質與地位較接近內閣制國家的總統，但兼採部分總統制國家的特徵。惟自民國八十年以來，憲法經歷七次增修，我國總統之地位與性質，較接近總統制國家的總統，但仍有內閣制國家的部分特徵。茲分析如下：

(一)憲法本文規定的總統

依據憲法本文相關規定，總統由國民大會代表人民選舉產生，有一定任期，向選民負責，而由憲法賦予若干行政實權，同時又有一個由總統任命但對民選國會負責的行政首長。進一步分析，我國憲法規定的中央政制，係偏向內閣制的混合制，我國總統之權力較內閣制的總統為大，但遠較總統制的總統為小。茲就憲法本文相關規定分析如下：

■ 國家元首與行政首長二元分立

在總統制國家，國家元首與行政首長二位一體，由同一人擔任，因此總統不僅為國家元首，而且是最高行政首長。相反地，在內閣制國家，國家元首與行政首長分別由不同的人擔任，總統為虛位元首，內閣總理則掌有最高行政權。

依我國憲法第三十五條：「總統為國家元首，對外代表中華民國。」以及第五十三條：「行政院為國家最高行政機關。」之規定，行政院既然是國家最高行政機關，行政院長如同內閣總理，領導行政院，為我國最高行政首長。則我國總統之性質與地位，當然並非總統制國家的行政首長，而比較偏向對外代表中華民國的虛位元首。

■ 總統公布法律、發布命令，須經副署

我國憲法第三十七條：「總統依法公布法律，發布命令，須經行政院院長之副署，或行政院長及有關部會首長之副署。」最能反映內閣制特徵，副署代表權力，表示國家政策由行政院決定。

此外，憲法雖然賦予總統若干職權，但部分職權與行政院職權相互重疊，而且須以行政院會議決議為行使要件，例如：戒嚴案、大赦案、宣戰案、媾和案、條約案等是（憲法第五十八條）。顯見我國總統的性質與地位，偏向內閣制國家虛位元首。

■ 行政院對立法院負責

憲法第五十七條：「行政院依左列規定，對立法院負責：……」行政院既為我國最高行政機關，決定國家政策，則對最高民意機關立法院負責，理所當然。相反地，總統既偏向虛位元首，無政策實權，有如內閣制國家的國王或天皇，永不犯錯（The King can do no wrong），自然無須向國會負責。

■總統任命行政院長，須以立法院的信任為基礎

　　在內閣制國家，內閣總理雖然由國家元首任命，但是國家元首必須基於國會的信任，沒有自己的好惡選擇。我國總統在行政院長的任命過程中，依據憲法第五十五條規定：「行政院院長由總統提名，經立法院同意任命之。」雖然有提名的權力，可以在一定範圍內，影響行政院長人選，但是仍然必須獲得立法院的多數同意，亦即與內閣制國家一樣，須以國會的信任作為任命行政院長的政治基礎。因此，就行政院長的任命而言，總統的權力是有限的，是偏向於儀式性或象徵性的權力。

　　行政院長的產生，既然以國會的多數同意而非總統的意志或權力作為政治基礎，則行政院長在行使憲法第五十六條：「行政院副院長、各部會首長及不管部會之政務委員，由行政院院長提請總統任命之。」賦予之組閣權時，理當獲得充分尊重，亦即總統應扮演虛位元首的角色，任命行政院長所提內閣閣員，而不應左右或干預行政院長的組閣權。

■我國總統雖非行政首長，但仍擁有部分行政實權

　　我國總統雖非國家之行政首長，但亦非如同內閣制之「虛位元首」，無任何行政實權。例如：

◎覆議核可權

　　依據憲法第五十七條規定，行政院對於立法院審議通過之法律案、預算案、條約案，以及移請行政院變更重大政策之決議案，如果認為有窒礙難行時，得經總統之核可，移請立法院覆議。我國總統雖然不像美國總統，擁有完全的覆議權，但是擁有覆議核可權，對國家重大政策的決定，可以發揮一定的影響力。

◎行政院院長的提名權

　　依據憲法第五十五條：「行政院院長由總統提名，經立法院同意

任命之。」之規定來看，總統任命行政院院長，必須基於立法院多數黨派的意見，無法完全依照自己的好惡選擇，係偏向內閣制國家虛位元首的儀式權力。但是總統可以透過提名權的行使，影響行政院院長人選，是亦掌有部分的實權。此外，諸如司法院正副院長、大法官（憲法第七十八條）；考試院正副院長、考試委員（憲法第八十四條）；監察院審計長（憲法第一百零四條），總統均有提名任命權。凡此均顯示我國總統並非全無實權。

◎三軍統率權

憲法第三十六條：「總統統率全國陸海空軍。」係指總統有指揮國家武力之權。或謂指揮三軍必然透過命令，則依憲法第三十七條之規定，仍應經行政院長之副署，始得生效。但是總統統率三軍之命令，與憲法第三十七條所謂之「發布命令」，性質並不相同。因為「這種指揮的意思表示，可用書面、電訊甚至口頭，通常稱為命令，這是一般文武機關上級對下級有所指示的一般用法。我國公務員服務法第二條規定：『長官就其監督範圍所發命令，屬官有服從之義務』。總統指揮三軍之命令亦為長官指揮下級之命令性質。此所謂命令顯與憲法第三十七條所指『發布命令』的意義不同。……自毋須行政院長副署。」[2]

綜合上述，憲法本文規定我國總統的性質與地位，偏向內閣制國家的總統。但是，政府在台灣行憲近五十年來，社會上一般之印象常以為總統之權力甚大，不對立法院負責，卻可指揮行政院院長，且經常對於重大政策提出主張。實際上，此種現象並非憲法制度使然，而是因為動員戡亂時期臨時條款以及強人政治兩項因素使然。

首先，根據動員戡亂時期臨時條款第一條之規定，總統宣布戒嚴以及緊急處分令時，無須受憲法第三十九條或第四十三條之程序限制，亦即無須經過立法院的通過或追認，而立法院認為必要時，亦無

權移請總統解嚴；根據第四條之規定，總統得設置動員戡亂機構，決定大政方針。國家安全會議據此設立，總統爲主席，行政院長及有關部會首長皆爲會議成員，在動勘時期，國安會之地位與功能，顯然可以取代行政院會議，國家決策權亦當然可由行政院院長轉移至總統。

其次，就強人政治而言，蔣介石與蔣經國擔任中華民國總統時，掌握黨、政、軍、特等各系統，非但權力無人能比，更可透過政黨組織系統，以執政黨黨魁之身分，指揮行政院院長及其他部會首長等「從政同志」，執行重大政策或內閣人事案。倘若總統與行政院院長分屬於不同政黨，或是總統不兼執政黨黨魁，或是總統並非實力派之政治強人，則總統偏向虛位元首，而無行政實權，乃係我國憲政制度運作之必然發展。民國六十四年，第五任總統蔣介石先生逝世，副總統嚴家淦先生繼任總統，至六十七年止。此期間，蔣經國先生擔任行政院長，並爲執政黨中國國民黨黨主席，中央政制可謂完全依照憲法精神運作，總統僅爲虛位元首，行政院長爲全國最高行政首長。等到嚴家淦先生卸任，蔣經國先生當選中華民國第六任總統後，憲法條文雖隻字未改，但行政實權則明顯轉移至總統，便是最佳例子。

(二)憲法增修條文的總統

隨著蔣經國總統逝世，以及動員戡亂時期終止（80.05.01），中央政制理應回歸憲法本文之規定，但是緊接著七次憲法增修，又將我國憲政體制推向總統制，如今我國總統的性質與地位，已明顯偏向總統制國家的總統。茲就憲法增修條文說明如下：

■ 總統直接民選
配合憲法本文將總統定爲虛位元首的設計，憲法本文第二十七條規定，總統由國民大會代表選舉產生。自憲法第三次增修（83.08.01）後，總統、副總統「由中華民國自由地區全體人民直接選舉之」，民

意基礎擴大，擴增總統職權的呼聲與正當性亦隨之升高。

■行政院長由總統任命，無須立法院同意

依據憲法本文之規定，行政院院長須經立法院同意任命之，是以行政院院長具有間接民意基礎，相較於虛位元首的憲政制度設計，則行政院長有完全之組閣權，並為全國最高行政首長，有其邏輯的合理性。憲法增修後，一方面總統直接民選，擁有直接而強大的民意基礎，另方面則擴增其權力內容，使我國憲政體制朝總統制偏移，憲法增修條文第三條規定：「行政院院長由總統任命之。……憲法第五十五條之規定，停止適用。」亦有其邏輯的合理性。

不過，總統與行政院院長的權力互動光譜，存在多種可能的組合，而總統的權力性格、政黨政治運作，以及各政黨在立法院席次的分配比例，則是形成權力互動光譜的重大變數。

■縮減行政院院長副署權範圍

憲法第三十七條有關「副署」之規定，是總統地位偏向內閣制國家虛位元首的重要特徵。惟自民國八十三年憲法第三次增修，縮減行政院院長副署權後，總統權力相對擴增。

根據憲法增修條文第二條第二項規定：「總統發布行政院院長與依憲法經立法院同意任命人員之任免命令及解散立法院之命令，無須行政院院長之副署，不適用憲法第三十七條之規定。」包括行政院院長、司法院正副院長、大法官；考試院正副院長、考試委員、監察院正副院長、監察委員以及審計長等人員任免命令，與解散立法院命令，均無須經行政院院長之副署，總統權力大為擴增。

■總統得設國家安全會議

依動員勘亂時期臨時條款之授權，成立國家安全會議，以總統為主席，召集行政院長及有關部會首長開會討論，決定大政方針。國安

會之地位與功能，顯然可以取代行政院會議，國家決策權亦當然可由行政院院長轉移至總統。國安會遂被批評為太上行政院，是破壞民主憲政體制的違章建築。

動員戡亂時期結束，國家安全會議及所屬國家安全局並未廢除或改隸行政院，反而以憲法增修條文第二條第四項：「總統為決定國家安全有關大政方針，得設國家安全會議及所屬國家安全局，其組織以法律定之。」賦予兩機關據以成立的憲法法源，充分說明我國中央政制往總統制國家偏移的事實。

■ 解散立法院

根據憲法增修條文第二條第五項：「總統於立法院通過對行政院院長之不信任案後十日內，經諮詢立法院院長後，得宣告解散立法院。」我國總統擁有被動解散國會的權力，但是卻隱含權責不相稱的憲政危機。

在內閣制國家，國會如果反對內閣政策，可對內閣行使不信任投票，要求內閣辭職。相對地，內閣有權請求解散國會，重新選舉，但在解散國會時，內閣亦同時解散。因此，除非重大政策爭議無法溝通妥協，形成僵局，否則國會不致於隨意策動倒閣，內閣亦不致於以解散國會作為壓制國會的工具。進言之，內閣制國家的不信任投票權與解散國會權，是兩個對等的抵抗權，沒有一方可以凌駕另一方。

但就我國憲法增修條文的相關規定來看，總統對於內閣人事與重大政策，可以發揮決定性的影響力。但是當立法院反對內閣政策，而通過對行政院院長的不信任案時，總統得宣告解散立法院，使立法院面臨重新選舉的壓力，而總統（政策的實際決定者），卻不用面臨重新選舉壓力，甚至總統也可以不理會國會重新選舉結果的民意趨向，逕自依增修條文賦予總統的權力，任命其個人屬意的行政院長，顯見總統權力擴增，甚至到了有權無責的程度。

● 第二節　總統的選舉

　　共和國總統，均由人民選舉產生。惟各國總統選舉之方式，頗不一致，包括：(1)由人民直接選舉：如南韓、菲律賓、法國、巴西、墨西哥、南非等國。(2)由選舉人團選舉：如美國、阿根廷、印度、芬蘭等國。形式上雖為間接選舉，但實質接近直接民選。(3)由國會議員選舉：如新加坡，以色列，法國第三、第四共和。

　　茲就我國總統的選舉制度說明如下：

一、選舉方式

　　依據憲法第二十七條第一項規定，我國總統、副總統由國民大會代表人民選舉產生。由於憲法本文之中央政治體制，總統較偏向內閣制國家的虛位元首，並非兼攬行政大權之行政首長，因此不必然需要具備廣泛之民意基礎，所以由國民大會代表全國人民行使選舉權，以間接選舉的方式產生，並無不妥。但是隨著民主呼聲高漲，總統選舉方式遂成為朝野熱烈討論之議題。

　　民國七十九年六月召開「國是會議」，對總統選舉方式熱烈討論，最後達成總統、副總統直選之共識。民國八十一年三月，憲法第二次增修，落實國是會議共識，於增修條文規定「總統、副總統由中華民國自由地區全體人民選舉之，自中華民國八十五年第九任總統、副總統選舉實施……」。但是所謂「全體人民選舉之」，究係「委任直選」抑或「公民直選」，並未能夠獲得共識。所謂「委任直選」，係委任國民大會代表，依選民之信託投票，有如美國總統選舉人團（electoral college）選舉總統之方式；至於「公民直選」，則由全體公民直

接投票選舉產生總統。

　　民國八十三年八月憲法第三次增修，「公民直選」的政治主張獲得多數民意支持，遂落實在增修條文第二條：「總統、副總統由中華民國自由地區全體人民直接選舉之，自中華民國八十五年第九任總統、副總統選舉實施。……」正式確立總統、副總統之選舉方式，採行公民直選。

二、候選人之資格

　　憲法第四十五條僅就總統、副總統候選人之積極資格作兩項規定，即必須為中華民國國民，而且年滿四十歲者。惟依據現行「總統副總統選舉罷免法」（95.05.03）規定，總統、副總統候選人之積極資格如下：

1.在中華民國自由地區繼續居住六個月以上且曾設籍十五年以上之選舉人，年滿四十歲，得申請登記為總統、副總統候選人。回復中華民國國籍、因歸化取得中華民國國籍或大陸地區人民或香港、澳門居民經許可進入台灣地區者，不得登記為總統、副總統候選人（第二十條）。
2.總統、副總統候選人應經由政黨推薦或連署人連署（第二十一條）。
   (1)**政黨之推薦**：推薦候選人之政黨，於最近任何一次總統、副總統或立法委員選舉，其所推薦候選人得票數之和，應達該次選舉有效票總和百分之五以上。同一政黨，不得推薦二組以上之候選人（第二十二條）。
   (2)**公民連署**：依連署方式申請登記為總統、副總統候選人者，應於選舉公告後五日內，向中央選舉委員會申請為被連署

人。中央選舉委員會受理前項申請後，應定期公告申請人為被連署人，並函請直轄市、縣（市）選舉委員會於公告之次日起四十五日內，受理被連署人或其代理人提出連署書件。中華民國自由地區人民，年滿二十歲，得為連署人。連署人數達最近一次立法委員選舉選舉人總數百分之一點五者，中央選舉委員會應公告並發給完成連署證明書（第二十三條）。

三、候選人之登記

憲法增修條文第二條第一項規定：「……總統、副總統應聯名登記，在選票上同列一組圈選……」。總統副總統選舉罷免法第二十一條則明確規定：總統、副總統候選人，未聯名申請登記者，不予受理。這就是所謂的「聯名登記、搭檔競選」，避免因為分別提名、分別選舉之方式，造成總統得票數低於副總統得票數，或者兩者政治立場對立的怪異現象。

四、選舉結果

憲法增修條文第二條規定：「……總統、副總統候選人……，以得票最多之一組當選……」，即任一組候選人所獲之選票只須贏過其他組候選人即可當選，是為「相對多數當選制」。全世界九十一個實施總統直選制的國家中，有三十個國家採相對多數當選制，其餘六十一個國家則採取「絕對多數當選制」[3]。「絕對多數制」之當選門檻較高，民意基礎雄厚，有助於鞏固領導地位，穩定政治，但是卻極可能在第一次投票中，沒有候選人可以跨越絕對多數的門檻，而必須進行第二輪投票，整體社會負擔較高的成本。相對地，「相對多數當選

制」，一次投票即可完成，社會成本消耗較低，但是如果各候選人實力相近，則會出現民意基礎薄弱的「少數總統」，不利政局穩定。

 ## 第三節　總統的任期、繼任與代理

一、總統的任期

　　各國總統之任期，依各國國情而有不同之規定，長短並不一致。總統任期長短，雖然難有一致標準。但是政府體制應該是總統任期長短的重要考慮因素。內閣制總統為虛位元首，不負政治責任，不必要求厚實之民意基礎，其任期較長無妨；總統制總統不僅是國家元首，亦為實際行政首長，集國家軍政大權於一身，必須具備堅實之民意基礎，故其任期不宜過長，以免其施政與民意脫節，甚至流於獨裁之弊[4]。

　　依據憲法本文第四十七條規定：「總統之任期為六年，連選得連任一次。」我國總統只可連任一次，在任期間最長十二年。但是行憲後卻因為動員戡亂的特殊時空環境，首屆總統蔣中正於連任一次後，本應於民國四十九年五月任滿後，不再連任。但是，國民大會修正「動員戡亂時期臨時條款」，增列：「動員戡亂時期，總統、副總統得連選連任，不受憲法第四十七條連任一次之限制。」於是，蔣中正先生不受連任次數限制，連任四次，直到其於第五任總統任內死亡，才停止連任，前後擔任總統達二十七年之久（37.05.20-64.04.05）。

　　民國八十年五月一日，動員戡亂時期終止，總統連任次數不受限制之規定，即告廢止。復依憲法增修條文第二條第六項規定，我國總統、副總統之任期改為四年，而且連選只得連任一次。

相較於我國以動員戡亂需要，解除總統連任次數限制之非常作法，美國不輕易打破總統連任次數限制的政治文化，值得深思。

美國聯邦憲法於一七八九年制定之初，僅於第二條第一項規定：「總統之任期為四年，副總統之任期亦同。」但是總統能否連任，以及得連任幾次，則避而未提。但自首位總統華盛頓（George Washington，任期1789-1797）及第三位總統傑佛遜（Tomas Jefferson，任期1801-1809）均連任一次而拒絕三選之後，總統僅連任一次，即成為憲政慣例。雖然美國憲法並未限制連任次數，然而歷任美國總統，均以憲政民主文化為依歸，絕不第三次擔任美國總統。直至第二次世界大戰期間，為適應戰時特殊需要，羅斯福總統（Franklin Roosevelt，任期1929-1945）打破傳統，連續四次當選總統（即第一任屆滿之後，又連任三次）。大戰之後，美國國會乃於一九四七年通過憲法第二十二號修正案，明確規定「總統任期四年，連選得連任一次」。此項修正案經各州議會批准之後，杜魯門總統於一九五一年批准生效。

二、總統缺位之繼任與代理

總統貴為國家元首，地位崇高，不論虛位或實權，對內對外均負相當重要之職責，不能一日虛懸。因此，各國憲法對於國家元首缺位或無法視事之情況，均詳列繼任或代行職權的規定，我國自不例外。

所謂「缺位」，係指在任期內，因死亡、辭職、被罷免或被彈劾解職，而不能再行使其職務。茲就總統缺位、副總統缺位的情況，說明如下：

(一)總統缺位

憲法第四十九條規定：「總統缺位時，由副總統繼任，至總統任

期屆滿爲止。」不必另行改選總統。

(二)副總統缺位

　　副總統因死亡、辭職、被罷免、被彈劾解職，或者因繼任總統所造成之缺位，我國憲法並未規定如何處理。行憲至今，曾發生三次副總統缺位之情況，惟均任其空懸，未由他人代理其職權或辦理補選。這三次例子分別是：第三任副總統陳誠於任內病逝，第五任副總統嚴家淦以及第七任副總統李登輝均於任內繼任總統。副總統雖屬備位，並無實權，但是如果任其空懸，則一旦發生總統缺位之情況，則必然引發憲政之動盪。爲了彌補此一憲政空窗，現行憲法增修條文（94.06.10）第二條第七項規定：「副總統缺位時，總統應於三個月內提名候選人，由立法院補選，繼任至原任期屆滿爲止。」

(三)總統、副總統同時缺位

　　現行憲法增修條文（94.06.10）第二條第八項：「總統、副總統均缺位時，由行政院院長代行其職權，並依本條第一項規定補選總統、副總統，繼任至原任期屆滿爲止，不適用憲法第四十九條之有關規定。」

三、總統因故不能視事之代理

　　所謂「因故不能視事」，係指因生理因素，如重病而無法執行職務，或基於政治因素或其他原因而暫時中止行使職權。

　　以下分別就總統、副總統不能視事的情況，說明憲法及增修條文之相關規定：

(一)總統不能視事

憲法第四十九條：「……總統因故不能視事時，由副總統代行其職權……」民國三十七年，中共全面叛亂，當時總統蔣介石先生面臨複雜之政治局面，於三十八年一月二十一日下野（並非辭職），由副總統李宗仁代行總統職權，即為適例。

(二)總統、副總統均不能視事

憲法第四十九條「……總統、副總統均不能視事時，由行政院院長代行其職權。」但是行政院長與總統的憲法職責，顯不相同，如長期由一人兼任總統與行政院長兩職，勢必衝擊憲法設計的中央政府體制的精神。因此，憲法第五十一條規定：「行政院院長代行總統職權時，其期限不得逾三個月。」民國三十八年，大陸淪陷，政府遷台。惟當時的代理總統李宗仁，遠走美國，拒絕至台灣履行代理總統之職責。遂由當時的行政院院長閻錫山代行總統職權，至三十九年三月一日蔣介石復行視事為止。

以上所述，均僅就「無法視事」狀況確認後，規定代行職權的順位與期間，至於能否視事？由誰認定？憲法並未明確規定，存在爭議的潛在可能。

就美國憲政經驗觀之，美國憲法雖亦規定當總統「無力行使職權」時，由副總統代行其職權，然一八八一年總統加菲爾（James A. Garfield, 1831-1881，任期不滿一年）臥病兩月有餘，不能行使任何職權，並未由副總統代行職權，一切政務均由各部部長協議後行之；威爾遜（Woodrow Wilson, 1856-1924，任期1913-1921）總統，於其第二任最後年餘，臥病在床，幾逾一年，但他始終否認不能視事，寧願在病榻上處理政務，而不肯讓副總統代行其職權，甚至不許國務卿

代爲召集國務院會議；因此，副總統索性遠離華府，以免引起總統不必要之誤會與猜疑[5]。

顯然，美國亦曾發生總統是否「能否視事」的爭議。惟美國憲法增修條文第二十五條將「能否視事」的界定，做了詳細的程序規定，降低了「能否視事」的潛在爭議空間。茲引述條文以爲我國借鏡。該條文第三項規定：「一旦總統以書面遞交參議院臨時主席及眾議院議長聲明不能行使權力與執行職務時，由副總統代理總統職權，至相反之書面聲明送交參議院臨時主席及眾議院議長時爲止。」顯見，美國憲法賦予總統主動提出「不能視事」，將總統職權交由副總統代行的主動權力。另外，考量總統可能因爲生理或心理因素，導致「不能視事」，而須由其他憲法機關要求副總統代行總統職權的情況，該條文第四項規定：「一旦副總統與行政部門或國會得爲法律規定之其他機構中之過半數主要官員以書面遞交參議院臨時主席及眾議院議長，聲明總統不能行使權力與執行職務時，副總統應即代理總統職權。嗣後，如總統以書面遞交參議院臨時主席及眾議院議長，聲明其不能行使權力與執行職務之原因已不存在而應復行視事時，……經兩院三分之二議員投票裁決總統不能行使權力與執行職務，由副總統繼續代理總統職權外：否則，總統應復行視事。」

四、總統任滿解職，次任總統、副總統尚未選出或未就職

憲法第五十條規定：「總統於任滿之日解職，如屆期次任總統尚未選出，或選出後，總統、副總統均未就職時，由行政院長代行總統職權。」此種情形發生之機會，僅在戰爭、叛亂、政變等非常情況下，始有可能。一旦發生，仍應依照憲法五十一條之規定，行政院院長代行職權，期限不得逾三個月。

第四節　總統的特權與責任

一、總統的特權

刑事豁免權

　　憲法第五十二條：「總統除犯內亂或外患罪外，非經罷免或解職，不受刑事上之訴究。」此即爲總統之「免追訴權」，或稱爲「刑事豁免權」。除非總統違反對國家「忠誠」之義務，涉嫌內亂或外患罪，否則不能因爲其涉及其他罪刑而遭訴究。惟總統若因卸職，或遭罷免、彈劾解職，致喪失總統身分，則仍應受刑法之訴究。

二、總統的責任

(一)總統的罷免

　　此即爲總統面臨之政治責任。依憲法本文之規定，我國總統由國民大會選舉產生，故依憲法第一百三十二條「被選舉人得由原選舉區依法罷免」之規定，總統之罷免提議與罷免決定，均由國民大會議決之。惟因應總統民選以及廢除國民大會的修憲決定，我國正、副總統的罷免提案權歸屬立法院，全國公民則有正、副總統罷免案的投票權。現行憲法增修條文第二條第九項條文如下：「總統、副總統之罷免案，須經全體立法委員四分之一之提議，全體立法委員三分之二之同意後提出，並經中華民國自由地區選舉人總額過半數之投票，有效

票過半數同意罷免時，即為通過。」

(二)總統的彈劾

憲法尚未增修之前，全體監察委員四分之一以上之提議，並經全體監察委員過半數之審查及決議，即可向國民大會提出總統彈劾案（憲法第一百條）。國民大會對此彈劾案，以出席國民大會代表三分之二之同意，總統即遭罷免（總統副總統選舉罷免法第十條）。惟憲法增修後，彈劾總統的提議權與審理權，分別轉移至立法院與憲法法庭。憲法增修條文第二條規定如下：「立法院提出總統、副總統彈劾案，聲請司法院大法官審理，經憲法法庭判決成立時，被彈劾人應即解職。」

第五節　總統的職權

一、外交方面之職權

(一)代表國家

憲法第五十三條規定：「總統為國家元首，對外代表國家。」以元首代表國家，乃各國通例。國際間凡以國家資格而發生之關係，如駐外使節之派遣、外國使節之接受、國際典禮之參與，均以總統之名義為之。

(二)締結條約

條約為國家間之契約。總統既對外代表國家，故條約必然應以總

統之名締結之。我國憲法第三十八條規定：「總統依本憲法之規定，行使締結條約……之權。」此處所謂「依本憲法之規定」，係指條約案須經行政院院會決議（憲法第五十八條），並送請立法院同意後，始可締結（憲法第六十三條）。條約之內容，倘涉及領土變更，須經立法院決議，並交由公民複決（94.06.10憲法增修條文第四條第五項）。

(三)宣戰媾和

「宣戰」或「媾和」均係國與國之間戰爭與和平狀態之宣告。因此應屬總統職權。總統行使此兩種職權時，亦應先由行政院決議並經立法院同意（憲法第五十八條、第六十三條）。

二、行政方面之職權

(一)任免文武官員

我國憲法第四十一條規定：「總統依法任免文武官員。」所謂「依法」，係指憲法及其他與人事任免有關之法律，如公務人員任用法、考試院組織法、大法官組織法等。依憲法及法律之規定，總統對於文武官員之任免權，應受下列各項之限制：

■須經其他機關同意後任命者

依憲法本文規定，行政院院長、監察院審計長之任命，須經立法院同意（憲法第五十五條、第一百零四條）；司法院正副院長以及大法官、考試院正副院長以及考試委員等人之任命，須經監察院同意（憲法第七十九條、第八十四條）。近年來，憲法歷經多次增修，前述官員任命同意權，已經有所修正：(1)行政院院長，由總統直接任

命，無須立法院同意（憲法增修文第三條第一項）。(2)監察院審計長，仍經立法院同意後任命（維持憲法第一百零四條規定）。(3)司法院正副院長以及大法官，因應監察院改制，轉由立法院同意後任命（憲法增修條文第五條第一項）。(4)考試院正副院長以及考試委員，因應監察院改制，轉由立法院同意後任命（憲法增修條文第六條第二項）。(5)監察院正副院長以及監察委員，由於監察院由民意機關改制成為準司法機關，不再民選，遂改由總統提名，經立法院同意後任命（憲法增修條文第七條第二項）。

■須由其他機關提請任命者

行政院副院長、各部會首長及不管部會之政務委員之任命，須由行政院院長提請總統任命（憲法第五十六條）。各機關初任、簡任以及薦任的公務人員，經銓敘機關審查合格後，呈請總統任命（公務人員任用法）。

■總統任命官員，須符合法定資格條件，始得加以任命

監察委員須具有監察院組織法第三之一條所規定資格；大法官須具有司法院組織法第四條所規定資格，至於一般公務人員則應具有公務人員任用法所規定之各項資格條件。

■總統免職文武官員有以下限制

其一，除行政院院長或經立法院同意後任命官員的免職令，無須經行政院院長副署以外，其餘一般文武官員之免職命令，依憲法第三十七條之規定：「須經行政院長之副署，或行政院院長及有關部會首長之副署。」其二，凡受憲法保障為終身職者，如法官，非受刑事或懲戒處分或禁治產之宣告，不得免職（憲法第八十一條、司法人員人事條例第三十二條）。其三，凡法律有任期之職務，如大法官任期為八年（憲法增修條文第五條第二項），考試院院長、副院長、考試委

員之任期為六年（考試院組織法第五條第一項），而監察院院長、副院長、監察委員之任期為六年（憲法增修條文第七條第二項）。除任期屆滿解職，或因違法受處分等法定原因外，不得免職。其四，依法任命之事務官，其身分受法律之保障，除有違法失職受撤職之處分外，總統不得任意予以免職。

(二)發布命令

總統有權發布之命令區分為兩種：其一為憲法第三十七條所規定之「普通命令」，包括：任免官員、宣布或解除戒嚴、發布大赦、特赦、減刑、締結條約、宣戰、媾和、授與榮典等。其二為憲法第四十三條所規定之「緊急命令」，緊急命令係指國家遭遇緊急事故，須為急速處分以免除或減輕其危害時所發布之命令。

緊急命令具有法律之效力，可以終止或變更法律，故總統之發布緊急命令，實以行政機關取代立法機關之地位，茲事體大，故必須依憲法之規定辦理。總統發布緊急命令，憲法第四十三條與增修條文第二條第三項之規定頗有不同。茲說明如下：

■發布之原因不同

憲法第四十三條規定，緊急命令之發布原因僅限於「天然災害」、「癘疫」或「財政重大變故」。增修條文則概括規定「緊急危難」或「財政經濟重大變故」，就可以作為總統發布緊急命令的理由，大幅提高總統的裁量權。

■發布之時機不同

憲法第四十三條規定，發布緊急命令限於立法院休會期間；亦即，即使國家遭遇重大緊急變故時，如立法院在會期間，仍須依照正常程序，由行政院會議決議，送立法院同意後，再為必要之處置。憲法增修條文則規定，發布緊急命令之時機，不再限於立法院休會期

間，即使在立法院開會期間，亦得經行政院會議之決議後，發布緊急命令，爲必要之處置。

■ 發布之程序不同

憲法第四十三條規定，總統發布緊急命令，須經行政會議之決議，並「依緊急命令法」之規定辦理。憲法增修條文則刪除「依緊急命令法」文字。

■ 發布後之處置不同

憲法增修條文規定，總統發布緊急命令後，無論立法院是否於集會期間，均須於十日內提交立法院追認，如立法院不同意時，該緊急命令立即失效。換言之，如緊急命令發布時立法院處於休會期間，應由總統咨請立法院於十日內召集臨時會予以追認。

三、軍事方面之職權

(一)統率軍隊權

軍隊係國家武力，其統率權自當屬於國家元首。我國憲法第三十六條規定「總統統率全國陸海空軍」，即爲軍隊國家化之貫徹。一國之軍事權包含軍令權與軍政權兩大部分，考諸世界各國，有採軍令軍政二元化制度，亦有採軍令軍政一元化制度。

民國三十九年三月十五日蔣介石總統頒布命令：「……以參謀總長爲幕僚長，並在統率系統下，設陸海空軍各總司令部，及聯勤總司令部，爲陸海空軍及聯勤業務之執行機構，其依戰鬥序列成立之最高指揮系統，均隸屬於統率系統。至隸屬於行政院之國防部長之職務，則爲依法行使行政權，負責控制軍事預算，獲得人力、物力，監督有效使用，以充實國防力量。」[6] 我國軍事權遂走向二元體制，軍令權

屬於統率系統，隸屬總統；軍政權屬於國防部，歸屬行政院統轄，對立法院負責。

依「國防部參謀本部組織法」（67.07.17）第九條第二項規定：「參謀總長在統帥系統為總統之幕僚長，總統行使統帥權，關於軍隊之指揮，直接經由參謀總長下達軍隊」，不必透過國防部長。惟前法第九條第三項又規定：「參謀總長在行政系統為部長之幕僚長」，使得參謀總長身兼雙重角色，軍政軍令混淆。

依前述軍政軍令二元體制之劃分，統轄軍政系統之國防部，隸屬於行政院，依憲法第五十七條之規定，至立法院備詢，接受立法院的監督。軍令權屬於統率系統，隸屬於總統，並不對立法院負責，故總統所屬軍令系統之幕僚長——參謀總長，依例均未曾至立法院接受質詢。此等情況，時有違憲與否之爭議出現。針對參謀總長應否列席立法院備詢或陳述意見，立法院朝野委員於民國八十五年向司法院聲請憲法解釋，大法官會議遂作出釋字第四六一號解釋（87.07.24），略謂：「參謀總長為國防部部長之幕僚長，負責國防重要事項，包括預算之編擬與執行，與立法院之權限關係密切，……除非因執行關係國家安全之軍事業務而有正當理由外，不得拒絕應邀到會備詢。……」民國八十七年九月三十日，參謀總長唐飛上將率同軍方將領赴立法院，提出報告並備質詢。

民國八十九年一月十四日，立法院三讀通過「國防法」。依國防法第八條規定：「總統統帥全國陸海空軍，為三軍統帥，行使統帥權指揮軍隊，直接責成國防部部長，由部長命令參謀總長指揮執行之。」我國軍政、軍令已經一元化，並且仍由總統掌統帥權。

(二)宣布戒嚴權

戒嚴乃是國家處於戰爭、叛亂或天災等非常危難事變，而普通行政及司法機關不能維持秩序時，為維持國家安全與社會秩序，於全國

或特定地區，施以軍事管制行為。憲法第三十九條規定：「總統依法宣布戒嚴，但須經立法院之通過或追認。立法院認為必要時，得決議移請總統解嚴。」即規定總統擁有依法宣布戒嚴的權力。

我國行憲未久，中共全面叛亂，蔣中正總統乃於三十七年十二月十日發布戒嚴令，除西康、青海、西藏、新疆及台灣五省之外，全國實施戒嚴。三十八年一月二十四日，蔣總統下野，由副總統李宗仁代行總統職權，曾宣告全國解嚴，然同年七月七日再度宣布全國戒嚴，以上五省仍然除外。三十九年元月，李宗仁遠走美國，由行政院院長閻錫山代行總統職權，台海戰雲密布，乃經行政院會決議，宣布台灣為接戰地區。三十九年三月二十八日，立法院予以追認，自是時起台灣地區正式實施戒嚴，直至民國七十六年七月十五日，始由蔣經國總統宣布解除戒嚴。

四、立法方面之職權

(一)公布法律

法律依其性質之不同，區分為法、律、條例及通則四種（中央法規標準法第二條）。惟不論何種性質，均須經立法院三讀通過，經總統公布，始正式成為法律。

依據憲法第三十七條以及第七十二條規定，立法院咨請總統公布法律，總統必須在十日內公布，而且必須經行政院院長副署。總統對於立法院通過之法律案，原則上只有公布的義務，而無拒絕公布的權力。不過，當行政院長依憲法第五十七條規定，向總統提出覆議請求時，總統得為核可與否的決定，如核可覆議則不公布法律，由行政院長對立法院提出覆議。

總統公布法律，須經兩項手續，一是簽證，即由總統署名證明該

法律是依法制定且與立法機關通過之原文一致；二是刊告，即由總統將簽證的法律，刊行於政府公報上[7]。

(二)覆議核可權

覆議權為總統制特徵，而為內閣制所無。據此，學者稱我國中央政制帶有總統制之色彩。有關覆議權的相關規定，憲法第五十七條第二項、第三項作詳盡之規定，但憲法增修條文曾針對覆議權制度加以修正。

依據憲法本文規定，行政院對於立法院議決之「移請行政院變更重大政策案」、「法律案」、「預算案」、「條約案」等，得經總統核可，移請立法院覆議。惟依據憲法增修條文第三條第二項規定，凍結憲法第五十七條第二項，不予適用。因此，目前覆議權之行使，僅限於「法律案」、「預算案」與「條約案」。

總統雖然擁有覆議核可權，但是此項權力究竟屬於「實質權力」抑或「形式權力」則存有論辯與發展空間。進言之，依憲法本文的內涵來看，我國中央政治偏向內閣制，總統性質傾向虛位國家元首，況且「移請立法院覆議的主動權在行政院，總統僅居被動地位」，「行政院為國家最高行政機關，且對立法院負責」，除非情形特殊，否則總統實不宜否決行政院提請的覆議案。相對地，依憲法增修條文來看，由於總統掌握任免行政院長的權力，使得行政院成為總統的執行機關的可能性大增，那麼，行政院對立法院的覆議，實際上就是由總統發動，總統的覆議核可權也就順勢成為實質權力。

五、司法方面之職權

依憲法第四十條之規定：「總統依法行使大赦、特赦、減刑及復權之權。」茲說明如下：

(一)大赦

所謂大赦,是對某一地區,或某一時期,或某一種類之全體刑事罪犯,不為刑之執行及追訴,而根本使其犯罪歸於消滅之謂。大赦之效力為:已受罪刑之宣告者,其宣告無效;未受罪刑之宣告者,其追訴權消滅(赦免法第二條)。故經大赦而赦免者,不但完全免除罪、刑,且得恢復公權,再犯之時,亦不以累犯論。依憲法第五十八條、第六十三條規定,大赦案須經行政院會議通過,並交立法院議決後,始能辦理。

(二)特赦

此係對特定之刑事罪犯,於判決確定後,免除其刑之執行,其情節特殊者,得以其罪刑之宣告為無效,是謂特赦(赦免法第三條)。特赦與大赦有以下之不同:(1)特赦係對於特定個人所為之赦免,而大赦為對某類犯罪行為之赦免。(2)特赦僅能行之於判決之後,而大赦不但於判決確定後為之,即在判決確定前亦可為之。(3)特赦通常不消滅罪刑,大赦則消滅罪刑,故在前者再犯時,構成累犯,而後者再犯時,不構成累犯。(4)特赦不必經行政院會議議決,亦無須由立法院審議通過;大赦則有此必要。

(三)減刑

減刑係對於已受罪刑宣告之人,減輕其刑。至於所受宣告之罪與刑,則未免除;被褫奪之公權亦未因減刑而被恢復;如再犯罪,則構成累犯。減刑之實施程序,與特赦相同,無須行政院會議議決及立法院決議,只須由總統命令行政院轉令主管機關研議辦理。但是如果為全國性減刑,則仍須依大赦之程序辦理(赦免法第六條第二項)。

(四)復權

復權是對於因判決確定而被褫奪公權者，恢復其所褫奪之公權（赦免法第五條）。

六、其他職權

(一)授與榮典權

憲法第四十二條規定：「總統依法授與榮典。」所謂榮典，係指國家授與他人享受榮譽之權，由國家元首頒授之。依「勳章條例」（70.12.07）及「褒揚條例」（75.11.28）之規定，授與榮典之種類有四：(1)勳章：即對於有勳勞於國家者頒授之榮譽章，其種類計有采玉、中山、中正、卿雲及景星五種，頒授之對象限於非軍人。(2)褒揚：即政府褒揚人民德行或熱心公益之行為，分為「明令褒揚」與「題頒匾額」兩種，前者以褒揚已過世之人民為限。

(二)召集國民大會（憲法增修條文已刪除此項權力）

依據憲法本文第二十九條、第三十條規定，總統有召集國民大會常會與臨時會的權力。但第七次憲法增修後，國民大會已經遭到凍結，自無所謂常會與臨時會之召集，總統此項憲政權力隨之消失。

(三)咨請立法院召開臨時會

依憲法第六十九條第一項第一款之規定，立法院因總統之咨請得召開臨時會，而總統咨請立法院召開臨時會之時機為何？茲依憲法本文以及憲法增修條文之相關規定，說明如下：

1.憲法第五十五條第二項規定：「立法院休會期間，行政院院長辭職或出缺，……總統須於四十日內咨請立法院召集會議，提出行政院院長人選，徵求同意。」惟憲法增修條文第三條第一項已排除本條之適用，因為憲法增修條文規定，行政院長由總統直接任命，無須經立法院同意。是以總統本項權力之行使已不再適用。

2.憲法增修條文第二條第三項規定：「總統為避免國家或人民遭遇緊急危難，或應付財政經濟重大變故，得經行政院會議之決議，發布緊急命令，……不受憲法第四十三條之限制。但須於發布命令後十日內提交立法院追認，如立法院不同意時，該緊急命令立即失效。」亦即緊急命令之發布，無須受憲法第四十三條規定「須在立法院休會期間」，但仍須受立法院之監督。因此，倘立法院正值休會期間，總統應咨請立法院召開臨時會，將緊急命令提交立法院追認，以落實民主憲政之精神。

(四)調解院際間之爭議

憲法第四十四條規定：「總統對於院與院間之爭執，除本憲法有規定者外，得召集有關院院長會商解決之。」此即院際爭執調解權。賦予總統以國家元首之尊，召集五院院長會商，消弭院際爭議。惟本項職權，僅具象徵意義。因為：

1.現行五院體制，除行政院院長具有政策決定權外，立法院、監察院以及考試院屬合議制，院長個人對政策不能獨自決定。因此，總統召集院長會商解決爭議，如何能有實質決定？又如何能貫徹執行[8]？

2.行政院與立法院如果發生政策爭議，對某項「法律案」、「預算案」或「條約案」僵持不下，則依憲法增修條文相關規定，

可以透過覆議權和不信任投票制度，解決爭議。

3.院際之間，如果涉及憲法職權衝突與法令解釋爭議時，可依憲法第七十八條規定，由司法院大法官會議解釋之。

4.院際之間，如果涉及國家安全大政方針，總統可召集依憲法增修條文第二條第四項所設立之國家安全會議解決之[9]。

(五)應立法院之要求，提出國情報告

憲法增修條文第四條第三項：「立法院於每年集會時，得聽取總統國情報告。」

「國情報告」類似總統制國家的總統向國會提出之「國情咨文」。憲法本文對於中央政制之設計，原係偏向內閣制，僅規定行政院院長應對立法院提出施政報告並備質詢，而無國情報告之制度。但是自民國八十年修憲以來，國民大會不斷擴權，而且總統權力亦日益增加，逐步往總統制偏移，遂於憲法第二次增修（81.05.28）時，賦予「國民大會集會時，得聽取總統國情報告，並檢討國是，提供建言」之權力。數年後，風雲變幻，憲法第六次增修（89.04.25），國民大會性質丕變爲「任務型國大」，職權大幅縮減，聽取總統國情報告的權力亦轉移至立法院。

依現行憲法增修條文第四條第三項：「立法院於每年集會時，得聽取總統國情報告」之規定來看，此項職權之主動權歸於立法院，對總統而言，係偏向「義務」性質的職權。未來，如果立法院發動此項權力，邀請總統至立法院提出國情報告，則我國中央政府體制將更往總統制偏移，值得觀察。

(六)決定國家安全大政方針

憲法增修條文第二條第五項規定：「總統爲決定國家安全有關大政方針，得設國家安全會議及所屬國家安全局，其組織以法律定

之。」

所謂「國家安全」，範圍極為廣泛，幾已涵蓋行政與立法全部事項，而「大政方針」，亦可謂為國家關於行政與立法之重大施政方向。因此，憲法增修條文沿襲動員戡亂時期之舊制，曾引起社會廣泛之關注，深恐國家安全範圍與行政院職掌高度重疊，甚而指導行政院施政，破壞憲法設計之權責分際。

依現行之「國家安全會議組織法」（82.12.30）規定，國家安全會議定位為總統決定大政方針之「諮詢機構」（國安會組織法第二條）。而依憲法增修條文之規定，國家安全局應隸屬於國家安全會議，並依「國家安全局組織法」（82.12.30）第二條之規定，國安局「綜理國家安全情報工作及特種勤務之策劃與執行」；並對於其他屬於行政院體系內負責有關國家安全情報事項之機關，如法務部調查局、內政部警政署、國防部軍事情報局、海岸巡防司令部等，「負統合指導、協調、支援之責」。即國家安全局對於行政院上述機關，係處於上級機關之地位。此種在國家最高行政機關之行政院之上，另設置一個兼具策劃與執行之治安機關，實已破壞國家行政體系之完整性[10]。

(七)副總統補選提名權

憲法增修條文第二條第七項規定：「副總統缺位時，總統應於三個月內提名候選人，由立法院補選……」

由於憲法增修條文規定，總統副總選舉係採取「聯名登記、搭檔參選」，在選票上同列一組圈選。因此，副總統缺位補選時，自應由總統提名候選人。不過由於副總統僅係備位性質，無須耗費巨額社會成本，由全民補選副總統，僅由立法院補選即可。

(八)解散立法院權

　　依憲法本文之規定，我國並無「不信任投票」與「解散國會」的設計，而係採取「覆議」制度，以解決行政權與立法權的可能僵局（憲法第五十七條）。惟第四次憲法增修（86.07.21），將行政院院長之產生方式，改由總統直接任命，不再須經立法院同意，衝擊行政立法兩院之關係。「為平衡行政院向立法院負責之體制，遂引進內閣制之倒閣權與解散國會權之制度」[11]。

　　依據憲法增修條文第二條以及第三條等相關條文規定，立法院通過對行政院長的不信任案後，行政院長必須在十日內提出辭職，並得同時呈請總統解散立法院，總統經諮詢立法院院長後，得宣告解散立法院。也就是說，總統擁有的是被動解散國會權，只有在立法院通過對行政院長的不信任案的情形下，總統才可以解散國會。不過，在戒嚴或緊急命令生效期間，總統不得解散立法院。

【註釋】

1 李鴻禧，《憲法教室》，台北市：月旦出版社，民83，頁76-77。

2 華力進，《政治學》，台北市：經世書局，民73，頁 308-309。

3 隋杜卿，〈我國總統選舉規則（當選標準）取捨之研究——相對多數V.S.絕對多數〉，政府再造與國家發展學術論文研討會，台北：國立政治大學中山人文社會科學研究所，1988，頁9。

4 張忠正，《中華民國憲法釋論》，台北縣五股鄉：李唐文化，民85，頁167。

5 張忠正，《中華民國憲法釋論》，台北縣五股鄉：李唐文化，民85，頁172。

6 林紀東，《中華民國憲法逐條釋義》，台北：三民書局，1993，頁16。

7 彭堅汶等編著，《中華民國憲法概論》，台北市：今古文化，民87，頁199。

8 董翔飛，《中國憲法與政府》，作者自印，1994，頁256。

9 陳新民，《中華民國憲法釋論》，作者自印，1997，頁485。

10 陳新民，《中華民國憲法釋論》，作者自印，1997，頁488。

11 彭堅汶等編著，《中華民國憲法概論》，台北市：今古文化，民87，頁205。

第七章

行政院

◉ 第一節　行政院的性質

　　世界各國中央政府體制，多數以內閣制或總統制作爲基本型態，配合該國政治文化、社會環境，而作不同程度的增刪混合。我國五權憲法體制，兼採內閣制與總統制特徵，致使我國行政院之性質究係偏向內閣制國家的內閣，抑或總統制國家的內閣？多所爭論，難獲共識。

　　茲就「行政權的歸屬」和「行政權與立法權的關係」兩方面，比較我國中央政府制度與總統制和內閣制之異同，從而說明行政院的性質。

一、行政權的歸屬

　　總統制（presidential system），以美國政府爲典範。行政權屬於總統（美國憲法第二條第一項第一款），總統爲國家元首，並爲行政首長，實際上負政策制定及執行之責，無副署制度。總統之下，設置行政各部，以分掌國務，並由各部部長構成內閣（cabinet），以輔佐總統。內閣閣員均由總統自由任免，而對總統負責，在政治上沒有獨立的地位，只是總統的僚屬。換言之，政策由總統決定，而內閣只是總統的顧問機關，並無拘束總統之效力。

　　內閣制（cabinetal or parliamentary system），或稱議會內閣制，以英國政府爲典型。國家元首統而不治，爲國家統一的象徵，不負政策責任或政治責任。內閣代表行政部門掌行政權。內閣總理（閣揆）由國會多數黨領袖出任，形式上由國家元首任命，但以國會信任（同意）爲前提。國家元首公布法律、發布命令，須經內閣總理及閣員副

署，法令不論鉅細皆須副署，並由副署者執行且對國會負成敗之責任。

就我國行政院言之，可從下列憲法本文及增修條文之規定，分析行政權之歸屬。

憲法第五十三條：「行政院為國家最高行政機關。」

憲法第五十八條第二項：「行政院院長、各部會首長，須將應行提出於立法院之法律案、預算案、戒嚴案、大赦案、宣戰案、媾和案、條約案及其他重要事項，或涉及各部會共同關係之事項，提出於行政院會議議決之。」

就形式意義言，所謂「最高」行政機關，係指行政院與各部會間，以行政院為上級機關，行政院對各部會有指揮監督之權責。同時，行政院亦代表國家，對省、縣等地方政府，居於監督之地位。

就實質意義言，所謂「最高」行政機關，係指行政院有最高行政政策之決定權，依憲法第五十八條規定，法律案、預算案、戒嚴案、大赦案、宣戰案、媾和案、條約案，以及其他重要事項，均須提出於行政院會議議決後，再送經立法院審議。同時，所有行政機關向立法院提出各種法案，均須經行政院提出，無論是直屬行政院之各部會處局，或地方最高行政機關之省政府，均不得直接逕向立法院提出法案；再者，行政院各部會之政策或處分，不得與行政院之政策或處分牴觸，否則行政院得經院會或訴願委員會之決定，予以撤銷或變更。

憲法第三十七條：「總統依法公布法律，發布命令，須經行政院院長之副署，或行政院院長及有關部會首長之副署。」

我國總統雖有公布法律，發布命令之權，但必須經行院院長及相關部會首長之副署，始生效力。顯然地，就行政權歸屬而言，我國行政院偏向內閣制國家內閣之地位，掌國家最高行政權。

憲法增修條文第三條第一項：「行政院院長由總統任命之。」

憲法增修條文第二條第二項：「總統發布行政院院長與依憲法經

立法院同意任命人員之任免命令及解散立法院之命令,無須行政院院長之副署,不適用憲法第三十七條之規定。」

憲法增修條文第二條第四項:「總統為決定國家安全有關大政方針,得設國家安全會議及所屬國家安全局,其組織以法律定之。」

依憲法增修條文第二條及第三條第一項之規定,行政院院長由總統直接任命,無須經立法院同意,亦無須行政院長副署,致使大幅減低了行政院院長的民意基礎與政治分量。其次,總統得召開國家安全會議,決定國家安全有關之大政方針。政治實務上,行政院院長極可能成為總統的幕僚長,承總統之命行使行政權,而非決定國家重要政策的最高行政首長。

換言之,依憲法增修條文相關規定,我國中央政府體制已往總統制偏移,行政院極可能成為部分學者所稱之「行政中樞」機關,承上(總統)啟下,操行政權行使關鍵,而非最高行政機關[1]。

二、行政權與立法權的關係

在總統制國家,總統和國會議員分別由人民選舉,有固定任期,各自對人民負責,彼此分立、制衡。國會縱使反對總統的政策,亦不能行使倒閣權,強迫總統辭職,而總統亦無權解散國會。總統若不贊成國會制定的法案,可行使覆議權,要求國會重新審議,國會若有三分之二以上的委員維持原案,則總統必須執行該法案,否則,該法案即被否決(美國憲法第一條第七項)。其次,總統與內閣閣員不得兼任國會議員,亦不得出席國會提出法案或參與討論。惟總統得透過國情報告,建議國會審議其所認為必要而妥當之措施(美國憲法第二條第三項)。這種報告和建議稱為總統的咨文。咨文對於國會立法,雖有重要作用,然而國會卻沒有必須採納的義務。

在內閣制國家,行政權與立法權互相結合,就「人」而言,內閣

總理依慣例由國會議員兼任，內閣閣員亦大都由國會議員兼任；就「事」而言，內閣得提出法案、參與法案討論。其次，行政權必須向立法權負責，亦即內閣總理必須率領閣員向國會提出施政方針和施政報告，出席（或列席）國會答覆議員質詢。國會如果反對內閣政策，以為其政策違反民意，為貫徹其對內閣之監督，國會得對內閣進行不信任投票（vote of nonconfidence），如獲多數代表同意通過，內閣即須辭職下台，此俗稱為國會倒閣權。相對地，內閣如果堅信政策得到民意支持，即可呈請國家元首解散國會，重新舉行國會選舉。選舉的結果，執政黨若獲勝利，仍由其組閣推行政策；反之，在野黨若獲勝利，可視為人民支持在野黨之政策主張，自然由其組閣，執行新政策。

　　至於我國行政權與立法權關係，可從憲法本文及增修條文分析之。

　　憲法第五十五條：「行政院院長由總統提名，經立法院同意任命之。」

　　憲法第七十五條：「立法委員不得兼任官吏。」

　　憲法增修條文第三條：「行政院院長由總統任命之。」

　　依據憲法本文規定，我國行政院院長之任命，必須取得國會的多數同意，此與內閣制國家內閣總理的任命，植基於國會信任，有異曲同工之妙。惟我國體制與內閣制最大不同，在立法委員不得兼任官吏之規定，不論是行政院院長或是各部會首長，均不得由立法委員兼任，此又為總統制國家行政機關與立法機關分離、分立之特徵。

　　憲法增修後，行政院院長由總統直接任命，無須立法院同意。使我國行政權與立法權之關係，就「人」而言，完全分離、分立，我國中央政府體制逐往總統制偏移。

　　憲法第五十七條：「行政院依下列規定，對立法院負責：一、提出施政方針及施政報告，並備質詢。……二、立法院對於行政院之重

要政策不贊同時,得以決議移請行政院變更之。三、行政院對於立法院決議之法律案、預算案、條約案,如認為有窒礙難行時,得經總統之核可,⋯⋯移請立法院覆議。」

憲法增修條文第三條第二項第三款:「立法院得⋯⋯對行政院院長提出不信任案。⋯⋯如經全體立法委員二分之一以上贊成,行政院院長應於十日內提出辭職,並得同時呈請總統解散立法院,⋯⋯。」

依憲法第五十七條規定,行政院對立法院負責,提出施政方針與施政報告,並出席國會答覆立法委員質詢;另依憲法第五十八條規定,行政院得提出法律案、預算案、條約案,列席立法院說明並參與討論。凡此皆為內閣制國家體制特徵。就「事」而言,雖然我國行政權與立法權亦相互結合,但是當行政權與立法權面臨重大政策歧見時,並未採用倒閣與解散國會的制度,而係採用總統制國家的覆議制度。

憲法增修條文部分凍結憲法第五十七條之適用,維持「立法院決議之法律案、預算案、條約案,行政院如認為窒礙難行時,得經總統之核可,移請立法院覆議」之規定,同時則引進倒閣與解散國會制度。目前,立法院得對行政院院長提出不信任案,如經全體立法委員二分之一以上贊成,行政院院長應提出辭職,並得同時呈請總統解散立法院。

第二節　行政院的組織

關於行政院之組織,有廣義和狹義兩種概念。憲法第五十四條規定:「行政院設院長、副院長各一人,各部會首長若干人,及不管部會之政務委員若干人。」是為狹義之行政院,指行政院院長、副院長、部會首長、不管部會之政務委員,以及為協助行政推動所設置之

幕僚機構——秘書處。至於廣義之行政院，依行政院組織法及相關法規規定，尚包括行政院所屬部會局處署以及各種委員會。茲就狹義之行政院組織，說明如下：

一、行政院院長

(一)院長的產生方式

憲法第五十五條第一項：「行政院院長由總統提名，經立法院同意任命之。」

憲法增修條文第三條第一項：「行政院院長由總統任命之。」

就憲法第五十五條內容來看，行政院院長的產生，須經「總統提名」與「立法院」同意兩道憲政程序。惟自從行憲以來，總統提名權與立法院同意權孰先孰後，一直是爭論不休的憲政議題。過去，存在尊重總統提名權的憲政慣例，亦即新任總統就職前，行政院院長主動提出總辭，由新任總統重新提名行政院院長（亦可能提名原任之行政院院長）。然而，就憲法本文分析，我國中央政制帶有濃厚的內閣制特徵，行政院對立法院負責，並非對總統負責，因此，只要立法院信任行政院長，新任總統實不必重新提名行政院院長。

民國八十四年，大法官會議解釋釋字第三八七號認為，「行政院院長對立法院負政治責任，故而基於民意政治和責任政治之原理，行政院院長自應於立法院改選之後總辭，以便總統審視立法院改選後之政治情勢，重新提名新任人選，咨請立法院同意，以反映民意。」民國八十五年，大法官會議釋字第四一九號解釋則主張，「行政院院長於新任總統就職時提出總辭，係基於尊重國家元首所為之禮貌性辭職，並非其憲法上之義務。」從「禮貌性」與「非憲法上義務」，對照「民意政治」、「責任政治」以及「應於立法院改選後總辭」等用

詞，大法官對於總統提名權與立法院同意權的孰輕孰重，已經做了相當明顯的判斷。

憲法增修後，行政院院長改由總統直接任命，無須經立法院同意，前述有關總統提名權與立法院同意權孰輕孰重的憲政爭議，形式上獲得解決。但是憲法第五十三條「行政院為國家最高行政機關」與憲法第五十七條「行政院向立法院負責」的內閣制特徵，仍然存在，此又與增修條文所規定總統任命行政院院長的總統制精神相互衝突，期盼未來的憲法增修工程，能加以明確釐清。

(二)行政院院長的缺位代理

憲法第五十五條第二項：「立法院休會期間，行政院院長辭職或出缺時，由行政院副院長代理其職務，但總統須於四十日內咨請立法院召集會議，提出行政院院長人選，徵求同意。行政院院長職務，在總統所提行政院院長人選未經立法院同意前，由行政院副院長暫行代理。」

憲法增修條文第三條：「……行政院院長辭職或出缺時，在總統未任命行政院院長前，由行政院副院長暫行代理。」

無論依照憲法本文或增修條文，行政院院長辭職或出缺，在新任行政院院長產生之前，均規定由行政院副院長暫行代理其職權。惟所謂「暫行」代理，係指有期間限制的代理。依憲法本文規定，總統須於四十日內咨請立法院召集會議，提出行政院院長人選，徵求同意。但是依據增修條文規定，總統有新任行政院長的直接任命權，無須經立法院同意，而且行政院副院長暫行代理期間，也缺乏明確規定，完全聽憑總統決定。

行政院院長除因健康問題而致辭職或出缺外，尚有以下幾種情況：

■因總統改選而辭職

依憲法增修條文規定（第二條、第三條），行政院院長由總統直接任免，既無須經立法院同意，亦無須經行政院院長副署。行政院院長有總統幕僚長之性質，自應隨總統改選而提出總辭，尊重新任總統的任命權。

■因不信任案而辭職

根據憲法增修條文第三條第二項規定，立法院得對行政院院長提出不信任案，如獲通過，行政院院長應於十日內提出辭職。

■因覆議案未獲總統核可而辭職

憲法增修後，行政院院長由總統直接任命，故當行政院與立法院發生重大政策歧見，行政院院長向總統提出發動覆議案之請求，而未能獲得總統核可時，增修條文雖然未明確規定行政院院長此時應即請辭，但是既然不能獲得直接任命者的支持，實不應戀棧其位，應即請辭。

■因總統免職而出缺

總統以國家元首地位，對於不稱職或不受民意支持之行政院院長，予以免職，重新任命行政院院長。

(三)行政院院長之職權

行政院為國家行政樞紐，職權極為廣泛。行政院會議決定施政方針及重要事項；各部會按行政院會議之決定，就其職掌，分別執行行政事務。行政院院長領導行政院會與統合各部會，其權力超出其他構成分子之上。行政院院長重要職權，說明於後：

■代行總統職權

依據憲法規定，行政院院長代行總統職權有兩種情形，一為總

統、副總統同時缺位或因故不能視事時（憲法第四十九條）；二為總統任滿解職後，如次任總統尚未選出，或選出後，總統、副總統均未就職時（憲法第五十條）。但行政院院長代行總統職權，其期限不得超過三個月（憲法第五十一條）。

■ 人事提請任命權

依據憲法第五十六條規定，行政院副院長、各部會首長及不管部會之政務委員，由行政院院長提請總統任命。總統的任命權必須以行政院院長的提請為前提，至於總統是否可以拒絕任命，則有商榷餘地。就憲法本文來看，我國中央政制偏向內閣制，行政院既是國家最高行政機關，又以整體方式對立法院負責，行政院院長自應有選擇閣員的權責，總統不應拒絕任命。但是，就憲法增修條文分析，行政院院長由總統直接任免，中央政府體制往總統制偏移，行政院雖然仍為國家最高行政機關，體制上仍以整體的方式對立法院負責，但是行政院院長的民意基礎和政治分量大幅減弱，如果總統將自己定位為總統制國家的總統，而欲掌握實質的行政決策權時，行政院院長對於內閣閣員的提請任命權亦將隨之式微。

■ 法令副署權

依憲法第三十七條規定：「總統依法公布法律，發布命令，須經行政院院長之副署……」，未經副署之法律或命令，在法律上不生效力。惟依憲法增修條文第二條規定：「總統發布行政院院長或依憲法經立法院同意任命人員之任免命令，及解散立法院之命令，無須行政院院長之副署，不適用憲法第三十七條之規定。」

■ 呈請總統解散立法院

依憲法增修文第三條第二項規定，立法院通過對行政院院長不信任案後，行政院院長得呈請總統解散立法院。

■主持行政院會議

依憲法第五十八條第一項規定，行政院會議以行政院院長為主席。行政院院會以出席人員過半數之同意議決討論案，對決議如主管部會首長有異議時，由院長決定之。

■綜理院務，監督所屬機關

依行政院組織法第七條規定：「行政院院長綜理院務，並監督所屬機關。」行政院院長指揮各部會及所屬機關，並監督其是否忠實執行法律或行政院之命令或決議。如有違背行政院之命令或決議者，應隨時予以糾正。各部會首長意見有衝突時，行政院院長即應予以協調化解或裁定。各部會首長或其他政務官有不適任或其他須異動之因素時，即得以局部改組方式，提請總統更易之。

二、行政院副院長、各部會首長及不管部會之政務委員

(一)產生方式

依據憲法第五十六條規定，行政院副院長、各部會首長及不管部會之政務委員，由行政院院長提請總統任命。

(二)職權

行政院副院長之職權，主要係代理行政院院長之職務，在行政院院長辭職或出缺時，暫行代理院長職務。至於院長辭職或出缺的情況，前已述及，不再贅言。此外，依行政院組織法第七條第二項之規定，行政院院長無法視事時，亦由行政院副院長代理職權，其代理時間長短，法無明文規定。

兼管部會的政務委員，一方面以政務委員資格，參加行政院會

議，享有發言權與表決權，並不以其主管部會之事項為限。另一方面他們又以部會首長之資格，依據法令、行政院會議決議，以及院長指示，處理所管部會的行政事務。

不管部會的政務委員，除參與行政院會議，參與議案議決外，並無一定職權，主要負責跨部會政策之協調整合。

三、行政院會議

行政院會議由行政院院長、副院長、各部會首長及不管部會之政務委員組織之，並以院長為主席（憲法第五十八條）。行政院會議以過半數出席人數為法定開會人數，議案以出席人過半數同意議決之。行政院會議每週舉行一次，必要時得召開臨時會。

依照憲法以及相關法規規定，下列事項須提出於行政院會議議決：

1. 總統為避免國家或人民遭遇緊急危難或應付財政經濟上重大變故，得經行政院會議之決議發布緊急命令（憲法增修條文第二條第三項）。

2. 行政院院長及各部會首長，須將應行提出於立法院之法律案、預算案、戒嚴案、大赦案、宣戰案、媾和案、條約案等及其他重要事項，或涉及各部會共同關係之事項，須先提出於行政院會議議決之（憲法第五十八條第二項）。

3. 行政院增設、裁併各部各委員會，或其他所屬機關，須經行政院會議議決後（行政院組織法第六條）送立法院審議。

⬤ 第三節　行政院的職權

　　觀諸憲法第五十三條、第六十二條、第七十七條、第八十三條、第九十條之規定，關於立法、司法、考試、監察四院之職權，均採列舉規定；行政院之職權，則採概括規定。因此凡國家事權，其性質不屬於立法、司法、考試、監察四院之職權者，均屬於行政院之職權範圍。依憲法、憲法增修條文及相關法律之規定，行政院職權如下：

一、法案提案權

　　依憲法第五十八條規定，行政院有向立法院提出法律案、預算案、戒嚴案、大赦案、宣戰案、媾和案、條約案及其他重要事項之權。特別說明幾點：

1.法律案之提案權，非僅行政院有之，考試院、司法院、監察院亦得就其所掌有關事項，向立法院提出法律案。
2.行政院之提案，須先經行政院會議議決，但不必呈請總統具名向立法院提出。
3.全國行政機關以行政院為最高機關，僅行政院有權向立法院提出法案。

二、預算編審權

　　預算編審，首先由各機關依照年度施政方針及行政院主計處擬訂之「年度預算編審辦法」，擬定其機關歲入、歲出概算，送行政院主

計處審核、彙整，而成為中央政府總預算案，經行政院會議議決後，於會計年度開始三個月前，提交立法院審議。

就預算編擬過程而言，行政院所屬機關、總統府以及立法、司法、考試監察等四院的年度概算，均須送交行政院主計處彙編，依國家政策與整體財政狀況增加或刪減。其中司法院概算編列較為特殊，依憲法增修條文第五條第六項規定：「司法院所提出之年度司法概算，行政院不得刪減，但得加註意見，編入中央政府總預算，送立法院審議。」

三、移請覆議權

依據憲法第五十七條規定，行政院對於立法院議決之法律案、預算案、條約案以及變更重大政策案，如認為窒礙難行，得經總統核可，移請立法院覆議。針對移請覆議權，特別說明下列幾點：

1. 憲法第四次增修（86.07.21）時，停止憲法第五十七條第一項第二款之適用，行政院僅得對立法院議決之法律案、預算案、條約案，提出覆議。相對地，「立法院對於行政院之重要政策不贊同時，得以決議移請行政院變更之」的權力，亦停止適用。

2. 有關立法院處理覆議案的期限，憲法第五十七條並未明確規定應於多少時間內作成決議，使得立法院有過於寬鬆的時間裁量權，致使覆議案懸而不決，造成憲政危機。因此憲法增修條文第三條第二項第二款，遂加以補充規定：「立法院對行政院移請覆議案，應於送達十五日內作成決議。如為休會期間，立法院應於七日內自行集會，並於開議十五日內作成決議。覆議案逾期未議決者，原決議失效。」

3. 立法院議決覆議案之程序，憲法第五十七條規定：「覆議時，

如經出席立法委員三分之二維持原決議，行政院院長應即接受該決議或辭職。」憲法增修條文第三條第二項第二款則規定：「覆議時，如經全體立法委員二分之一以上決議維持原案，行政院院長應即接受該決議。」比較下，立法院欲維持原決議案的門檻提高不少，顯係擴張行政權而限縮立法權。其次，覆議案如果遭到否決，則行政院院長應即接受立法院議決通過的法律案、預算案或條約案，不可以選擇辭職。

4.行政院得移請立法院覆議的法案，是否僅以憲法本文以及增修條文所列之「法律案、預算案、條約案」三者為限呢？或謂本款規定係「例示」而非「列舉」，因之立法院議決之戒嚴案、大赦案、宣戰案、媾和案等，行政院均呈請總統核可，移請立法院覆議。不過，拉丁法諺謂：「省略規定之事項，應認為有意省略」、「明示規定其一者，應認為排除其他」，故本文以為覆議案之範圍，應採列舉規定為宜，行政院應僅有針對法律案、預算案、條約案的移請覆議權。

5.行政院對於立法院決議之法律案、預算案、條約案，如認為有「窒礙難行時」，得移請覆議。不必全部內容窒礙難行，始得移請覆議，即便是某一條文或一部分有窒礙難行時，亦構成覆議之條件。

6.立法委員自行提出之法律案，或由司法院、考試院、監察院提請立法院審議之法律案，其內容如果涉及行政院之職權，行政院亦得因窒礙難行而提出覆議案，而不以行政院為原提案者為限。反之，其他法律案提案機關，無權提出覆議，覆議權是行政院獨有之職權。

四、決算提出權

憲法第六十條規定：「行政院於會計年度結束後四個月內應提出決算於監察院。」決算是對各機關執行預算及施政計畫的總清查考核。

五、決定重要政策

行政院為國家最高行政機關，自應擁有決定重要政策之權責，憲法第五十七條規定，行政院有向立法院提出施政方針及施政報告之責，此即為重要政策之決定權。惟憲法增修後，行政院院長由總統直接任命，若總統意欲掌握重大政策之決策權，則行政院院長成為執行重大政策的幕僚長，實不無可能，值得觀察。

六、核備行政協定

在國際關係上，與他國約定事項，如須完成與法律同等效力之形式始能履行者，須訂立條約並依照法案提出程序辦理。如只須經主管機關職權即可履行者，則簽訂行政協定，不須訂為條約。行政協定係由權責機關議定後，依程序報請行政院核示，再授權指定人員簽署。簽署後報行政院備案，並由行政院函請總統府秘書長轉陳總統公布[2]。行政協定性質上屬於行政命令，由行政院決定，不必如條約案須經立法院審議。

七、監督所屬機關推行政務

　　行政院透過下列方式指揮監督各級行政機關：(1)核定各機關施政計畫；(2)核定各機關辦理事項；(3)核備所屬各機關辦理事項；(4)經由訴願之決定，糾正不當之行政處分[3]。

【註釋】

1 林紀東，《中華民國憲法釋論》，台北：作者自刊，民76，頁72-73。

2 胡開誠，〈行政院的職權〉，《台大法學論叢》，第18卷第2期，民國78年6月。

3 陳志華，《中華民國憲法》，台北市：三民書局，民89，頁203。

第八章
立法院

第一節　立法機關概說

一、立法機關的起源

　　立法機關（legislatures）這一概念淵源自中古歐洲封建時期的等級會議。等級會議是諸侯、僧侶或特殊社會階級各自召開的會議，除了提供國王諮詢，亦代表各自等級的利益。等級會議在中古歐洲各國皆有，但只有英國的等級會議逐漸變成近代的議會。已故憲法學者劉慶瑞曾就西方國家立法機關的起源作了簡要精闢的介紹[1]：

　　英國在一〇六六年就有「大會議」（magnum concilium，creat council）的組織。大會議原為僧侶及封建諸侯的封建會議，並沒有包括平民選出的代表，但是到了十三世紀中葉，國王為增加稅收起見，才次第令各縣及各市選出武士及市民代表出席大會議。於是一二九五年愛德華第一（Edward I）所召開的模範國會（model parliament）遂包括貴族、僧侶、各縣武士、各市及各鄉的代表等各階級，而漸次帶有代議制度的性質。

　　現今各國均以國會為立法機關，其實英國國會的職權最初並不是立法。英國國會的產生乃是國王要向國民徵收租稅，不得已而召集之。一二一五年的大憲章關於徵稅問題，曾規定一個原則：即國王要徵收封建的租稅，必須徵求封建領主的同意。這個原則雖然只對封建的租稅而言，然而「徵收租稅，須經納稅者同意」，就成為憲法上的原則。這樣，國會就取得徵稅同意權。國會取得了徵稅同意權之後，次又利用此權力，取得了預算議決權，更次又利用徵稅同意權與預算議決權，取得了立法權。

英國在十三世紀以前，立法權屬於國王，國會不是立法機關，只是要求國王制定法律的一個請願機關。但是國會既有徵稅同意權，自可以利用這個武器，於國王不接受請願之時，拒絕承認國王的徵稅，而強迫國王制定法律。至十五世紀中葉，國王宣布絕不制定國會所反對的法律，又許國會兩院提出法案。這樣一來，國會兩院就取得了提案權與議決權，由請願機關變為立法機關了。英國國會取得了上述各種權力之後，再經過與國王的一段鬥爭，經一六八八年的光榮革命後，遂確立了其最高優越的地位。

英國的議會制度，在美國獨立之後，傳到美國，再經法國大革命，傳到法國而普及於歐洲各國。

二、立法機關的組織

各國的立法機關有所謂一院制（unicameral system）及兩院制（bicameral system）之別，在一院制之下，人民選舉議員，只組成一個團體，以行使議會的職權；在兩院制之下，議會分為兩個團體，分別開會，雙方的決議能夠一致時，才成為議會的決議。因此，國家雖設置兩個立法機關，倘議案不須經過兩院議決，亦不能視為完全的兩院制。

(一)兩院制

美、英、法、日、加拿大、澳大利亞等國皆採兩院制。雖然採行兩院制的原因各有不同，但其共同理由如下[2]：

1.**減少立法草率**：議案僅由一院決定，易流於武斷草率，如經兩院議決，當可減低此種弊端。美國首任總統華盛頓曾說：「上院為冷卻器，使下院激動之情緒，經過他理性的冷靜考慮之

後，自然符合中庸之道。」

2.**防止議會專制**：立法權集中於一院，易因濫權而形成議會獨裁，將立法權分散於兩院，則因互相牽制，可防止議會專制。

3.**調和社會利益**：英國的上議院議員經由特殊的選舉方式產生，任期較長，傾向代表社會保守勢力，下議院由人民直接選舉產生，往往代表社會的進步勢力。美國的眾議院代表一般國民，參議院則代表各州。法案須經上、下議院（或參、眾議院）討論協商才能通過，可調和保守與進步的勢力、國家與地方利益，維持二者間平衡。

(二)一院制

立法機關院制之發展，由英國兩院制肇始，在第一次世界大戰以前，各國議會多採用兩院制，但第二次世界大戰後，各國議會有朝向一院制發展的趨勢。例如丹麥、瑞典、紐西蘭、斯里蘭卡等國，於一九五〇年後，陸續廢除兩院制轉變成一院制議會[3]，即使是英國、日本、法國等亦逐步限制上議院的權力。

英國原本平衡的兩院制，於一九一一年的國會法（the Parliament Act）中規定：貴族院對於財政法案沒有否決權。而且對於普通的公共法案，也只有兩年間的停止權，即使堅持反對意見，但是如果平民院又連續通過兩次，則平民院亦得呈請英皇公布該項法律。其後，英國又於一九四九年修改國會法，對貴族院的停止權予以嚴格限制，經過這二次變革，貴族院功能大為萎縮，實際上只有牽制平民院的作用而已，學者稱英國的國會是「非對稱的兩院制」。

日本現行憲法雖採兩院制國會，但為使國會意思容易形成，強化眾議院所支持之內閣之地位，遂採行「眾議院優越主義」。在一定之條件下，對於法律案、預算案、條約案、內閣不信任案、內閣總理大臣之指名議決案，以眾議院之議決為國會之議決[4]。

法國第五共和憲法第四十五條明定，所有法案應由國民議會及參議院先後審議，是為兩院制。惟如果國民議會與參議院未能達成一致時，「政府得於國民議會及參議院各再一讀後，要求國民議會作最後決定」[5]，亦即法國國民議會擁有法案審議最後決定權。

兩院制立法機關的國家無論當初成立兩院制理由為何，除了美國等少數國家外，大部分對於上議院的權限都有明顯的限制或削弱，上議院存在的理由幾乎僅剩下牽制下議院的功能而已。

三、立法機關的性質與職權

(一)性質

關於立法機關性質，有兩種學說。一為「委託說」，議員係原選舉區選舉人的受託人，代表原選舉區的特殊利益，並非代表全國的一般利益。議員與選舉人的關係，屬於「命令委任」（imperatives mandat），原選舉人得以訓令的形式，將其所希冀之事，委託其所選出的議員提出於議會，而受命的議員在議會內所作之言論及表決，均須遵守原選舉人的訓令，否則原選舉人得更換之。二為「代表說」，議員乃全國人民的受託人，並非僅代表其原選舉區人民，議員與原選舉人的關係，屬於「自由委任」（freies mandat），議員在議會內所作之言論及表決不受原選舉人之訓令的拘束，得依自己意思，自由為之。

上述學說以「代表說」比較符合現今議會制度，惟如何在自由委任關係中，使議會真正代表人民，符合近代民主政治理念呢？勢須配合定期改選、罷免，以及人民直接立法等三種制度，俾對議會發生牽制作用，使議會不敢忽視民意。

(二)職權

　　民主國家法律，實際上多數由內閣草擬後，再經立法機關審議，代表人民賦予內閣決策的正當性。至於法律施行與政策推動，則須編列預算，以為支應。預算涉及人民稅金的徵納與財政資源的合理分配，理應接受人民監督，各國均將議決預算之職權，賦予代表人民的立法機關。

　　立法權與議決預算權，皆係立法機關對行政機關之事前監督，確保求行政機關的政策能符合民意需求。惟行政機關是否違法濫權，侵害人民權益，則有賴立法機關透過質詢、不信任投票以及彈劾權來加以監督。質詢權、不信任投票可稱為政治上的監督權，目的在於保障民意政治的實現；彈劾權則可稱為法律上的監督權，目的在於確保法治政治的實現。惟各國立法機關監督權的內容與範圍，不盡相同。大體上，在內閣制國家，無論是政治上的監督權，或是法律上的監督權，立法機關均具備之，而在總統制國家，則僅有法律上的監督權6。

　　立法機關為執行立法權、預算議決權、監督權，必須明瞭與其職權有關之各種事項及政府各機關之工作情形。因此，調查權可視為立法機關職權的附帶權力，縱然憲法沒有明文規定，亦應解釋立法機關有此權力7。惟調查權本身並非目的，而係遂行立法機關職權的工具，因此調查權的行使必須與立法機關的正當職權之行使有關而且有所幫助，始具備正當性。

　　除上述四項職權之外，許多國家立法機關尚有人事任命同意權、戒嚴權、解釋法律權、赦免權、解釋憲法權、上訴審判權……不一而足。總之，各國立法機關職權不一，差別頗大，並無一定標準，但立法權、預算權、監督權和調查權是立法機關比較重要的四項職權。

第二節　立法院的地位與性質

一、立法院的地位

憲法第六十二條：「立法院爲國家最高立法機關。」

所謂最高立法機關，係指立法院之上，別無其他行使立法權之立法機關[8]。但是，依國民主權原理，立法院仍須接受人民監督。亦即人民除了擁有選舉罷免權以監督立法委員之外，更以創制複決權監督立法院行使立法權的勤惰良窳。

依據憲法本文第二十七條規定，國民大會可複決立法院所提之憲法修正案，亦得對立法院通過的法律行使複決權，純粹就憲法條文而言，國民大會亦爲立法院行使立法權之監督機關。但是，民國九十四年第七次憲法增修，凍結憲法本文中有關國民大會組織、職權等相關條文之適用，使國民大會走入歷史，形同廢除，立法院爲我國最高立法機關的地位已殆無疑義。

依憲法第一百一十三條及第一百二十四條規定，立法院及省、縣議會，雖然都可以稱爲立法機關，但憲法所稱之法律，是指經立法院三讀通過，總統公布之法律（憲法第一百七十條，並參照中央法規標準法）。至於省、縣議會所立之法，僅得稱爲規程、規則、細則、辦法、綱要、標準、準則等，而不得稱爲法律。立法院與省、縣（市）議會，分別代表民意，行使立法權，相互間並無隸屬關係。但是省法規與國家法律牴觸者無效，縣單行規章與國家法律或者省法規牴觸者無效（憲法第一百一十六條、第一百二十五條）[9]。

二、立法院的性質

　　西方民主國家之立法機關，概稱國會，但仍有其專名。例如，英國國會名為巴力門（Parliament），美國國會名為康格里（Congress），丹麥及瑞典國會，則名為底特（Diet）。至於我國國會究係指稱哪一機關，因為五權憲法與三權憲法難以比擬，故往昔素有爭論。依據司法院大法官會議釋字第七六號解釋，國民大會、立法院、監察院，均由人民直接間接選舉之代表或委員所組成，其所分別行使之職權，亦為民主國家國會重要之職權，所以應認國民大會、立法院、監察院共同相當於民主國家之國會。近年來憲法大幅增修，監察院因監委產生方式改變，不再是民意機關，故已非國會。國民大會由常設機關，丕變為任務型機關，最後再遭廢除。立法院則逐步取得人事任命同意權、文件調閱權、調查權以及正副總統彈劾權，加上原本即屬立法院的立法權、預算權，國會性質更加完備。

第三節　立法院的組織

一、立法委員

(一)立法委員的選舉

　　依據憲法本文第六十四條之規定，立法委員選舉係以地域代表制為主，兼採職業代表制，另外尚包括少數民族代表及海外僑胞代表，其代表成分頗為廣泛。

惟迄至九十四年六月十日，中華民國憲法已增修七次，其中第一次、第三次、第四次及第七次增修條文，均有關於立法委員選舉之規定，其選出之單位、名額、選舉制度和任期，均有所變更。

民國八十年第一次修憲時，取消職業代表制，增加全國不分區代表；同時取消大陸地區的少數民族代表，而以自由地區的平地山胞和山地山胞取代，並增列婦女保障名額。民國八十三年第三次修憲時，以「原住民」取代「山胞」，表示對台灣原住民族的尊重。民國八十六年第四次修憲時，則將立委席次增加，並固定為二百二十五人。

民國九十四年第七次憲法增修，在強大的民意壓力下，達成「國會減半」和「單一選區兩票制」的主要修憲任務。自第七屆起，立法委員總數由二百二十五人減為一百一十三人。其次，複數選區相對多數選舉制，改變為單一選區制度，這對賄選暴力介入的選舉風氣和立法委員的問政行為，是否會有正面影響，值得觀察研究。再者，全國不分區和海外僑民代表所採取的政黨比例代表選舉制度，不再依附區域候選人的選票，而是另立一張選票，由選民依政黨取向投票，選黨不選人。

(二)立法委員的任期

依憲法第六十五條規定，我國立法委員任期三年，連選得連任。惟憲法增修後，自第七屆起選出之立法委員，任期四年，連選得連任。

民意代表均有任期制度，但通常未有連任限制。透過定期改選，促進立法機關新陳代謝，並且順應民意趨向。但是，我國行憲後第一屆立法委員，並未定期改選，在任長達四十三年，而有「萬年國會」譏評。第一屆立法委員於民國三十七年五月七日就職，本應於四十年五月六日任期屆滿解職，惟因當時大陸淪陷，中華民國政府播遷來台，在維護「法統」之前提下，無法依據憲法第六十五條之規定辦理

第二屆立法委員之改選。遂不得不採權宜措施，經行政院會議通過，建請總統核可，由總統咨請立法院同意，由第一屆立法委員，暫行繼續行使立法權一年。四十一年及四十二年，均循同一程序，繼續延長第一屆立法委員之任期。第一屆立法委員經三度權宜延長任期之後，至民國四十三年五月七日又告屆滿三年，而第一屆監察委員之任期，亦將同時屆滿。行政院乃聲請司法院大法官會議解釋。大法官會議作成釋字第三一號解釋文，略謂：「憲法第六十五條規定，立法委員之任期為三年；第九十三條規定監察委員之任期為六年。該項任期應自其就職之日起至屆滿憲法所規定之期限為止；惟值國家發生重大變故，事實上不能依法辦理次屆改選，若聽任立法監察兩院職權之行使，陷於停頓，則顯然與憲法樹立五院制之本旨相違。故在第二屆立法委員未能依法選出集會與召集以前，自應仍由第一屆立法委員、監察委員繼續行使職權。」至此，民國三十七年所選出之立法委員之延長任期問題，因循釋憲途徑，取得合憲之地位，乃自動繼續延長。直至民國七十九年大法官會議釋字第二六一號解釋，認定第一屆中央民意代表應於民國八十年十二月三十一日以前全部退職，始結束第一屆立法委員長達四十三年之任期[10]。

(三)立法委員的罷免

依憲法第十七條及第一百三十三條之規定，被選舉人得由原選舉區依法罷免之，故原選舉人得對立法委員提出罷免。依現行公職人員選舉罷免法之規定，立法委員的罷免案，須經原選舉區選舉人總數百分之二以上的提議，百分之十三以上的連署方能成案，罷免案經選舉委員會宣告成立後，定期舉行罷免投票。罷免投票須有原選區選舉人二分之一以上投票，且同意罷免票數超過有效票數的二分之一以上方為通過。若罷免案未獲通過，則對同一立法委員在其原任期內，不得再為罷免之聲請，對就職未滿一年之立法委員，不得提議罷免。

政黨比例方式產生之立法委員，不適用選罷法有關罷免之規定，因為「僑居國外國民及全國不分區之中央民意代表，係按該次選舉政黨得票數比例方式產生，而非選舉區之選民逐以投票方式選出，自無從由選舉區之選民以投票方式予以罷免……」（大法官會議釋字第三三一號）。

(四)立法委員的保障

　　憲法第七十三條：「立法委員在院內所為之言論及表決，對院外不負責任。」

　　憲法第七十四條：「立法委員除現行犯外，非經立法院許可，不得逮捕或拘禁。」

　　憲法增修條文第四條第八項：「立法委員除現行犯外，在會期中，非經立法院許可，不得逮捕或拘禁。憲法第七十四條之規定，停止適用。」

　　根據上述憲法相關條文規定，立法委員擁有「言論免責權」和「不被逮捕特權」。茲分析如下：

■言論免責權

　　關於此種特權之由來，源自英國一六八八年權利法案第九條之規定：「議會內之言論自由。討論或議事不應在議會外之任何法院或場所，受追訴或審問。」目的在建立權力分立體制，維持議會政治的獨立地位。憲法學大師林紀東教授曾為文指出[11]：「民意代表免責特權肇始之原因，由於英國實行近代式議會政治之初，國會與國王時相衝突，國會時受國王之壓迫，乃創為民意代表之免責特權以自衛。歐洲大陸各國，由君主專制而君主立憲，頗多與英國有相同之歷史，初時國會與國王兩相對抗，分庭抗禮之情形，亦與英國相似，各國憲法，咸模仿英制，而有免責特權之規定者，以此。其後君主權雖經推翻，

然法治初期，因於舊日專制政治，猶有餘悸，對行政司法兩權，仍多顧忌，而獨寄信任於由人民直接選舉之國會，乃擴張國會之權力無所不至，保護議員之權益，惟恐不週，而形成以議會為掌握國政中心之議會政治，故十九世紀以後，雖時移勢異，舊日行政部門，就議員在國會內所為言論及表決，提起控訴之事實已不復存在，然議會中心之政治，與畏行政專制、懼行政司法而親立法之心理，乃使議員之免責特權，在不同之時代，與相異政治環境下，仍承襲如故。」

美國最高法院亦曾在訴訟案中，闡釋保障國會議員的言論免責權的目的[12]：

1. 不只是為了國會議員個人的便利和私益，也用以保障議員個人獨立進而維護立法程序的尊嚴。
2. 不僅保護議員不受審判，而且為顧及其所代表選民的權利和利益，使其在議會行使職權實無所忌怕。
3. 保障立法機關獨立行使立法權，不受行政機關的威脅干涉。
4. 防制司法機關以涉訟壓力干擾立法權。
5. 最終目的乃在建立立法獨立（legislative independence），而非立法獨尊（legislative supremacy）。

我國憲法賦予立法委員言論免責特權，亦是仿傚歐美議會政治之慣例而來。茲將憲法第七十三條所規定之旨意分析如下：

有關議員言論免責權之保障，理論上有「相對保障說」和「絕對保障說」。前者係指僅限於與會議事項有關之言論，始受保障。會議時「就無關會議事項」所為顯然違法之言論，並不受言論免責權之保障（大法官會議釋字第一六五號）；後者則係凡國會議員所為之言論，不論內容為何，概屬言論免責權保障之範圍，不受法律之追訴制裁。本條所稱之言論免責權，一如英、美、法、日等國國會議員，係屬於「絕對保障」。

或謂「絕對保障」失之過寬，但誠如荊知仁教授所言：「如果議員濫用此項特權，侵犯私人人格尊嚴，而猶能免責，此就制度說，故屬不當，就受害人說，實屬無辜，值得同情。但是若因此而放棄絕對保障，則影響所及，顯非一個人或少數人之利益，而是代議制度功能之削弱，民主政治進步之障礙，以及整個國家人民的全體利益。」[13]事實上，採行言論絕對免責的國家，均透過議會內部紀律的約束和制裁，對議員言論做必要的監督，如警告、制止發言、定期停止出席會議、除名等。

　　至於所謂「對院外不負責任」，依司法院大法官會議釋字第四○一號解釋文之認定，是指立法委員在立法院內所為之言論及表決，不受刑事追訴，亦不負民事賠償責任。除其言行違反立法院自律規則可受內部懲戒外，對外亦不負行政責任而言，但不包括對選民所應負之政治責任。立法委員的言論免責權受憲法保障，其理由固然使立法委員在議事和表決時，得以為國家利益及個人良知而發言，避免外在勢力的干預。但是立法委員在立法院內的一切言論，尤其是當其言論與立法委員的職權無關，並且涉嫌惡意誹謗他人或公然侮辱、揭人隱私時，應以定期改選、媒體監督、黨紀約束、罷免制度與議會內部的「自律規範」來約束，而不應該以外在的規範橫加設限[14]。

■ 不逮捕特權

　　所謂「不逮捕特權」，或稱之為「免訴特權」，即對立法委員身體自由之特別保障。憲法之所以保障議員的身體不可侵權，是為了防止政府藉口議員有犯罪嫌疑，擅予逮捕，排除異己，致議員為權勢所脅，不能執行職務，甚至根本喪失自由，而影響國會開會與表決。故自英國權利宣言以來，各國憲法，均設有此項規定。

　　依憲法本文規定，除現行犯外，要逮捕或拘禁立法委員，必須取得立法院的許可。惟憲法增修條文第四條第八項增列「在會期中」之

規定，原憲法第七十四條之規定，不再適用。換言之，目前我國立法委員的身體不可侵權，只限於會期中方得享有，會期外，只要是犯罪嫌疑犯，檢警機關自得依法定程序逮捕之，不須經立法院之同意。

(五)立法委員兼職的限制

從法律上而言，立法委員係依法行使憲法所賦予之職權，自屬公職，既依法支領歲費公費，亦應認定其為有給職，所以有兼職的限制（大法官會議釋字第二二號解釋）。同時，依三權分立原理，任何一人不得同時兼掌行政、立法與司法任何兩權，立法委員作為立法權行使之主體，自然不能例外。再者，立法委員掌握立法大權，涉及權利與利益分配，實應迴避相關利益，以確保客觀中立。

憲法第七十五條明定：「立法委員不得兼任官吏。」因此，立法委員如就任官吏，即應辭去立法委員職務，其未辭職而就任官吏者，應於其就任時，視為辭職（參照司法院釋字第一號解釋）。至於何謂不得兼任之「官吏」，依照歷次司法院解釋，其限制對象包括：

1. 受有俸給之文武職公務員。不論係臨時或常設機構，只須為政府派充之人員，皆不得兼任（釋字第四號、第二四號解釋）。
2. 公營事業機構之董事、監察人及總經理，均適用公務員服務法之規定，應屬官吏，立委不得兼任（釋字第二四號、第二五號解釋）。

立法委員不得兼任官吏，非謂官吏以外任何職業均得以兼任，仍須視其職務之性質，與立法委員之職務及身分是否相容。諸如：

1. 國民大會代表：依憲法第二十七條之規定，國民大會複決立法院所提之憲法修正案，並制定辦法行使創制、複決兩權，若立法委員得兼任國民大會代表，是以一人而兼具提案與複決兩種

性質不相容之職務；立法委員且既然行使立法權，復可參與中央法律之創制與複決，亦與憲法第二十五條及第六十二條規定之精神不符，故立法委員不得兼任國民大會代表（大法官會議釋字第三〇號解釋）[15]。

2. 省、縣地方議會議員：立法委員乃代表人民行使中央之立法權，而省、縣議會議員乃分別行使各該省、縣地方之立法權，為貫徹憲法分別設置各級民意機關賦予不同職權之本旨，立法委員自不得兼任省、縣議會之議員（釋字第七四號解釋）[16]。

3. 私立學校校長：私立學校校長雖非「官吏」，但依司法院大法官會議釋字第二〇七號解釋文，略謂：「民意代表可否兼任他職，須視憲法或與憲法不相牴觸之法規有無禁止規定，或該項職務之性質與民意代表之職務是否相容而定。私立學校校（院）長責重事繁，私立學校法第五十一條第三項規定：『校（院）長應專任，除擔任本校（院）教課外，不得兼任他職』，旨在健全校務，以謀教育事業之發展；省及院轄市議員、議長自不得兼任之。」依此解釋文旨，立法委員亦為民意代表，與私立學校（院）長之職務亦不相容，自不得兼任之[17]。

二、院長、副院長

(一)院長、副院長的產生與任期

憲法第六十六條：「立法院設院長、副院長各一人，由立法委員互選之。」

依現行立法委員互選院長副院長辦法，院長、副院長的選舉須於立法委員宣誓就職當日分別舉行，全體立法委員均為當然候選人。該項選舉須有立法委員總額三分之一的出席，凡能獲得出席人數過半數

的票數者方爲當選。第一次投票如果無人得到過半數票數時，則以得票較多之前二名重新舉行投票，而以得票比較多數者爲當選。

　　立法院院長、副院長仍具有立法委員身分，其任期亦與其立法委員任期相同。但立法委員得於任期中提案改選。改選時，須有立法委員總額二分之一之出席，三分之二之同意，始爲通過，門檻頗高。

(二)院長、副院長的職權

　　立法院院長的職權，主要爲對外代表立法院，對內主持會議，並綜理立法院內的各項行政事務。至於立法院副院長則被視爲院長的「備胎」，僅在院長因故不能主持會議或不能視事時，代理院長職務。

　　依照憲法及立法院組織法相關規定，立法院院長職權有下列各項：

1. 應總統之召集，會商解決院與院間的爭執（憲法第四十四條）。
2. 召集立法院臨時會議（憲法第六十九條）。立法院遇有立法委員四分之一以上請求時，得召開臨時會議。
3. 立法院院長對於總統宣告解散立法院事件，有被諮詢之權。依憲法增修條文第二條第五項規定：「總統於立法院通過對行政院院長之不信任案後十日內，經諮詢立法院院院長後，得宣告解散立法院。」立法院院長被諮詢時之意見表示，雖對總統是否解散立法院並無拘束力，惟「諮詢」乃爲必經之法定程序18。
4. 主持立法院會議。立法院院會以院長爲主席，全院委員會亦同。
5. 維持議場秩序。如立法委員有違反議事規則，或其他妨礙議場秩序的行爲時，主席得予以警告或制止，並得禁止其發言。如果情節重大，得將破壞秩序的立法委員移送懲戒，由立法院紀

律委員會審議後，提交立法院院會議決定之。

三、委員會

基於專業分工與促進議事效率等因素，各國立法機關都會依照法律案的類別，分成不同的次級組織，使得立法工作得以順利完成，這便是「委員會」存在的理由。立法院的委員會，依其功能不同，可以區分為常設委員會、特種委員會、全院委員會。茲說明如下：

(一)常設委員會

憲法第六十七條：「立法院得設各種委員會。各種委員會得邀請政府人員及社會上有關係人員到會備詢。」

依憲法及立法院組織法第十條之規定，立法院設有：(1)內政及民族委員會；(2)外交及僑務委員會；(3)科技及資訊委員會；(4)國防委員會；(5)經濟及能源委員會；(6)財政委員會；(7)預算及決算委員會；(8)教育及文化委員會；(9)交通委員會；(10)司法委員會；(11)法制委員會；(12)衛生環境及社會福利委員會等十二個常設委員會。

至於常設委員會之職權，依憲法第六十七條以及立法院各委員會組織法第二條規定，主要係審查立法院會議交付審查之議案以及人民請願案，並得於每會期開始時，邀請相關部會作業務報告，進行相關業務詢答。

(二)特種委員會

特種委員會乃為特定任務而設，並不負責審查法案，目前立法院設有程序、紀律及修憲等三個特種委員會。程序委員會負責議程編排，決定各項待審法案的優先順序；紀律委員會負責立法委員違紀懲戒案之審議；修憲委員會負責憲法第一百七十四條之修憲提案工作。

(三)全院委員會

係專爲人事同意權、覆議案、選舉院長、副院長設置，而非以法案審查和政策質詢爲其功能。全院委員會由出席委員互推一人擔任主席，非必然由院長擔任主席。全院委員會審查通過之案件，仍須提報院會，由院會作最後決議。

我國立法院之實際運作，尚未完全定型。委員會審議法案時，並非僅限於法案文字之擬定，對於法案原則、精神與目的，均得透過法案條文之逐條審議，做全盤修正。因之立法院委員會對於法案審議有相當影響力。不過，委員會所提出的審查報告提到院會後，亦經常發生被全面推翻或大幅修正的情況，以致立法院委員會審查報告之權威無法建立，委員會審議法案的功能因此無法發揮。

造成委員會議事品質低落，法案審查報告權威無法建立等問題，究其原因，約可歸類爲政黨政治未臻成熟、委員會資深制與專業化尚未建立、委員會多頭馬車的召集委員制度所形成的流弊、委員會專業幕僚制度尚未成形、立法諮詢中心的功能不彰、議會政治尚未建立正軌與立委個人專業能力與素質低落等，未來要健全立法院的委員會制度應從解決上述問題著手，惟有整體解決委員會制度的流弊，才能根本建立委員會的專業、權威能力，使「院會協商化」、「委員會專業化」，提高委員會的議事品質與議事效率[19]。

第四節　立法院的職權

一、立法

　　所謂立法，即是制定法律。立法權是立法院最主要且是最經常行使之職權。法律之制定，須經過提案、審議及公布三個程序。

(一)提案

　　提案乃指提出法律草案而成為立法院討論表決之對象。我國立法之提案權，根據憲法、大法官會議解釋與其他相關法律之規定，下列為有權提出法律案的機關：

1.**立法委員**：立法委員的提案權，憲法雖無明文規定，但是提案權乃是立法權的一部分，所以立法委員理應有之。依立法院議事規則規定，立法委員提出之法律案，應有三十人以上之連署。

2.**行政院**：依憲法第五十八條規定，行政院有法律案、預算案、戒嚴案、大赦案、宣戰案、媾和案、條約案及其他重要事項的提案權。行政院行使提案權時，應先經過行政院會議的議決，再以行政院的名義向立法院提出，行政院院長及各部會首長並無單獨的提案權。

3.**考試院**：依憲法第八十七條規定，考試院關於所掌事項，得向立法院提出法律案。與行政院相同的是，考試院院長及考試委員並無單獨的提案權。

4. 監察院：依大法官會議釋字第三號解釋，監察院關於所掌事項，得向立法院提出法律案。

5. 司法院：依大法官會議釋字第一七五號解釋，司法院就其所掌有關司法機關之組織及司法權行使之事項，得向立法院提出法律案。

(二)審議

審議是指立法院對於法律案之審查、討論與決議。

審查，係指法律案向立法院提出後，為求立法專業與效率，先交付相關委員會審查。

討論，乃立法院會議時，進行三讀會的程序。第一讀會，主席朗讀議案標題後，交付有關委員會審查，或議決逕付二讀或不予審議；第二讀會，聽取委員會審查報告，逐條朗讀，提付討論，如經出席委員三十人以上連署附議，並經院會表決通過時，得將全案重付審查或撤銷；第三讀會，除發現二讀會審議之條文內容相互矛盾，或明顯與憲法及其他法律相牴觸外，只能作文字修飾。第三讀會應將議案全案付諸表決。

決議即所謂表決。表決方法有口頭表決、舉手表決、表決器表決、投票表決、點名表決五種。

(三)公布

各國通例，公布法律之權歸屬國家元首。法律案在通過之後，由立法院移送總統及行政院，總統應於收到後十日內公布之。公布時，須經行政院院長之副署，或行政院院長及有關部會首長之副署。立法院移送之法律案，如行政院認為窒礙難行，得呈請總統核可後，移請立法院覆議。

依憲法增修條文第三條第二項規定，立法院對於行政院移請覆議

案，應於送達十五日內作成決議。如為休會期間，立法院應於七日內自行集會，並於開議十五日內作成決議。覆議案逾期未議決者，原決議失敗；覆議時，如經全體立法委員二分之一以上維持原決議，行政院院長應即接受該法律案。

二、議決預算

依憲法第六十三條規定，立法院有議決預算案之權。茲說明如下：

(一)預算提案權專屬行政院，立法院僅有預算議決權

憲法第五十九條規定：「行政院於會計年度開始三個月前，應將下年度預算案提出於立法院。」故對於立法院有提出預算案之權者，僅以行政院為限。其他任何機關，均無逕向立法院提出預算案之權。惟依據憲法增修條文第五條第六項規定，司法院所提出之年度司法概算，行政院不得刪減，但得加註意見，編入中央政府總預算案，送立法院審議。

(二)立法院對預算案，不得為增加之提議

憲法第七十條規定：「立法院對行政院所提預算案，不得為增加支出之提議。」為避免立法委員討好選民，屈從利益團體壓力，造成「肉桶立法」（pork barrel legislation）的弊端，導致財政惡化，立法機關審議預算案時，不得對預算案為增加支出之提議。其次，立法院在審議總預算時以任何方法增加支出，將會涉及施政計畫內容之改變，易導致政策成敗無所歸屬，有違責任政治與權力分立原則。

惟所謂「不得為增加支出之提議」涵義為何？引發不少爭論。司法院大法官會議釋字第二六四號解釋，認定立法院要求行政院以追加

預算,而非直接增加預算金額的方式,加發半個月的公務人員年終獎金,仍屬違憲行為,而不生效力。再者,大法官會議釋字第三九一解釋,主張立法委員審查總預算時,雖有合理的刪減權,但預算案與法律案性質不同,不能如同審議法律案方式逐條逐句增刪修改。對於各機關所編列預算之數額,亦不得在款項目節間移動增減,並追加或削減原預算之項目。

(三)預算案的審議程序

依據憲法第五十九條規定,行政院於每年會計年度開始三個月前,應將下年度預算案提出於立法院。換句話說,我國會計年度由一月一日開始(預算法第十二條),預算案須於九月底以前交由立法院審查。另依預算法第五十一條之規定,立法院應於會計年度開始一個月前完成審議,並於會計年度開始十五日前,由總統公布之。

三、審議決算審核報告

依憲法第六十條規定,行政院於會計年度結束後四個月內,應提出決算於監察院。復依憲法第一百零五條規定,審計長應於行政院提出決算後三個月內,依法完成其審核,並提出審核報告於立法院。

因此,立法院對於審核報告中有關預算之執行、政策之實施及特別事件之審核等事項予以審議。審議時,審計長應出席並答覆質詢、提供資料。依我國憲政體制,預算係根據行政院向立法院所提出之施政方針,由行政院編列後提出於立法院,經立法院審議呈請總統公布,成為政府總預算。預算執行後,經行政院向監察院提出決算,監察院於完成審核後,向立法院提出審核報告,仍由立法院審議。

四、議決國庫補助省經費

各省辦理憲法第一百零九條第一項所規定之各款事務（如教育、衛生、實業、交通、公營事業、合作事業、農林、水利、漁牧及工程、警政、慈善及公益事項等等），其經費不足時，經立法院議決，由國庫補助之（憲法第一百零九條第三項）。

五、議決國家重要事項

依據憲法第三十九條、第四十三條、第六十三條以及憲法增修條文第二條第三項，立法院擁有議決緊急命令、戒嚴案、大赦案、宣戰案、媾和案、條約案以及國家其他重要事項之權。茲分述如下：

(一)議決戒嚴案及緊急命令

依照憲法第三十九條規定，立法院對總統依法宣布戒嚴，有同意或追認之權。立法院認為有必要時，得決議移請總統解嚴。

依憲法第四十三條之規定，當國家遇有天然災害、癘疫或國家財政經濟上有重大變故，須為急速處分時，得經行政院會議議決，發布緊急命令，但必須在立法院休會期間始得為之，且必須於緊急命令發布後一個月內提出立法院追認。惟依憲法增修條文第二條第三項規定，放寬總統發布緊急命令之條件與程序，即使在立法院會期中，亦得由總統發布緊急命令，但須於發布後十日內提交立法院追認，如立法院不同意，該緊急命令立即失效。

(二)議決大赦案

依照憲法第四十條、第五十八條及第六十三條，大赦案必須經由

立法院之議決。

(三)議決條約案、宣戰案、媾和案

依照憲法第六十三條之規定，立法院有議決宣戰案、媾和案、條約案之權。另依司法院大法官會議釋字第三二九號之解釋：「憲法所稱之條約，係指中華民國與其他國家或國際組織所締結之國際書面協定，包括用條約或公約之名稱，或用協定等名稱，而其內容直接涉及國家重要事項或人民之權利義務且具有法律上效力者而言。其中名稱為條約或公約或用協定等名稱而附有批准條款者，當然應送立法院審議，其餘國際書面協定，除經法律授權或事先經立法院同意簽訂，或其內容與國內法律相同者外，亦應送立法院審議。」

(四)議決國家其他重要事項之權

立法院除有議決以上列舉各案之職權外，並有議決國家其他重要事項之權，此為一概括之規定，以補列舉事項之不周。惟所謂國家重要事項，意義並不明確，界限難分，行政院與立法院之觀點或異，在行政院認為並非國家重要事項，毋須經立法院之議決，而立法院則認為係重要事項，應經其議決者有之，自難免兩院間權限爭議之發生，此時如涉及憲法之適用疑義，得聲請司法院解釋[20]。

六、聽取報告與質詢

依據憲法五十七條及憲法增修條文第三條第二項第一款規定，行政院有向立法院提出施政方針及施政報告之責。立法委員在開會時，有向行政院院長及行政院各部會首長質詢之權。

行政院於每年二月一日以前及九月一日前，應將施政方針及施政報告提出於立法院。如遇重要事情發生，或經立法院會決議邀請，行

政院院長或有關部會首長亦應至立法院提出報告。立法委員得提出口頭或書面質詢，被質詢人除爲避免國防、外交明顯立即之危害或依法應秘密之事項者外，不得拒絕答覆（立法院職權行使法第十六條至第二十八條）。

司法、考試、監察三院人員是否爲質詢權作用對象？依照大法官會議第四六一號解釋，立法委員聽取報告與質詢之權，僅以行政院院長及其所屬各部會首長爲限，而不及於司法、考試及監察各院。但是依憲法第六十七條第二項規定，立法院各委員會於審議司法院、考試院、監察院所提出法律案及相關預算案涉及事項，得邀請司法、考試、監察三院所屬人員列席備詢。但本於院際相互尊重立場，依憲政慣例，司法、考試、監察各院院長，並未受邀列席立法院，而係由秘書長等非獨立行使權而負行政職務之人員列席立法院備詢。

七、人事任命同意權

依各國憲政通例，國家重要官吏之任命，屬於元首權限，但此項任命，通常須經立法機關之同意，我國大抵上亦採此制。惟經歷次增法增修，原屬於立法院之行政院院長任命同意權（憲法第五十五條）取消，原屬於監察院與國民大會之人事任命同意權，則移轉至立法院行使。以下特任官員由總統提名並經立法院同意後任命：審計長（憲法第一百零四條）、監察院院長、副院長、監察委員（憲法增修條文第七條）、考試院院長、副院長、考試委員（憲法增修條文第六條）、司法院院長、副院長、大法官（憲法增修條文第五條）。

立法院行使同意權時，應由全院委員會審查後，提出院會投票。同意權之行使，應採無記名投票表決，表決時，以出席委員過半數同意行之，可否同數時，取決於主席。

八、提出憲法修正案

憲法第一百七十四條第二項規定：「憲法之修改，……由立法委員四分之一之提議，四分之三之出席，及出席委員四分之三之決議，擬定憲法修正案，提請國民大會複決。」可知憲法修改權歸屬國民大會，但立法院得提出憲法修正案交予國民大會複決。爲行使此項職權，立法院於民國八十二年十二月設置「修憲委員會」，但八十九年四月之前所進行的六次憲法增修，均由國民大會自行提案，立法院未曾提出憲法修正案。

九十四年六月憲法第七次增修，凍結憲法本文第二十五條至第三十四條及第一百三十五條條文之適用。至此，不再舉行國民大會代表選舉，國民大會職權全面凍結，立法院成爲唯一有權提出憲法修正案的機關，而中華民國自由地區公民則有複決憲法修正案的權力。茲將相關憲法增修條文臚列如下：憲法增修條文第一條：「中華民國自由地區選舉人於立法院提出憲法修正案、領土變更案，經公告半年，應於三個月內投票複決，不適用憲法第四條、第一百七十四條之規定。」憲法增修條文第十二條：「憲法之修改，須經立法院立法委員四分之一之提議，四分之三之出席，及出席委員四分之三之決議，提出憲法修正案，並於公告半年後，經中華民國自由地區選舉人投票複決，有效同意票過選舉人總額之半數，即通過之，不適用憲法第一百七十四條之規定。」

九、提出領土變更案

依據憲法本文第四條規定，中華民國領土，依其固有之疆域，非經國民大會之決議，不得變更之。故我國領土變更權係屬國民大會，

惟民國九十四年第七次憲法增修後，配合國民大會廢除後之職權移轉，有關領土變更之相關規定亦同步修改。依現行憲法增修條文之規定，立法院擁有變更中華民國領土範圍的提案權，但仍須交由公民複決。相關條文如下：憲法增修條文第四條第五項：「中華民國領土，依其固有疆域，非經全體立法委員四分之一之提議，全體立法委員四分之三之出席，及出席委員四分之三之決議，提出領土變更案，並於公告半年後，經中華民國自由地區選舉人投票複決，有效同意票過選舉人總額之半數，不得變更之。」

十、彈劾總統、副總統

依憲法第九十條、第一百條之規定，彈劾總統、副總統之權，原屬於監察院，惟憲法增修後，此項職權移轉由立法院行使。依現行憲法增修條文（94.06.10）第四條第七項規定：「立法院對於總統、副總統，須經全體立法委員二分之一以上之提議，全體立法委員三分之二以上之決議，聲請司法院大法官審理，……。」立法院提出之總統、副總統彈劾案，依增修條文第二條第十項規定，經憲法法庭審理判決成立，被彈劾人應即解職。

有關總統、副總統之彈劾權，歷經憲法多次增修，不僅有權行使機關發生轉移，彈劾之條件與程序亦有所變更。茲簡要說明如下：

(一)總統、副總統彈劾權由監察院移轉至立法院

憲法第九十條原規定監察院為國家最高監察機關，行使同意、彈劾、糾舉及審計權。在憲法未增修前監察院作為民意機關，並與國民大會共掌對總統、副總統之彈劾權及罷免權（參見憲法第二十七條第一項第二款，及憲法第一百條），大體上並無可議之處。然民國八十三年憲法增修之後，監察委員改由總統提名，國民大會同意任命。如

此一來，由總統提名的監察委員是否真能不畏權勢而能盡責監督總統，實在令人不能不有所懷疑。民國八十六年第四次修憲時，由於剝奪了立法院對行政院院長的任命同意權，而引起立法院的強力反彈，為了安撫立法院，除了賦予立法院有倒閣權外，另外還將彈劾總統、副總統的提案權，交由立法院來行使。

(二)彈劾總統、副總統的條件與程序

憲法第一百條原規定：「監察院對於總統、副總統之彈劾案，須有全體監察委員四分之一以上之提議，全體監察委員過半數之審查及決議，向國民大會提出之。」

民國八十三年第三次修憲，提高監察院行使對總統、副總統彈劾權的門檻，在該次憲法增修條文第六條第五項規定：「監察院對於總統、副總統之彈劾案，須經全體監察委員過半數提議，全體監察委員三分之二以上之決議，向國民大會提出，不受憲法第一百條之限制。」

民國八十六年第四次修憲，彈劾權轉由立法院行使，不僅維持提出彈劾案的高門檻，規定「須經全體立法委員二分之一以上之提議，全體立法委員三分之二以上的決議，向國民大會提出」，更規定只有在總統、副總統犯內亂或外患罪時，始能提出彈劾案。

至此，我國對於總統、副總統彈劾制度的設計，發生重大變化，與憲法原條文相比較發現，彈劾權之行使，不僅提案門檻拉高，而且增列彈劾事項之限制。此等改變是否合理？值得深入探究。針對此點，有如下兩點說明：

1. 修憲後，立法院喪失了對行政院院長的任命同意權以及要求行政院變更重要政策之議決權，立法院遂減弱了對行政院的牽制力。相對地，行政院的職權亦遭削弱，不論是部會首長的人事

或政策，均受總統極深之影響。加上總統擁有被動解散立法院的權力，而立法院卻只能對行政院院長發動倒閣權，使得行政院、總統、立法院三者之間的權力制衡關係，出現嚴重失衡。為謀補救並安撫立法院之反彈，遂將彈劾總統、副總統的權力轉移至立法院。不過，立法院雖然得到彈劾總統、副總統職權，但是提案門檻卻提高甚多，無法強力制衡總統，權力失衡的情況並未因而改變。

2. 彈劾權追究的是總統的政治責任而非法律責任，所以憲法第一百條規定，只要有足夠的監察委員認為總統應該負起政治責任時，總統就必須面對這項挑戰，並無原因之限制。再者，依憲法第五十二條規定，總統除犯內亂、外患罪外，不受刑事上之訴究，換言之，如果總統犯內亂、外患罪，係屬司法權的管轄範圍，性質上與政治責任的彈劾權並無關係。憲法之所以會做如此規定，在於彈劾權與司法權在本質上是不同的。八十六年第四次修憲，將彈劾總統、副總統的原因限定在內亂、外患罪，是混淆法律責任與政治責任，甚至等於取消了總統的政治責任，顯然不符合責任政治的原理，甚至於完全違背民主憲政原理[21]。

八十九年四月二十五日，憲法第六次增修，有關總統、副總統彈劾之相關制度設計，作了部分修正。行使職權機關與程序維持不變，但將彈劾條件限制解除，不再僅限於總統、副總統犯內亂、外患罪，部分彌補了前述權力互動失衡的缺失。九十四年六月十日，憲法第七次增修，搭配國民大會廢除後的職權移轉，移由大法官組成的憲法法庭審理正副總統彈劾案，將國家正副元首違法失職的責任追究，由國會議決的政治操作，加入司法機關的獨立審判，具有權力牽制平衡的精神。

十一、提出總統、副總統罷免案

有關總統、副總統之罷免，憲法第二十七條規定係屬國民大會職權。惟自民國八十三年第三次憲法增修以來，配合總統直接民選，有關總統、副總統之罷免案，遂改由國民大會提出，經人民複決。民國八十九年四月第六次憲法增修後，國民大會性質丕變，變為任務型機關，其提案罷免正副總統的職權亦遭刪減，轉移至立法院行使。依現行憲法增修條文第二條第九項之規定，總統、副總統之罷免案，須經全體立法委員四分之一之提議，全體立法委員三分之二之同意後提出，並經中華民國自由地區選舉人總額過半數之投票，有效票過半數同意罷免時，即為通過。

十二、對行政院院長提出不信任案

民國八十六年第四次修憲重點之一，在取消立法院對行政院院長之任命同意權。引發此一修憲的導火線乃在於民國八十五年李登輝先生與連戰先生分別當選正副總統之後，李登輝總統違背競選諾言，且不顧憲法學理與立法院之反對，以「著毋庸議」的態度，強行任命連戰副總統兼任行政院院長而引起，也引發了司法院大法官會議釋字第四一九號的解釋。在連戰先生以副總統兼任行政院院長期間，欲向立法院提出施政方針及施政報告，均不得其門而入，遂在民國八十六年第四次修憲時，國民黨與民主進步黨在雙方各有所求的情況下，聯手廢除了立法院對行政院院長的人事同意權，行政院院長改由總統直接任命。為了安撫立法院的反彈，便賦予立法院擁有行政院院長提出不信任案權[22]。

依憲法增修條文第三條第二項第三款規定，立法院得經全體立

委員三分之一以上連署，對行政院院長提出不信任案。不信任案提出七十二小時後，應於四十八小時內以記名投票表決之。如經全體立法委員二分之一以上贊成，行政院院長應於十日內提出辭職，並得同時呈請總統解散立法院；不信任案如未獲通過，一年內不得對同一行政院院長再提不信任案。

另依憲法增修條文第二條第五項規定，總統於立法院通過對行政院院長之不信任案後十日內，經諮詢立法院院長後，得宣告解散立法院。但總統於戒嚴或緊急命令生效期間，不得解散立法院。立法院解散後，應於六十日內舉行立法委員選舉，並於選舉結果確認後十日內自行集會，其任期重新起算。

依上述憲法增修條文規定，立法院有權對行政院院長提不信任案，總統有權解散立法院，但卻無相對稱的制衡總統機制，形成權責失衡的三角關係。總統透過行政院院長的任免權和直接民選的民意基礎，對國家政策可以發揮絕對的影響力。然而當行政院院長銜命執行總統定調的國家政策，而面臨立法院的不信任案威脅時，行政院院長必須辭職以示對立法院負責，但是總統卻無須在倒閣政潮中面臨民意重新考驗的威脅，反而可以對立法院發動解散權，使立法委員面臨重新選舉的壓力。

為了彌補總統有權解散立法院卻無須面對民意考驗的權責失衡，現行體制又故意將解散權設計為被動，以立法院倒閣為前提，這卻使得原本雙首長制強調的「以總統的解散國會權來強迫解決政治僵局」之最重要功能喪失大半[23]。

十三、聽取總統國情報告

總統國情報告，係總統制國家之制度。我國憲法關於中央政制之設計，原偏向內閣制，故僅有行政院對立法院提出施政報告並備質詢

之負責制度，並無總統提出國情報告之規定。惟自民國八十年憲法增修以來，國民大會不斷擴權，首先於民國八十一年第二次憲法增修時，取得「國民大會集會時，得聽取總統國情報告，並檢討國是，提供建言」之權力。惟是項權力不僅混淆我國中央政府體制，更埋下國民大會與立法院相互衝突的導火線。所幸，在各種主客觀因素的影響下，民國八十九年第六次憲法增修將國民大會改為任務型機關，並大幅縮減其職權，國民大會與立法院的衝突遂被化解，原屬國民大會之聽取總統國情報告之職權，卻轉移至立法院。迄今，立法院尚未行使該項職權，惟該項職權之行使，恐會對我國憲政體制發生深遠之影響，實應審慎思慮。

十四、解決中央與地方權限爭議

憲法第十一章，除分別於第一百零七條至第一百一十條列舉中央與省、縣之事權外，更進一步規定，如有未列舉事項發生時，其事務有全國一致之性質者屬於中央，有全省一致之性質者屬於省，有一縣之性質者屬於縣，遇有爭議時，由立法院解決之（第一百一十一條）。依此規定，中央與省之事權爭議、中央與縣之事權爭議、省與縣之事權爭議，皆由立法院解決之。至於省際事權爭議、縣際事權爭議，則分別由行政院與省政府解決之，以其為省、縣自治的監督機關之故（憲法增修條文第九條）。

十五、文件調閱權與調查權

依西方國家通例，立法機關為執行立法權、預算議決權及監督權等各項職權，調查權係立法機關固有的附帶權力，縱使憲法沒有明文規定，亦應解釋立法機關有此權力。至於立法院為行使其法定之職

權，是否亦得比照監察院對其他機關行使調查權，曾引發爭議。

　　立法委員爭取調閱權、調查權由來已久，但一直為國民大會、監察院反對，認為違反五權分立原則。民國八十二年一月十五日，立法院院會三讀通過立法院組織法第十八條修正案，增列立法院得成立專案小組向行政部門調閱相關命令與文件的條文，當時還引發行政院提出覆議案。隨後，民進黨立委洪奇昌等十七人就立法院調閱權提出釋憲案聲請，同時，當時擔任立委的陳水扁總統也連同七十三人就調查權聲請釋憲，當時連署的立委還包括前任台灣團結聯盟主席黃主文。最後促成大法官會議做成劃時代的第三二五號解釋。

　　大法官會議釋字第三二五號解釋（82.07.23）略謂：「監察院為行使監察權所具有之調查權，仍應專由監察院行使，惟立法院為行使憲法所賦予之職權，得經院會或委員會之決議，要求有關機關就議案涉及事項提供參考資料，必要時並得經院會決議調閱文件原本，受要求之機關非依法律規定或其他正當理由不得拒絕。」

　　立法院於八十二年十月二十日通過「立法院組織法」第十八條修正案，增訂第三項：「為確保立法權之行使，得設專案小組，向行政院及各部會調閱其所發布之命令及各種有關文件。」復依立法院職權行使法有關之「文件調閱之處理」規定，立法院經院會決議，得設調閱委員會，或經委員會之決議，得設調閱專案小組，要求有關機關就特定議案涉及事項提供參考資料（立法院職權行使法第四十五條第一項），文件調閱權遂成為立法院的法定職權。

　　八十九年六月，親民黨立委周錫瑋連署上百名立委，就立法院應否有聽證調查權聲請釋憲，但大法官會議遲無下文。九十三年十二月，司法院大法官會議針對「三一九槍擊事件真相調查特別委員會條例」，有關三一九槍擊事件真相調查特別委員會之組織、職權範圍、行使調查權方法、程序與強制手段等相關規定，做出第五八五號解釋。雖然該號解釋文並非針對立法院的憲法職權爭議進行解釋，但是

卻使得立法院擁有調查權。

　　大法官會議第五八五號解釋略謂：「立法院調查權行使之方式，並不以要求有關機關就立法院行使職權所涉及事項提供參考資料或向有關機關調閱文件原本之文件調閱權為限，必要時並得經院會決議，要求與調查事項相關之人民或政府人員，陳述證言或表示意見，並得對違反協助調查義務者，於科處罰鍰之範圍內，施以合理之強制手段，本院釋字第三二五號解釋應予補充。」

十六、聲請解釋憲法

　　依據司法院大法官審理案件法第五條第三項之規定，立法院就其行使職權在適用憲法發生疑義時，或適用法律發生有牴觸憲法之疑義時，得經立法委員總額三分之一以上聲請，向司法院大法官會議聲請解釋憲法。

十七、監督行政命令

　　各機關依其法定職權或基於法律授權訂定之命令，應視其性質分別下達或發布，並即送立法院（中央法規標準法第七條）。立法院如認為命令有違反、變更或牴觸法律者，或應以法律規定之事項而以命令定之者，經立法院審查議決後，通知原制定機關變更或廢止之。原訂頒機關應於二個月內更正或廢止；逾期未為更正或廢止者，該命令失其效力（立法院職權行使法第六十二條）。

十八、受理人民請願

　　人民得向立法院提出請願，立法院收受人民請願書後，由秘書處

送交程序委員會，程序委員會認為依法不得請願者，即送秘書處通知請願人。對合於規定的請願案件則送有關委員會審查。有關委員會的審查結果，如經決議應成為議案者，即送程序委員會列入議程。

第五節　立法院的會議及議事原則

立法院之集會分為常會與臨時會議兩種。

一、常會

依憲法第六十八條規定，立法院會期每年兩次，自行集會。第一次自二月至五月底，第二次自九月至十二月底，必要時得延長之。

二、臨時會

依據憲法第六十九條之規定，立法院於休會期間，遇有下列情事之一者，得召開臨時會：

1. 總統咨請：總統為避免國家或人民遭遇緊急危難或應付財政經濟上重大變故，經行政院會議議決發布緊急命令時，須由總統咨請立法院召開臨時會，以議決緊急命令之追認。其次，遇有宣戰、戒嚴或國家發生重大變故時，總統亦可咨請立法院召開臨時會。

2. 立法委員四分之一以上之請求：此乃立法委員自發性之請求召開臨時會。此項請求，理當向立法院院長為之。且憲法僅限制請求之人數，而未規定請求之原因。

三、立法院的議事規則

(一)基本人數原則

立法院會議（院會）須有立法委員總額三分之一出席始得開議；而立法委員總額，以每會期實際報到人數為計算標準。但會期中辭職、去職或亡故者，應減除之（立法院職權行使法第四條）。

(二)決議方式

依立法院職權行使法第六條規定，立法院會議之決議，除法令另有規定外，以出席委員過半數之同意行之；可否同數時，取決於主席。所謂法令另有規定，係指下列情況：

1. 憲法修正案，須由立法委員四分之一之提議，四分之三之出席，及出席委員四分之三之決議（憲法第一百七十四條第二項）。
2. 對行政院移請立法院覆議案時，如有全體立法委員二分之一維持原案，則行政院院長應及接受該決議（憲法增修條文第三條第二項第二款）。
3. 對行政院院長的不信任案，須全體立法委員三分之一以上連署，全體立法委員二分之一以上贊成，才算通過（憲法增修條文第三條第二項第三款）。
4. 對總統、副總統之彈劾案，須經全體立法委員二分之一以上之提議，全體立法委員三分之二以上之決議（憲法增修條文第四條第七項）。
5. 對總統、副總統之罷免案，須經全體立法委員四分之一之提

議，全體立法委員三分之二之同意後提出（憲法增修文第二條第九項）。

6.變更領土案，須經立法委員四分之一之提議，全體立法委員四分之三之出席，及出席委員四分之三之決議（憲法增修條文第四條第五項）。

(三)議事公開原則

依立法院組織法第五條規定，立法院各項會議，原則上採公開方式進行，必要時得開秘密會議。行政院院長或各部會首長，得請開秘密會議。

(四)屆期不連續原則

依立法院職權行使法第十三條規定，每屆立法委員任期屆滿時，除預（決）算案及人民請願案外，尚未議決之議案，下屆不予繼續審議，期以反映最新民意。

【註釋】

1 劉慶瑞，《比較憲法》，台北：大中國圖書公司，民 71，頁184-186。

2 張忠正，《中華民國憲法釋論》，台北縣：李唐文化，民85，頁215。以及許志雄等，《現代憲法論》，台北市：元照，民88，頁282。

3 陳淞山，《國會制度解讀：國會權力遊戲手冊》，台北市：月旦，民83，頁34。

4 陳淞山，《國會制度解讀：國會權力遊戲手冊》，台北市：月旦，民83，頁34。

5 法蘭西共和國憲法第四十五條，參閱《新編世界各國憲法大全》（第二冊），國民大會秘書處，頁285。

6 劉慶瑞，《比較憲法》，台北：大中國圖書公司，民 71，頁250。

7 劉慶瑞，《比較憲法》，台北：大中國圖書公司，民 71，頁263。

8 管歐，《中華民國憲法論》，台北市：三民，民88，頁183。

9 管歐，《中華民國憲法論》，台北市：三民，民88，頁183-184。

10 張忠正，《中華民國憲法釋論》，台北縣：李唐文化，民85，頁224-225。

11 林紀東，《比較憲法》，台北：五南圖書出版公司，民國69，頁403 -419。

12 請參閱楊日旭，〈美國憲法國會議員言論免責權之實施〉，《憲政評論》，第15卷第8期。

13 荊知仁，《憲政論衡》，台北：商務印書館，民72，頁410。

14 陳堯聖，《英國國會》，台北市：商務印書館，民81，頁86。

15 管歐，《中華民國憲法論》，台北市：三民書局，民88，頁189-

190。

16 管歐，《中華民國憲法論》，台北市：三民書局，民88，頁189-190。

17 張忠正，《中華民國憲法釋論》，台北縣：李唐文化，民85，頁229。

18 管歐，《中華民國憲法論》，台北市：三民書局，民88，頁197。

19 陳淞山，《國會制度解讀：國會權力遊戲手冊》，台北市：月旦，民83，頁64-66。

20 管歐，《中華民國憲法論》，台北市：三民，民88，頁205-206。

21 洪泉湖，《憲法新論》，台北市：幼獅，民89，頁199-200。

22 彭堅汶，《中華民國憲法概論》，台北市：今古文化，民87，頁262-263。

23 洪泉湖，《憲法新論》，台北市：幼獅，民89，頁201。

第九章

司法院

第一節　司法院的地位

一、民主憲政體制中司法權的地位

　　三權分立是民主國家政府體制和權力規範的基本設計，立法權代表人民制定法律，作為政府和人民行為的規範；行政權依據法律授權，為人民服務；司法權根據憲法和法律裁判人民與人民之間，或人民與政府之間的權利義務糾紛，當人民權利受到損害時，得向司法機關提起訴訟，請求救濟。司法權扮演社會正義的最後防線，是人民權利的最終保障者，亦是憲法尊嚴的守護神。

　　進言之，民事訴訟是有關私法上權益的糾紛，刑事訴訟是有關犯罪行為的追訴，透過這兩種途徑，人民可請求法院主持公道，或還其清白，或賠償其損失，或將侵犯人民權利的被告繩之以法。至於行政訴訟，則是當政府機關的行政處分違法損害人民權益時，人民請求法院裁定政府撤銷或變更原處分，或對人民給予賠償，這是人民透過司法來對抗政府不法侵害的一種救濟途徑[1]。簡言之，一個人的生命、身體、財產、精神自由等人權被侵犯時，通常必須仰仗司法權來保障，因此司法權是保障基本人權所不可或缺的。

　　其次，憲法居最高法位階（hierarchy of law），法律和命令均不得牴觸憲法。經由「違憲審查」，司法機關將牴觸憲法的法律與命令宣告無效，司法權是憲法尊嚴的守護者。

二、我國司法院的地位

憲法第七十七條:「司法院為國家最高司法機關,……。」

此係指司法院在國家司法機關體系,居於最高地位,司法院之上,別無其他擁有司法權之機關。惟應特別注意的是,司法院僅係司法行政之最高機關,掌理有關司法政策與法規之研擬,並監督所屬機關之行政業務,而非最高審判機關。因為:(1)司法院雖設大法官會議,職司憲法解釋;組成憲法法庭,裁判違憲政黨解散事項,但其性質不同於一般法院之審判權行使。(2)各級法院的終審權在最高法院、最高行政法院與公務員懲戒委員會,而不在司法院本身。亦即司法院本身並不直接審理訴訟或懲戒案件之審判。(3)普通法院、行政法院、公務員懲戒委員會等各級法院,依據法律獨立行使審判權,司法院不得指揮干涉。

歷年來司法院逐步收回司法權力,使得整個司法體系的地位逐漸上升。包括[2]:

1. 民國七十一年,釋字第一七五號解釋,認為憲法既然規定考試院得向立法院提法律案,司法院基於五權分治而平等的原則,當然也應擁有向立法院提法律案之權。

2. 民國八十四年,釋字第三七一號解釋,把得聲請解釋憲法之法官,從最高法院法官和行政法院法官,擴大到各級法院法官均得聲請。這不但擴大了法官聲請釋憲的權力,也相對增加了大法官會議釋憲的機會,從而增加其影響力。

3. 民國八十五年,釋字第三九六號解釋,要求檢討公懲會之組織、名稱與懲戒程序,使公務員之懲戒能「法庭審判化」,這對提升公懲會的形象與地位,頗有助益。

4. 民國八十六年，釋字第四三六號解釋，確認軍人受軍事審判後，如有不服，可向普通法院請求救濟，把軍法納入普通法院系統內管轄（民國七十九年，釋字第二六二號解釋，已將監察院對軍人所提出之彈劾案，由原先之移送國防部審理，改為移送法院公懲會審議，收回懲戒權）。這都強化了「司法一元主義」的原則。

5. 民國八十七年，釋字第四六一號解釋，認定司法、考試、監察三院院長，基於五權相互尊重之原則，得不必受邀至立法院備詢，強化院際間相互尊重精神。

6. 民國八十六年第四次修憲，增修條文第五條規定司法院正副院長均由大法官兼任。摒除以往政治任命之缺失，有助提升司法獨立形象。同時，該條文也規定，司法院所提之年度司法概算，行政院不得刪減，僅得加註意見送立法院審議，這也有助於提升司法獨立地位。

第二節　司法院的組織與職權

一、院長、副院長

(一)院長、副院長的產生

憲法第七十九條：「司法院設院長、副院長各一人，由總統提名，經監察院同意任命之。」

憲法增修條文（94.06.10）第五條：「司法院設大法官十五人，並以其中一人為院長、一人為副院長，由總統提名，經立法院同意任

命之，自中華民國九十二年起實施，……。」

依據憲法規定，司法院正副院長由總統提名，經監察院同意任命之。惟第二次增修憲法（81.05.28），監察委員產生方式改變，監察院性質丕變為準司法機關，不適合繼續行使人事任命同意權，遂將司法院正副院長人事任命同意權移轉給國民大會行使。憲法第六次增修（89.4.25），國民大會性質亦生變化，轉變為任務型機關，司法院正副院長之產生方式，亦轉變為「由總統提名，經立法院同意任命之」。

特別要說明的是，以往院長、副院長並不一定是大法官。但依據憲法增修條文之規定，自民國九十二年起，司法院院長、副院長必須由大法官兼任。

(二)院長、副院長的任期

憲法增修條文（94.06.10）第五條第二項：「司法院大法官任期八年，不分屆次，個別計算，並不得連任。但並為院長、副院長之大法官，不受任期之保障。中華民國九十二年總統提名之大法官，其中八位大法官，含院長、副院長，任期四年，……。」

有關司法院院長、副院長之任期，憲法及司法院組織法均無明文規定。而係依憲政慣例，以總統之任期為任期。民國八十六年第四次修憲，為了增加司法院的獨立性，並回應「司法院最高法院化」的呼聲，遂規定司法院正副院長須由大法官兼任。此項改變雖然增加了司法院正副院長的獨立性和專業地位，但是並未能夠使其完全擺脫政治任命的性質。因之，正副院長雖由大法官兼任，但不受任期保障。

(三)院長、副院長的職權

依據憲法及相關法律之規定，司法院院長之職權為下列幾項[3]：

1. 綜理院務及監督所屬之機關：司法院組織法第八條第一項規定「司法院院長綜理院務及監督所屬機關」。司法院院長對所屬機關之監督以行政事務為範圍（司法院組織法第一百一十條）。

2. **主持大法官會議**：大法官會議，以司法院院長為主席（司法院組織法第三條第二項）。

3. **為總統、副總統就職之監誓人**：司法院院長以大法官會議主席之身分，於總統、副總統宣誓就職時，為其監誓人（總統、副總統宣誓條例第四條）。

4. **參與解決院際之爭執**：總統對於院與院間之爭執，除憲法別有規定者外，得召集各關係院院長會商解決之（憲法第四十四條）。

至於司法院副院長之職權，依司法院組織法第八條之規定，司法院院長因故不能視事時，由副院長代理其職務。司法院院長出缺時，由副院長代理至繼任院長任命之日為止。司法院院長、副院長同時出缺時，由總統就大法官中指定一人代理院長，至繼任院長任命之日。另依大法官審理案件法之規定，司法院院長不能擔任主席時，以副院長為主席。

二、大法官會議

(一)大法官的產生

憲法第七十九條：「司法院設大法官若干人，……由總統提名，經監察院同意任命之。」

憲法增修條文（94.06.10）第五條：「司法院設大法官十五人，……由總統提名，經立法院同意任命之。……」

關於大法官之產生，憲法原規定由總統提名，經監察院同意後任命之，因應修憲後監察院與國民大會性質改變，大法官之產生方式亦隨之更改為由總統提名，經立法院同意任命之。

依司法院組織法規定，大法官應具有下列五種資格之一：(1)曾任最高法院法官十年以上而成績卓著者；(2)曾任立法委員九年以上而有特殊貢獻者；(3)曾任大學法律主要科目教授十年以上而有專門著作者；(4)曾任國際法庭法官或有公法學、比較法學之權威著作者；(5)研究法學，富有政治經驗，聲譽卓著者。

(二)大法官的任期

憲法增修條文（94.06.10）第五條：「……大法官除法官轉任者外，不適用憲法第八十一條及有關法官終身職待遇之規定。……司法院大法官任期八年，不分屆次，個別計算，並不得連任。……中華民國九十二年總統提名之大法官，其中八位大法官，含院長、副院長，任期四年，其餘大法官任期為八年，不適用前項任期之規定。」

民國九十二年起，大法官每四年任命八位或七位，工作經驗得以傳承，不致中斷。大法官任期八年，不得連任。因此大法官與一般法官不同，並無終身職之保障。關於此項規定，反對者以為，大法官如為終身職，可安心任職，使憲法解釋益趨客觀公平，不受干涉，甚且自民國八十一年憲法增修後，大法官組成憲法法庭，掌理違憲政黨解散之「審判」，是以依大法官會議釋字第三六九號解釋，大法官應視同法官，皆為行使司法權之人員。據此，大法官應該享有終身職之保障。相反地，主張大法官任期固定者，認為大法官係政治任命產生，與法官之經由考試選任，性質顯然並不相同，甚且大法官並不審理一般司法訴訟案件，主要職責在因應時代潮流，彰顯憲法精神，若令大法官久於其任，易趨保守，難以反映時代思潮，賦予憲法新生命。

大法官雖無終身職保障，但比照一般法官，享有「優遇」保障，

享有與司法官相同之退休待遇（司法院組織法第五條第三項）。但是憲法增修條文第五條第一項規定：「司法院大法官除法官轉任者外，不適用憲法第八十一條及有關終身職待遇之規定。」亦即大法官除由法官轉任者外，不應享有此項「優遇」保障。

(三)大法官會議的職權

憲法第七十八條：「司法院解釋憲法，並有統一解釋法律及命令之權。」

憲法第七十九條：「司法院設大法官若干人，掌理本憲法第七十八條規定事項。」

司法院組織法第三條：「司法院設大法官會議，以大法官十五人組織之，行使解釋憲法並統一解釋法律命令之職權。」

由上述相關規定可知，大法官組成大法官會議，行使解釋憲法以及統一解釋法律命令之職權。但此項職權之行使，必須有人提出聲請，方得為之，屬於被動解釋。

就解釋事項而言，包括「憲法解釋」以及「法令統一解釋」。「憲法解釋」係指：(1)關於適用憲法發生疑義之事項；(2)關於法律或命令，有無牴觸憲法之事項；(3)關於省自治法、縣自治法、省法規及縣規章有無牴觸憲法之事項。「法令統一解釋」則指：(1)中央或地方機關，就其職權上適用法律或命令所持見解，與本機關或他機關所已表示之見解有異者；(2)人民、法人或政黨於其權利遭受不法侵害，認定終局裁判適用法律或命令所表示之見解，與其他審判機關已表示之見解有異者。

就聲請人而言，得提出「憲法解釋」聲請者，包括：(1)中央或地方機關，於其行使職權，適用憲法發生疑義，或因行使職權與其他機關之職權發生適用憲法之爭議，或適用法律與命令發生有牴觸憲法之疑義者；(2)人民、法人或政黨於其憲法上所保障之權利遭受不法

侵害，經依法定程序提起訴訟，對於確定終局裁判所適用之法律或命令發生有牴觸憲法之疑義者；(3)立法院立法委員現有總額三分之一以上之聲請，就其行使職權，適用憲法發生疑義，或適用法律發生有牴觸憲法之疑義者；(4)各級法院法官在審理案件時，對於適用的法律，如確信有牴觸憲法之疑義，可先裁定停止訴訟程序，並提出具體理由，聲請司法院解釋（釋字第三七一號解釋）。得提出「法令統一解釋」聲請者，包括：(1)中央或地方機關就其職權上適用法律或命令所持見解，與本機關或他機關適用同一法律或命令時所已表示之見解有異者，但該機關依法應受本機關或他機關見解之拘束或得變更其見解，不在此限；(2)人民、法人或政黨於其權利遭受不法侵害，認定終局裁判適用同一法律或命令時所已表示之見解有異者，但得依法定程序聲明不服，或後裁判已變更前裁判之見解者，不在此限。

就解釋效力而言，憲法解釋效力與憲法效力相同，即解釋等同憲法。法律及命令之統一解釋，具有與法律、命令相同之效力。惟基於情勢變遷原則，憲法之修訂，得變更先前之憲法解釋；後來之解釋，得變更或推翻先前之解釋，例如釋字第二六一號解釋，推翻釋字第三一號解釋即是；後來制定之法律，得變更以前所為有關法律或命令之解釋[4]。

(四)大法官會議的功能

憲法學者李鴻禧曾就司法審查制度作簡要精闢之分析[5]：「司法審查制度源於美國，在美國獨立之前，殖民母國英國國會常制定不合理的法律來剝奪、欺壓殖民地，但當地的法官卻常以母國法律違反自然法、普通法和衡平法，而將之宣告無效。美國人因為殖民母國議會的種種惡行，而痛恨國會，所以對國會的信賴不高，也不認為國會制定的法律是神聖的。因此漸漸形成法官對法律進行司法審查，若違背憲法則可以宣告無效的思想制度。在歐陸法系的情形則相反。譬如，

法國君主專政時代的巴黎法院，利用國王所公布的法律必須在此登記，因此兩面通吃，一方面刁難國王以求取好的待遇，一方面又充當國王的爪牙，拘捕反對分子，以致於法國人談到法院就咬牙切齒。因而，法國大革命後成立議會，就以議會爲最高，絕對不可能讓議會制定出來的法案被法院宣告無效。職是，在法國就不可能產生違憲審查。影響所及，德國如此，義大利也如此，整個歐陸也都如此。直到第一次世界大戰後，漸漸發覺議會民主政治也不過是一個神話，雖然它曾是人類憲政制度的彌賽亞。同時，美國的違憲審查制度也運作得很好，所以逐漸賦予法院違憲審查的權力，但也不敢全面給予。在英美法系，每一級法院都有違憲審查權，但在歐陸法系則成立特殊的憲法法院，德國稱爲『憲法院』，法國則稱『憲法委員會』，我國則是『大法官會議』，由這些機構負責違憲審查。如果違憲審查認眞執行，憲法便有尊嚴，人權亦可獲得保障；如違憲審查執行得差，這國家人權必定無以保障，憲法也沒有尊嚴。」

近年來我國大法官會議所扮演之功能，可以歸納爲[6]：(1)擴大保障人民之權利；(2)宣告法令違憲並指定期間使其失效；(3)解決機關間之憲法爭議；(4)維護憲政體制；(5)司法獨立之維護；(6)安定社會秩序等。

舉例言之，如釋字第二四二號、第二六五號解釋，即展現維護社會秩序安定之功能。第二四二號解釋在維持一夫一妻制的原則下，兼顧民國三十八年隨政府來台人士的家庭生活及人倫關係，對社會秩序之維持，有其貢獻。釋字第二六五號解釋，則係肯定有關國家安全法規限制兩岸人民的往返，是出於維持社會秩序公共利益所必需。

其次，近年來大法官會議釋憲，在加強人民權利的保障方面，日益顯著。如八十四年大法官會議第三八四號解釋，宣告檢肅流氓條例，未依正當程序之規定違憲；八十六年大法官會議第四三六號解釋，宣告軍事審判法限制軍人權利，違反正當法律程序原則及比例原

則之條文違憲，軍人受軍事審判宣告有期徒刑以上之刑，應許被告直接向普通法院請求救濟；八十七年大法官會議第四四五號解釋，認為集會遊行法限制人民「不得主張共產主義或分裂國土」之條文違憲，勾勒言論自由的保障架構。

再者，憲法解釋制度除了定紛止爭，補充憲政架構之不足，解釋法條涵義不清的疑難外，更有延續憲政體制，型塑基本典範的功能。此從釋字第三一號至釋字第二六一號的轉變，清楚可知。依民國三十四年大法官會議第三一號解釋，中央民意代表任期屆滿因事實不能辦理改選，得繼續行使職權，使憲政體制在國家動亂時期，得以在台澎金馬自由地區繼續發展茁壯。惟因應兩岸情勢轉變，以及落實民主化之呼聲，民國七十六年大法官會議第二六一號解釋，則宣告長年未改選之第一屆中央民意代表終止行使職權，催動我國憲政體制改革的先聲。經此轉折，國會功能及憲政體制乃得以延續傳承。

三、憲法法庭

憲法增修條文第五條第四項：「司法院大法官，除依憲法第七十八條之規定外，並組成憲法法庭審理總統、副總統之彈劾及政黨違憲之解散事項。」

憲法增修條文第二條第十項：「立法院提出總統、副總統彈劾案，聲請司法院大法官審理，經憲法法庭審理判決成立，被彈劾人應即解職。」

憲法增修條文第五條第五項：「政黨之目的或其行為，危害中華民國之存在或自由民主之憲政秩序者為違憲。」

依據憲法本文之規定，司法院原無憲法法庭的設置，民國八十一年第二次修憲所通過的增修條文第十三條，始規定司法院大法官得組成憲法法庭，審理政黨違憲之解散事項，民國九十四年六月第七次憲

法增修，增列總統、副總統彈劾案之審理。憲法法庭係屬任務性的法庭，並非司法院之常態編制。

憲法法庭掌理以下重要職能：

(一)審理總統、副總統彈劾案

有關總統、副總統之彈劾權，歷經憲法多次增修，不僅有權行使機關發生轉移，彈劾之條件與程序亦有所變更，本書立法院章節已作詳盡說明，請讀者參閱。

(二)審理違憲政黨之解散事項

依據憲法增修條文之規定，司法院得組成憲法法庭，審理政黨違憲之解散事項。至於政黨違憲解散案之聲請，則由政黨之主管機關內政部為之。依大法官審理案件法之相關規定，憲法法庭應本於言詞辯論而為裁判。言詞辯論時，應有大法官現有總額四分之三以上出席，始得為之。被宣告解散之政黨，應即停止一切活動，並不得成立目的相同之代替組織。其依政黨比例方式產生之民意代表，自判決生效之日起，喪失其資格。政黨解散後，其財產則依民法之相關規定清算。

(三)為憲法解釋之言詞辯論

依司法院大法官審理案件法之規定，大法官解釋案必要時得行言詞辯論，此項辯論準用憲法法庭言詞辯論之規定。八十二年十二月二十三日，即就立法院為政府向銀行賒借一年以上之借款，應否列入「中央政府建設公債發行條例」所規定之公債未償還總額內的聲請解釋案，首次使用憲法法庭進行言詞辯論。經辯論後一個月內，即於八十三年一月十四日作成釋字第三三四號解釋[7]。

四、普通法院

司法院下設各級法院，審理民、刑事訴訟之審判。由於所掌理者，為有關人民之訴訟案件，有別於軍事法庭，故又稱普通法院。依據法院組織法之規定，普通法院係指最高法院、高等法院及地方法院。

普通法院雖分掌三級三審之審判，法院間則無隸屬關係，上級法院對下級法院之審判，僅得於上訴案件，依獨立審判之精神加以重行審理，並無指揮監督下級法院審判之職權。

地方法院，掌理民、刑事訴訟之初審及非訟事件之處理，其內部設民事庭、刑事庭、專業法庭以及簡易法庭。當民、刑事訴訟在地方法院的第一審判決後，當事人或檢察官如有不服，得上訴至高等法院。高等法院除掌理民、刑事訴訟第一審判決之上訴案件外，亦職司內亂外患、妨礙國交等刑事訴訟之初審，內部分設民事、刑事及專業法庭。至於最高法院，則掌理不服高等法院及其分院判決之訴訟，是民、刑事訴訟「三級三審」制中的第三審，也是最後的裁判機關。

五、行政法院

我國於普通法院之外，專設行政法院，審理行政訴訟案件。人民對於訴願案件之決定不服，得向行政法院提起行政訴訟，具大陸法系國家的特徵，與英美法系國家民、刑事訴訟與行政訴訟均由普通法院審判者，顯然不同。

司法院內的行政法院，原先只有一級。民國八十三年修改行政法院組織法，改為高等行政法院和最高行政法院兩級。最高行政法院管理行政訴訟之上訴或抗告事件。高等行政法院，掌理行政訴訟之第一

審事件。當政府機關的違法行政處分損害人民權利或法律上的利益時，或政府機關對人民依法申請之案件於法定期限內應作爲而不作爲或予以駁回以致損害其權利時，當事人得依訴願法向其主管機關或上級官署提起訴願，要求撤銷或變更原行政處分，或爲一定之作爲。如果人民不服該主管機關或上級機關之決定，或經訴願逾三個月而不爲決定者，得依行政訴訟法，向高等行政法院提起行政訴訟。除了請求判決撤銷或變更原行政處分，或爲一定之作爲外，當事人亦得同時附帶請求給付或賠償。如不服高等行政法院之判決，當事人仍得上訴至最高行政法院，爲最終之判決[8]。

六、公務員懲戒委員會

司法院內的公務員懲戒委會，掌理公務員之懲戒事項。依公務員懲戒法的適用範圍來看，此處的「公務員」應屬較廣義者，即包括經考試而任官之各級文武官員，政務官和各級民選地方首長亦屬之，但各級民意代表則不包含在內。

依公務員懲戒法的規定，公務員若有違法、廢弛職務或其他失職行爲者，應受懲戒。至於移送懲戒的機關，則有下列兩種情形[9]：

1. 由其主管長官移送：應受懲戒之當事人若其職等在九職等或相當於九職等以下，則各院、部會首長或地方最高行政長官，得逕予記過或申誡處分，但除此兩項以外之懲戒，則應送公懲會審議。對於九職等以上之公務員，則其主管長官應將之送監察院審查。

2. 由監察院移送：監察院基於彈劾權之行使，得將被彈劾人移送公懲會懲戒。公懲會審議公務員之懲戒案件，可作成撤職、休職、降級、減俸、記過、申誡等六種處分。但政務官之懲戒，

只適用撤職和申誡兩種。

公務員懲戒，採一審終結制，惟若有法定原因，於一定期間內，懲戒案件之原移送機關或受懲戒處分人，得移請或聲請再審議。大法官會議於民國八十一年，作出第二九八號解釋，指出公務員在「足以改變公務員身分」外，就「對於公務員有重大影響之懲戒處分」，亦許其向公務員懲戒委員會聲明不服。故公務員懲戒雖採一審終結，亦得以聲請救濟，進一步保障公務員之權利[10]。

 ## 第三節　司法改革與司法獨立

司法是社會正義的最後一道防線，但國人對司法一向不太信任。近年來，司法界不斷進行改革，就改革方向之釐清與改革共識之凝聚，的確頗有進展。司法改革千頭萬緒，尤以司法獨立為重心，茲就相關議題加以說明。

一、法官的職權保障

憲法第八十條：「法官須超出黨派之外，依據法律獨立審判，不受任何干涉。」

憲法本條之精神即法官的職權保障，法官依法獨立審判，不受任何外力干涉，亦不受上級法院指揮。茲分項說明如下[11]：

1.所謂「法官」，其意義有廣狹之分。狹義的法官，專指具有審判任務之司法官而言；廣義的法官，則兼含檢察官在內。依照大法官會議解釋字第一三號解釋（42.01.31），法官並不包括檢察官。憲法第八十條所稱之「法官」，既司「審判」，乃指狹義之

法官，固無疑義。惟依大法官會議釋字第一六二號（69.04.25）解釋，行政法院評事、公務員懲戒委員會委員，在性質上，亦係以審判為任務且係獨立行使職權，自應屬憲法規定之法官。

2. 所謂「獨立審判」，係指法官在審理各類訴訟案件時，僅依自己的法律專業素養及良心，自由判斷，而不受外部干涉之意。所謂外部干涉，包括政黨與行政部門的施壓，立法部門的制衡，軍方的威脅和群眾的示威抗議等。此處有所謂「自由心證」的問題，其實所謂自由心證，並不是說法官可以任意審判，無須依據憲法、法律、命令、判例、法理及習慣等進行審判，而係指法官在適用相關法規時，可以依照其專業見解；在採信證據時，可以依其合理判斷；在量刑時，可以在法律規定範圍內，斟酌案情性質、影響以及被告態度等，做出合理的裁決。

3. 所謂「超出黨派」，法官與政黨間究竟應保持何種關係？其界限又在哪裏？綜觀各國憲法，主要有四種法例：(1)憲法明文禁止法官參加政黨，如義大利憲法規定：「法律得限制司法官加入政黨之權利」；(2)法律明定禁止法官為政治活動，如日本之裁判所法規定：「裁判官任職期間不得為積極之政治活動」；(3)法律不禁止法官加入政黨亦不限制其從事政黨活動，但要求於裁判案件時應保持其獨立性，如德國之法官法；(4)憲法及法律均不規定法官與政黨之關係，任其自由選擇與活動 [12]。我國法律對此問題並未明定或限制，故曾引發朝野政黨激烈之爭議。其後，司法院與法務部乃以行政命令通函所屬機關「於任職期間不得參加任何政黨活動」，始暫時止爭，惟問題依然存在。

4. 本條所稱之法律係廣義之法律。依據大法官會議釋字第三八號解釋（43.08.27）：「憲法第八十條之規定，旨在保障法官獨立審判，不受任何干涉。所謂依據法律者，係以法律為審判之

主要依據，並非除法律以外，與憲法或法律不相牴觸之有效規章，均行排斥而不用。」因此，只要不牴觸憲法或法律，一切有效之規章均屬之。此外，大法官會議釋字第一三七號（62.12.14）更進一步聲明：「法官於審判案件時，對於各機關就其職掌所作有關法規釋示之行政命令，固未可逕行排斥而不用，但仍得依據法律表示其合法適當之見解。」亦即法官於審判案件時，原則上有適用行政命令之義務，但如認定行政命令係違法者，則可否認該行政命令適用之效力，是其例外。其後，大法官會議又發布釋字第二一六號解釋（76.06.19），重申釋字第一三七號解釋之意旨，認定：「各機關就有關法規爲釋示之行政命令，固可予以引用，但仍得依據法律，表示適當之不同見解，並不受其拘束……司法行政機關所發司法行政上之命令，如涉及審判上之法律見解，僅供法官參考，法官於審判案件時，亦不受其拘束。」依上述之解釋，憲法第八十條所稱之法律，係指廣義之法律而言。因此，法官於審判之際，除依據立法院制定，總統公布之法律之外，對於各級行政機關及地方自治規章，倘不牴觸憲法與法律者，法官亦有適用義務。

二、法官的身分保障

憲法第八十一條：「法官爲終身職，非受刑事或懲戒處分或禁治產宣告，不得免職。非依法律，不得停職、轉任或減俸。」

法官，係指各級普通法院之法官、行政法院之評事以及公務員懲戒委員會之委員。至於司法行政人員，或法院職員，乃至大法官，皆非本條所稱法官。至於終身職，係指除非法官受到刑事或懲戒處分或禁治產宣告，不得強迫法官去職。法官一旦任用，無論候補或實任，均受保障。

三、審檢分隸

法官立於不告不理原則，依據法律獨立審判原告與被告兩造之間的權益糾紛。檢察官代表國家行政權，在檢察一體的指揮下，主動查察犯罪。因此審檢兩大系統性質顯不相同，實不應相混不明。惟行憲以來，最高法院之司法行政由司法院監督，而高等法院以下法院及其分院，則由行政院司法行政部監督。此種制度，是否合於憲法第七十七條之精神，不無疑義。民國四十二年，監察院聲請大法官會議解釋，遲至四十九年八月，大法官會議作釋字第八六號解釋，略謂：「高等法院以下各級法院及其分院，既分掌民事、刑事訴訟之審判，自應隸屬於司法院，其有關法令，並應分別予以修正，以期符合憲法第七十七條之本旨。」

嗣後，行政院與司法院經過二十年之研商，終於在民國六十九年七月開始實施審檢分隸制度，將最高法院、高等法院、地方法院隸屬於司法院，而將各級法院之檢察署分隸於法務部（原司法行政部）。其他之司法行政如刑之赦免、刑之執行、監獄、看守所及司法官訓練所，仍歸法務部主管。此一司法上之革新，即為「審檢分隸」，經此改革，司法機關的獨立地位遂更加彰顯。

四、司法預算獨立

根據憲法以及相關法規之規定，我國中央政府各機關單位之年度預算，均彙送至行政院，由行政院主計處依據國家總體財政收支狀況，編成中央政府總預算案，於會計年度開始三個月前，提交立法院審議。因此包括司法院的年度預算，往昔亦由行政院主計處增刪彙編。由於預算編擬，係機關單位政策方向之具體呈現，因之，司法預

算編制權是否獨立不受干涉，影響司法權獨立與否甚鉅。

　　有關司法預算的獨立，終於在民國八十六年的修憲中獲致確認。依憲法增修條文第五條規定：「司法院所提出之年度司法概算，行政院不得刪減，但得加註意見，編入中央政府總預算案，送立法院審議。」

【註釋】

1 張澤平，《認識六法》，台北市：書泉出版社，民88，頁157。

2 洪泉湖等著，《憲法新論》，台北市：幼獅，民89，頁207-209。

3 張忠正，《中華民國憲法釋論》，台北縣：李唐文化，民85，頁254。

4 吳庚，《行政法之理論與實用》，台北：作者自刊，民82，頁51。

5 李鴻禧，《憲法教室》，台北市：月旦出版社，民83，頁122-123。

6 陳志華，《中華民國憲法》，台北市：三民書局，民89，頁278-279。

7 翁岳生，〈大法官功能演變之探討〉，《台大法學論叢》，第23卷第1期，民83年12月，頁20。

8 洪泉湖等著，《憲法新論》，台北市：幼獅，民89，頁211。

9 洪泉湖等著，《憲法新論》，台北市：幼獅，民89，頁212。

10 陳志華，《中華民國憲法》，台北市：三民書局，民89，頁266。

11 張忠正，《中華民國憲法釋論》，台北縣：李唐文化，民85，頁246-249。

12 中國時報，民國85年6月16日，3版。

第十章

考試院

第一節　考試院之由來及其地位

一、我國傳統考試制度

　　我國考試制度淵源久遠，惟因政治環境變遷與經驗累積而有所變革。春秋以前之社會係以宗法結構為中心的封建貴族社會，王侯公卿，不是父子世襲，就是兄終弟及，職官選任，均以血統為本。及至秦統一中國，廢封建，置郡縣，立百官，始以官僚代替貴族。官僚政治既然代替了貴族，則不得不有舉官任職的制度[1]。

　　漢襲秦制，所謂「鄉舉里選」以任官職的制度，已經頗具規模。漢文帝詔舉賢良而親策之，及第者授以官職，薦舉與考試並行合用，是我國考試制度的濫觴。

　　魏晉時代，設置「九品中正」制度，在州郡設大、小中正，選舉人才，並對該州郡出身之官吏，就其功德才行，評覈等級，作為文官任免升降之準據。南北朝時代，九品中正制度變質，功德才行之品評變成為門第的品評，造成「上品無寒門，下品無世族」，門閥世族壟斷仕途，寒素才俊之士，莫由上達。

　　隋朝廢置九品中正制度，隋煬帝創「進士科」，由各地儒士自由報名，政府定期公開考試，州郡策試於先，朝廷策試於後，試以經義和策論，合格者授官，是為進士。隋唐以後，屬行考試，重視科舉，歷經宋、元、明、清各朝代，考試制度綱舉目張，愈加完備。由考試而入仕途，視為「正途出身」，我國選賢任能之法，遂由薦舉轉為考試。

　　明、清考試分為四級，即童試、鄉試、會試、殿試。童試又分縣

考、府考、院考，每三年舉行一次，童生逐級應考，院考中試者曰生員，俗稱「秀才」。鄉試在省城舉行，每三年一次。生員得應鄉試，中試者稱為「舉人」，有任官資格，亦得參加會試。會試每三年於京城舉行，中試者稱為「進士」，再由天子親策於殿，稱為殿試。殿試與會試同年舉行，評定進士等第。其等第分為三甲，一甲三人，第一名為狀元，第二名為榜眼，第三名為探花，賜進士及第；二甲若干人，賜進士出；三甲若干人，賜同進士出身。

綜觀我國歷代考試制度，考試科目、內容、方法雖時有變更，但是不受行政機關干涉，獨立行使，則是共同的特徵。其主要意義，則是擺脫封建社會階級門第的徇私糾葛，使學有專長者經由公平競爭脫穎而出，擔任官職。

二、孫中山先生對考試制度的主張

中華民國憲法依據孫中山先生遺教制定，將考試權自行政權獨立出來，與行政院、立法院、司法院、監察院並稱五院，所以考試院之由來，與孫中山先生思想淵源甚深。孫中山先生在演講「三民主義與中國民族前途」時指出：「……美國官吏有由選舉得來的，有由委任得來的。從前本無考試制度，所以無論是選舉，是委任，皆有很大的流弊。就選舉上說，那些略有口才的人，便去巴結國民，運動選舉；那些學問思想高尚的，反都因訥於口才，沒人去物色他，所以美國代表院中，往往有愚蠢無知的人夾雜在內，那歷史實在可笑。就委任上來說，凡是委任官，都是跟著大統領進退，美國共和黨、民主黨，向來是迭相興廢，遇著換了大統領，由內閣至郵政局長，不下六、七萬人，同時俱換。所以美國政治腐敗散漫，是各國所沒有的。這樣看來，都是考選制度不發達的緣故。考選本是中國始創的，……英國首先仿行考選制度，美國也漸取法，大凡下級官吏，必要考試合格，方

得委任。自從行了此制，美國政治方有起色。但是他只能用於下級官吏，並且考選之權，仍然在行政部之下，雖少有補救，也是不完全的。所以將來中華民國憲法，必要設獨立機關專掌考選權，大小官吏必須考試，定了他的資格，無論那官吏是由選舉的，抑或由委任的，必須合格之人，方得有效。這法可以除卻盲從濫選與任用私人的流弊。……考選權如果屬於行政部，那權未免太廣，流弊反多，所以必須成了獨立機關，才得妥當。」

民國成立後，爲遵行國父遺教，實行五院之制，國民政府於民國十七年公布國民政府組織法及考試院組織法，考試院於焉成立。民國三十六年，中華民國憲法頒布施行，憲法第八十三條明文規定：「考試院爲國家最高考試機關。」考試院爲國家行使考試權的最高機關，與行政、立法、司法、監察等四院，立於同等地位，獨立行使考試權。

第二節　考試院的組織

一、院長、副院長

考試院設院長、副院長各一人，其產生方式，依據憲法第八十四條規定，係由總統提名，經監察院同意後任命之。惟依據憲法增修條文第六條第二項規定，已將院長、副院長的產生方式修正爲「由總統提名，經立法院同意任命之」。依據考試院組織法第五條規定，院長、副院長任期六年。如有出缺，繼任人員之任期，至原任屆滿之日止。

依據相關憲法及考試院組織法等相關法規規定，考試院院長有下列職權：(1)綜理院務，並監督所屬機關（考試院組織法第八條第一

項）；(2)擔任考試院會會議主席（考試院組織法第七條）；(3)應總統之召集，會商解決院與院間之爭執（憲法第四十四條）；(4)參與五院院長所組織之委員會，以解決省自治法施行中所發生之重大障礙（憲法第一百十五條）。

至於副院長，並無特定職權，除出席考試院會議外，秉承院長之命，輔佐院長，協助督導院務。遇院長因故不能視事時，由副院長代理其職務。院長不克出席考試院會時，亦由副院長代理，擔任主席。

二、考試委員

考試院設考試員十九人，其任期與院長、副院長同為六年（考試院組織法第三條）。其產生方式與院長、副院長的產生方式規定相同，依據憲法本文規定，原由總統提名，經監察院同意任命之。惟經憲法增修後，已修正為「由總統提名，經立法院同意任命之。」（憲法增修條文第六條第二項）。

考試委員有出席考試院會議之職權，以決定憲法第八十三條所定職掌之相關政策，及有關考試院之重大事項（考試院組織法第七條）。考試委員須超出黨派，依據法律獨立行使職權（憲法第八十八條）。考試委員地位崇高，但僅能透過考試院會議，以集體決策之方式來約束或要求考試院各部會之政策執行，考試委員不應單獨介入各專責部會之監督、執行[2]。

三、考試院會議

依據考試院組織法第七條規定，考試院設考試院會議，以院長、副院長、考試委員、考選部長、銓敘部長，以及公務員保障暨培訓委員會主任委員組織之，決定憲法第八十三條所定職掌之政策及有關考

試院之重大事項。考試院會議以院長為主席，院長因事不能出席時，由副院長代理之；院長、副院長均因事不能出席時，由出席委員互推一人代理主席。考試院會議採合議制，每週舉行一次，院會決議事項，由院長督導所屬機關執行之。

四、考選部

依據考試院組織法第三條之規定，考試院設考選部，掌理全國考選行政事宜，對於承辦考選行政事務之機關，有指示監督之責。

五、銓敘部

依據考試院組織法第六條之規定，考試院設銓敘部，掌理全國文職公務員之銓敘，及各機關人事機構之管理事項。

六、公務人員保障暨培訓委員會

考試院組織法於民國八十三年七月修正，增設「公務人員保障暨培訓委員會」，掌理全國公務人員保障暨培訓事宜，自民國八十五年七月一日起正式運作。

第三節　考試院的職權

考試院係依據孫中山先生遺教設立，孫先生主張：「將來中華民國憲法，必要設獨立機關專掌考選權，大小官吏必須考試，定了他的資格，⋯⋯考選權如果屬於行政部，那權未免太廣，流弊反多，所以

必須成了獨立機關，才得妥當。」[3] 因此，孫先生對於考試院的構想，僅止於考選權獨立行使。但是，依據中華民國憲法第八十三條所列考試院職權，除了考試權以外，尚且包括銓敘權及其他人事行政權。

就考試院所掌職權論之，考試院非但為國家最高考試機關，甚且成為全國最高的人事行政機關。但是，諸如任免、考績、級俸、陞遷、褒獎等人事行政權，與行政機關運作所須之激勵領導與內部紀律密不可分，理應交由行政機關掌理，而不宜由考試院負責。民國五十六年，總統依據動員戡亂臨時條款第五項之授權，成立人事行政局，直屬行政院，辦理中央及地方人事任免、考績、陞遷及訓練等人事行政業務，即是根據事實需要而作的調整。不過，就另個角度觀之，依行政命令成立的人事行政局，卻侵奪了憲法第八十三條所列原屬考試院的考銓與人事行政職權。

為了解決此一問題，憲法增修時，賦予成立人事行政局的憲法法源，規定其組織須依法律定之，同時調整考試院的職權，以符實際。依據憲法增修條文第六條第一項之規定，考試院掌理下列事項：(1)考試；(2)公務人員之銓敘、保障、撫卹、退休；(3)公務人員之任免、考績、級俸、陞遷、褒獎之法制事項。

考試院的職權依憲法第八十三條、第八十七條、增修條文及相關法律，分下列幾點說明。

一、考試

憲法第八十五條規定：「公務人員之選拔，應實行公開競爭之考試制度，……非經考試及格者，不得任用。」憲法第八十六條規定：「左列資格，應經考試院依法考選銓定之：一、公務人員任用資格。

二、專門職業及技術人員執業資格。」因此，考試院所掌理之考試，主要係指公務人員任用考試和專門職業及技術人員執業資格考試，非指私人企業之考選以及各級學校之入學考試。

(一)公務人員考試

所謂「公務人員」，依據「公務人員考試法」、「公務人員任用法」及「公務人員考試法施行細則」等相關法規之規定，係指下列機關中具有官等及職等之人員[4]：(1)中央政府及所屬機關公務人員；(2)地方政府及所屬機關公務人員；(3)各級民意機關公務人員；(4)各級公立學校職員；(5)公營事業機構從業人員；(6)其他依法應經考試之公務人員。

依據民國八十五年修正通過之「公務人員考試法」規定，公務人員考試，以公開競爭方式行之，其考試成績不得因身分而有特別之規定。另外，公務人員任用考試，分為高等考試（按學歷分為一、二、三級）、普通考試與初等考試。凡年滿十八歲之中華民國國民，得應初等考試；高中以上學校相當類科畢業者，或初考及格者，得應普通考試；專科以上學校畢業，或經普考相當類科考試及格者，得應高考三級考試；得有碩士以上學位，或經高考三級相當類科考試及格者，得應高考二級考試；得有博士學位，或經高考二級相當類科考試及格者，得應考高考一級考試[5]。

此外，為因應特殊性質機關之需要與照顧殘障者之就業權益，得比照前項任用考試之等級，舉行一、二、三、四、五等之特種考試，但是錄取人員僅取得申請舉辦特種考試機關及其所屬機關有關職務任用資格，不得轉調其他機關。例如，自民國八十八年起，特考退除役軍人轉任公務人員考試，其及格人員以分發國防部、退輔會及其所屬單位任用為限；上校以上軍官外職停役轉任公務人員檢覈及格者，僅得轉任國防部、退輔會、中央及地方役政、軍政單位。

除了前述考試之外，公務人員考試尚有升等考試，用以取得高一等（委任升薦任，薦任升簡任）公務人員之任用資格。

(二)專技人員執業資格考試

依「專門職業及技術人員考試法」及「專門職業及技術人員考試法施行細則」之規定，下列專技人須經考試取得執業資格：(1)律師、會計師；(2)建築師、各類技師；(3)醫師、藥師、牙醫師、護理師、醫事檢驗師、醫用放射線技術師、護士、助產士、醫用放射線技術士、藥劑生、醫事檢驗生；(4)中醫師；(5)獸醫師、獸醫佐；(6)航海人員、引水人、驗船師、漁船船員、船舶電信人員；(7)營養師；(8)其他依法規應領證書之專門職業及技術人員。

專技人員考試分為高等與普通考試兩種，為適應特殊需要，得舉行特種考試。至於何種專技人員應由何等考試銓定其執業資格，則由考試院會同關係院定之。

(三)分省定額錄取之廢止

憲法第八十五條規定：「公務人員之選拔，應實行公開競爭之考試制度，並按省區分別規定名額，分區舉行考試。非經考試及格者，不得任用。」

論者以為，考試所選拔之公務人員，均屬擬定與執行政策之事務官，應以學識能力為首要考量，無須顧及各省之代表性。況且，自中央政府播遷來台之後，分省定額錄取之制度，並未施行。因此，憲法增修時，即將此規定加以修正。憲法增修條文第六條第三項：「憲法第八十五條有關按省區分別規定名額，分區舉行考試規定，停止適用。」

二、公務人員之銓敘、保障、撫卹、退休

有關公務人員之銓敘、保障、撫卹、退休等事項，考試院仍有法制及執行之權力。

(一)銓敘

公務人員任用資格之取得，分為「考試及格」、「銓敘合格」、「考績升等」三種。惟公務人員之任用是否符合資格，其官階與年資職等，是否相稱，均有銓審之必要，故予考試院銓敘之權。

(二)保障

即公務人員身分應予保障，非依法定原因，非基於法定程序，不得停職、免職、降級、減俸。其次，依照公務人員保險法之規定，公務人員應一律參加公務人員保險。

(三)撫卹

即公務人員因病故或意外死亡者，或因公死亡者，由政府給與遺族撫卹金，詳於公務人員撫卹法。

(四)退休

公務人員之退休，分自願退休和命令退休。公務人員任職滿五年以上年滿六十歲者，或任職滿二十五年者，得自願退休。年滿六十五歲者，或心神喪失或身體殘疾，不堪勝任職務者，得以命令退休。已達命令退休年齡，仍堪任職而自願繼續服務者，服務機關得報請銓敘部延長之，但至多為五年。退休金給與之標準及方式，詳公務人員退休法。

三、公務人員任免、考績、級俸、陞遷、褒獎之法制事項

依據憲法增修條文第六條第一項之規定,有關公務人員任免、考績、級俸、陞遷、褒獎等事項,考試院仍保有決定「法制事項」之權力。但是此等事項的「執行權」則交由行政機關掌理。

(一)任免

政府對於「公務人員考試及格」、「銓敘合格」以及「考績升等」等取得任用資格人員,應予以任用,分發工作。依憲法增修條文之規定,考試院掌理任用之法制事項,任免權仍屬於各行政機關。

(二)考績

對於公務人員之工作、操行、學識、才能,予以考核,以評定優劣,分為年終考績和專案考績兩種。年終考績,係指於每年年終,對各官等人員當年任職期間之考核;專案考績,係指各官等人員平時有重大功過時,隨時辦理之考績。依憲法增修條文之規定,考試院掌理考績之法制事項,實際考核權仍屬於各行政機關。

(三)級俸

級俸系指各官等、職等本俸與年功俸所分之級次。公務人員任用後,經銓敘核定官等(簡任、薦任、委任)職等(第一至第十四職等),按級受俸。對於任用人員官、職等之高低、俸給之支付標準,詳見公務人員俸給法、公務人員任用法。關於此項職權,依憲法增修條文之規定,考試院亦僅掌理法制事項。

(四)陞遷

對於成績優良之公務人員予以提升或遷調。我國目前採考試及考績升等雙軌制，同一官等內採考績升等；高一等（委任升薦任，薦任升簡任）之陞遷，則採雙軌並行。詳公務人員考績法、公務人員升等考試法。

(五)褒獎

公務人員對國家有功勳或特殊貢獻者，予以獎賞褒揚。依憲法第四十二條規定：「總統依法授與榮典」，訂有勳章頒受條例，一般性之褒獎，則由考試院訂定辦法實施。

四、法律提案權

依據憲法第八十七條之規定：「考試院關於所掌事項，得向立法院提出法律案。」因此，涉及考試院所掌理事項有關之公務人員任用法、服務法、考績法、俸給法等，應由考試院提出法律案，經立法院通過，經總統公布施行之。

【註釋】

1 陳炳生，《新人事制度析論》，台北市：正中書局，民76，頁43。

2 彭堅汶等，《中華民國憲法概論》，台北市：今古文化，民87，頁283。

3 參見孫中山先生於民國前六年在日本東京同盟會舉行「民報」週年紀念會上所發表的「三民主義與中國民族前途」演講。

4 張忠正，《中華民國憲法釋論》，台北縣：李唐文化，民85，頁279-280。

5 參考「公務人員考試法」第十五條、第十六條、第十七條各條條文。至於不得應公務人員考試的消極資格如下：一、犯刑法內亂外患罪，經判刑確定者。二、曾服公務有侵占公有財物或收受賄賂行為，經判刑確定者。三、褫奪公權尚未復權者。四、受禁治產宣告，尚未撤銷者。五、吸食鴉片或其他毒品者。

第十一章

監察院

第一節　監察院設置的由來

一、中國傳統的監察制度

　　我國監察制度，自秦、漢就已經成型，雖然負責行使監察功能的官位名稱迭有更替，但是監察制度一直存在於歷朝歷代的政府組織。概括言之，我國監察制度分為「諫議」與「御史」兩大體系，前者稱為「諫官」，針對皇帝的施政和德行來加以規諫諷喻；後者稱為「監官」，監督百官有無違法失職，協助皇帝整飭官箴。

　　秦朝統一中國，設御史，掌糾察百官。御史在秦代以前是記事之官，稱為「史官」。史官可以秉筆直書，使君主權臣有所畏懼，此即含有監察之意義與作用。自秦而後，御史始掌糾察之職。漢朝承襲秦制，設御史大夫「承風化、典法制、執法以監臨百官」。

　　唐、宋時期，諫官稱為「散騎常侍」、「拾遺」、「左右諫議大夫」等等，監官則稱為「御史台」，並在地方設「監察御史」，巡查全國州縣。唐代御史地位至為崇高，御史可以聞風查察，即使「所奏涉虛，亦不坐罪」，頗似近代民意代表之「言論免責權」。可知唐代御史糾察官邪，彈劾百官，已有相當保障。宋代，御史可兼諫官之職，糾察官邪之外，並且可以論列時政得失，御史的權限明顯擴張。

　　明、清兩代設「都察院」監察風憲，權威甚重。據《文獻通考》所載：「御史職專糾劾百司，辨明冤枉，提督各道，為天下耳目風化之司。」「凡大臣姦邪，小人構黨，作威亂政者劾；凡百官猥茸貪冒，敗壞官規者劾；凡學術不正，上書陳言變亂成憲，希進用者劾。遇朝覲考察，同吏部司賢否黜陟；大獄重囚，會鞫於朝外，偕刑部大

理平之。」[1] 由此可知，明朝監察御史不僅擁有糾察官邪之權，尚有考評官員以及聽審刑案的權力，其權力已涉及行政權與司法權。至於清代，御史權威並未稍遜。

二、西洋監察制度

西洋各國監察制度，可以上溯至中古世紀的英國。當時英國的下議院可對英王的屬官提出彈劾案，交由上議院審理。此後美國、法國等相繼採用。另外，北歐國家的瑞典於一八〇九年創設「監察長」（Ombudsman）制度，芬蘭於一九一九年仿之，隨後並推廣至大英國協及其他英語系國家。監察長設於國會內，代表國會監督行政，但得獨立行使職權，對於官員之違法失職者，可予以勸告、責難，或移送法辦[2]。

三、孫中山先生論監察權獨立

民國前六年，孫中山先生演講「三民主義與中國民族前途」指出[3]：「現在各國，沒有不是由立法機關兼有監督權的。那權限總是不能獨立，因此生出無數弊端，比方美國糾察權歸議院掌握，往往擅用此權，挾制行政機關，使他不得不低頭聽命，因此常常成為議院專制，除非有獨立雄才大略的大總統，如林肯、麥堅尼等輩，才能達到行政獨立之目的。」

孫中山先生鑑於監察制度是我國固有之優良制度，應當加以繼承，以收澄清吏治之效。但又鑑於西方國家將監察權置於國會之下，往往造成國會濫權，利用監察權要脅行政官員。因此主張設置獨立的監察機關以行使監察權，避免立法權專制。惟有如此，行政、立法、

司法、考試、監察五權，獨立相維，分工合作，乃能創造萬能政府，為人民謀求福利。

　　民國成立，北京政府仍照歐美三權分立體制，將彈劾權歸屬國會。民國十七年北伐完成，全國統一，國民政府始行五權體制。民國二十年成立監察院，為國民政府最高監察機關，行使彈劾權和審計權。民國三十七年，依憲法規定，由各省市議會、蒙古西藏地方議會及華僑團體選舉第一屆監察委員，行憲後之監察院正式成立。

第二節　監察院的性質與地位

一、監察院的性質

　　我國五院體制中何者屬於西方民主國家之「國會」？憲法本文雖然並未明確規定，但是根據司法院大法官會議釋字第七六號解釋（43.05.03），監察院與國民大會、立法院，共同相當於民主國家的國會，其性質係屬中央民意機關。但是依據憲法增修條文之規定，一般認為，監察院已轉變為準司法機關。

　　大法官會議釋字第七六號解釋文，主要係以監察院的「組成」以及「職權」兩項要素，據以認定監察院為民主國家的國會。

　　就「組成」而言，憲法本文規定監察委員係由各省（市）議會、蒙古、西藏地方議會，以及華僑團體選舉產生（憲法第九十一條）。因此，監察委員是間接選舉產生的民意代表，監察院由監察委員組成，屬於民意機關，殆無疑義。而所謂「國會」的重要性質之一，便是代表人民監督政府的民意機關。

　　就「職權」言之，監察院擁有同意權、彈劾權、糾舉權以及審計

權（憲法第九十條），據以監督政府不當施政，糾察違法、失職的公務人員。爲佐助前述各項監察權之施行，憲法本文亦規定監察院擁有調閱權和調查權（憲法第九十五條、第九十六條），凡此諸項職權，均屬民主國家「國會」所擁有。

此外，民主國家爲使「國會」不畏懼壓力，勇於監督政府，均賦予國會議員「言論免責權」和「不受逮補特權」。根據憲法本文第一百零一條、第一百零二條之規定，監察委員也擁有類似特權。

綜合上述，憲法本文規定之監察院，係屬中央民意機關，具備民主國家「國會」的性質。但是，自憲法增修後，監察院的性質已經大幅改變。

首先，最重要而且最根本的變革，是監察委員產生方式的改變。依據憲法增修條文第七條第二項之規定：「……監察委員由總統提名，經立法院同意任命之。……」因此，監察委員不再是民意代表，附隨於民意代表所有的「言論免責權」和「不受逮捕特權」，自然對監察委員停止適用。連帶地，監察院的民意機關屬性也不復存在，其職權也做了必要的調整，亦即停止適用憲法第九十條和第九十四條有關同意權之規定（憲法增修條文第七條第一項）。此外，增修條文特別強調監察委員與法官、考試委員相同，應超出黨派，依法獨立行使職權，至此監察院成爲具有司法性質的準司法機關，不再是中央民意機關的國會。

二、監察院的地位

憲法第九十條規定：「監察院爲國家最高監察機關。」此係指在監察職權上，監察院處於最高之地位，並無其他行使監察權之機關，位高於其上。所謂監察權，就憲法本文規定而言，包括：彈劾權、糾舉權、糾正權、調閱權、調查權和審計權，職權之行使完全歸屬於監

察院及其所屬的審計部，非僅行政院、司法院、考試院無上述監察權，即便同屬中央民意機關的國民大會、立法院，亦無監察權之行使。

但是，根據憲法增修條文第二條「……立法院提出總統、副總統彈劾案，聲請司法院大法官審理……」，以及憲法增修條文第四條「……立法院對於總統、副總統之彈劾案，須經全體立法委員二分之一以上之提議，……」顯見總統、副總統之彈劾權已經改由立法院行使。就此觀之，「監察院為國家最高監察機關」之地位，其內涵已經有所改變。

第三節　監察院的組織

一、監察委員

(一)監察委員的產生

憲法關於監察委員之產生，採人民間接選舉方式，由省市議會、蒙古、西藏地方議會及華僑團體選舉之。但是憲法增修後則改變為「由總統提名，經立法院同意任命之」。由於產生方式改變，監察委員不再是民意代表，而是特任官。

根據監察院組織法第三之一條規定：監察委員必須年滿三十五歲，並且具有下列資格之一：(1)曾任中央民意代表一任以上或省（市）議員二任以上，聲譽卓著者；(2)任簡任司法官十年以上，並曾任高等法院、高等法院檢察署以上司法機關司法官，成績優異者；(3)曾任簡任職公務員十年以上，成績優異者；(4)曾任大學教授十年

以上，聲譽卓著者；(5)國內專門職業及技術人員高等考試及格，執行業務十五年以上，聲譽卓著者；(6)清廉正直，富有政治經驗或主持新聞文化事業，聲譽卓著者。

(二)監察委員的任期

憲法本文規定監察委員的任期為六年，連選得連任，並無屆次之限制。憲法增修後，監察委員任期雖然仍維持六年，但是由於其不再由人民間接選舉產生，因此增修條文即不再有「連選得連任」之規定，但亦無禁止連任之規定，只要繼續獲得總統提名，並經立法院同意，監察委員可以連任，而且無連任屆次之限制。

(三)監察委員之保障

依據憲法本文之規定，監察委員屬於中央民意代表，關於監察委員保障之規定，與立法委員相同，賦予「言論免責權」和「不受逮捕特權」。但是隨著監察委員產生方式改變，不再具備民意代表身分，民意代表所享有之特權即不再適用。甚且比照憲法第八十條及第八十八條對法官與考試委員之要求，規定監察委員應該「超出黨派之外，依據法律獨立行使職權」（憲法增修條文第七條第五項）。

(四)監察委員兼職之限制

憲法第一百零三條規定：「監察委員不得兼任其他公職或執行業務。」何謂「公職」與「執行業務」？依據大法官會議對監察委員兼職之歷次解釋，可歸納如下[4]：

1. 憲法第一百零三條所稱不得兼任公職，與憲法第七十五條之限制兼任官吏有別，其含義不以官吏為限（釋字第一九號）。
2. 國民大會代表，自係公職，監察委員不得兼任（釋字第一五

號）。

3.醫務人員，其業務與監察職權，顯不相容，應認係憲法第一百零三條所稱之業務，監察委員自不得兼任。公立醫院之院長及醫生，係屬公職，亦在同條限制之列（釋字第二○號）。

4.公營事業之董事、監事及總經理，與受有俸給之文武職務人員，監察委員均不得兼任（釋字第二四號）。

5.民營公司之董事、監察人及經理人所執行之業務，應屬於憲法第一百零三條之所稱執行業務範圍內，監察委員亦不得兼任之（釋字第八一號）。

6.新聞紙、雜誌發行人執行之業務，應屬於憲法第一百零三條所稱業務範圍之內，監察委員亦不得兼任之（釋字第一二○號）。

二、監察院院長、副院長

(一)監察院長、副院長的產生、任期、保障與兼職限制

就憲法本文之規定而言，監察院係中央民意機關，其院長與副院長之產生方式，與立法院院長、副院長之產生方式規定相同，均由立法委員或監察委員互選產生（憲法第六十六條、第九十二條）。但是自從憲法增修之後，監察委員的產生方式與監察院的性質均大幅改變，院長與副院長的產生方式也跟著變革，改為「……由總統提名，經立法院同意任命之。……」（憲法增修條文第七條第二項）。監察院長、副院長的產生方式、資格限制、特權保障、任期長短與兼職之限制，均與監察委員相同，請參考前項說明，茲不贅述。

(二)監察院長的職權

　　根據憲法及相關法規之規定，監察院長擁有下列職權[5]：(1)綜理院務，並監督所屬機關（監察院組織法第六條）；(2)主持監察院院會（監察院組織法第七條）；(3)應總統之召集，會商解決院與院間之爭執（憲法第四十四條）；(4)與其他各院院長組織委員會，解決省自治法施行中所發生之重大障礙（憲法第一百十五條）；(5)立法院討論有關監察事項時，院長得列席陳述意見（憲法第七十一條）。

　　除上述職權之外，監察院長與副院長並無高於其他監察委員之任何法定權力，其主要功能在於成為監察院日常運作所須行政支援之領導監督者，並對外代表監察院[6]。換言之，監察委員依據法律獨立行使職權，不受監察院長指揮監督。監察法第十二條規定：「監察院院長對於彈劾案，不得指使或干涉。」就是前述關係的具體呈現。

三、監察院院會、委員會

(一)監察院院會

　　監察院院會由院長、副院長及監察委員組織之，以院長為主席，每月召開，須有全體監委二分之一出席，方得開議，以出席委員過半數同意議決。由於監察院的主要職權，包括彈劾、糾舉、糾正、審計，均分別由監察委員、委員會以及審計部負責，所以監察院院會的功能較偏向監察法制事項的研議。

　　應提出監察院院會討論之事項如下[7]：(1)關於提出立法院之法律案；(2)關於監察法規之研議事項；(3)關於審議中央及地方政府總決算之審核報告事項；(4)關於彈劾權、糾舉權及審計權行使之研究改

進事項；(5)關於提出糾正案之研究改進事項；(6)委員會報告事項；
(7)院長交議事項；(8)委員提案事項；(9)其他重要事項。

(二)委員會

依據憲法第九十六條規定：「監察院得按行政院及其各部會之工作，分設若干委員會，調查一切設施，注意其是否違法失職。」監察院依據「監察院各委員會組織法」第二條之規定（87.1.7），設置七個委員會：內政及少數民族委員會、外交及僑政委員會、國防及情報委員會、財政及經濟委員會、教育及文化委員會、交通及採購委員會、司法及獄政委員會。各委員會委員，由監察委員分任之，每一委員以擔任三個委員會委員為限，並得列席其他委員會。每一委員會人數，不得超過十四人。各委員會設召集人一人，由各該委員會委員互選之，處理各該委員會日常事務，並擔任會議主席。

依據憲法第九十七條以及監察法第二十四條規定，監察院於調查行政院及其所屬機關之工作及設施後，經各有關委員會之審查及決議，得由監察院提出糾正案，移送行政院或有關部會，促其注意改善。

四、審計部

中華民國政府審計制度創始於民國元年，首置審計處於中央政府，隸屬國務總理，民國十七年成立審計院，直隸國民政府，民國二十年改為審計部，隸屬於監察院，至民國三十六年頒行憲法，明定審計權為監察權之一（憲法第九十條）。於監察院設審計長，由總統提名，經立法院同意任命之（憲法第一百零四條）。審計長應於行政院提出決算後三個月內，依法完成審核，並提出審核報告於立法院（憲法第一百零五條）。審計權之行使，始於監督政府預算之執行，而終

於核定財務責任。立法機關議決預算案，行政機關執行法定預算，而審計機關監督預算執行與審定決算，發揮立法、行政、監察分權制衡之精神[8]。

 ## 第四節　監察院的職權

依據憲法本文之規定，監察院擁有同意權、彈劾權、糾舉權、審計權（憲法第九十條），以及調閱權（憲法第九十五條）、調查權（憲法第九十六條）、糾正權（憲法第九十七條）。但是憲法增修之後，取消同意權以及總統、副總統的彈劾權。茲分項說明下：

一、同意權

同意權係立憲國家國會對總統的一項制衡權，憲法本文賦予監察院同意權，顯然係有意將監察院比擬西方立憲國家國會之上議院或參議院[9]。但是憲法增修後，監察院不再具備國會的性質，也喪失了行使同意權的法理基礎，因此民國八十一年修憲時，即將同意權轉由國民大會行使。嗣後，民國八十九年修憲時，復將同意權轉由立法院行使。

目前，依據憲法增修條文之規定，下列人員由總統提名，經立法院同意任命之：(1)司法院院長、副院長、大法官（憲法增修條文第五條第一項）；(2)考試院院長、副院長、考試委員（憲法增修條文第六條第二項）；(3)監察院院長、副院長、監察委員（憲法增修條文第七條第二項）。

二、彈劾權

彈劾權可以說是監察院最具象徵性的權力，用以察舉百官、整飭官箴。所謂彈劾權是指監察委員對於違法、失職的公務人員，經由事實證據之調查，依法提出彈劾案，由監察院移送懲戒機關，向懲戒機關提出控訴，要求懲處該公務人員的權力。

(一)彈劾的對象

依據憲法本文以及大法官會議解釋，監察院彈劾之對象包括：(1)總統、副總統（憲法第一百條）；(2)中央及地方公務人員（憲法第九十八條）；(3)司法院、考試院人員（憲法第九十九條）；(4)各級民意機關之職員、總統府及其所屬機關之職員（42.03.21大法官會議釋字第一四號）；(5)軍人（79.07.06大法官會議釋字第二六二號解釋）。

由此可知，自總統以降至全國文武職公務人員，均在彈劾權行使範圍，但是不包括各級民意代表。因此在監察委員仍是民意代表的時代，監察委員不是彈劾權行使的對象，但是自從民國八十一年五月第二次修憲之後，監察委員產生方式改為由總統提名，經立法院同意任命，監察委員不再是民意代表，而是公務人員，當然成為彈劾權行使的對象。民國八十五年三月二十一日，監察院即通過行憲史上第一次對監察委員的彈劾案，被彈劾者為監察委員蔡慶祝。另外，特別值得注意的是，自民國八十六年七月第四次修憲後，總統、副總統彈劾權移轉由立法院行使。

(二)彈劾的原因

就憲法以及監察法之規定來看，公務人員「違法」或「失職」之

行為，均是構成彈劾的原因。所謂違法，指職務上違背法律之行為；所謂失職，指廢弛職務或瀆職等行為[10]。

至於總統、副總統的彈劾原因，憲法本文並無規定。惟自八十六年七月第四次修憲後，彈劾總統、副總統的權力，移轉由立法院行使，不再歸屬監察院，並且只有在總統、副總統犯內亂或外患罪時，才得提出彈劾（86.07.21憲法增修條文第四條第四項）。民國八十九年四月第五次修憲，彈劾總統、副總統的權力仍然歸屬立法院，但彈劾總統、副總統的原因，則不作明確規定。

就總統、副總統而言，何種行為才構成被彈劾的原因？的確存有甚大的憲政運作與討論空間。一方面認為，國家正、副元首，代表國家，地位崇隆，彈劾之行使自當嚴謹慎重，彈劾之原因僅限於某些特殊嚴重行為，例如義大利共和國憲法第九十條規定：「共和國總統對其職務上之一切行為，不負責任，但叛國或違憲行為不在此限。總統有前項叛國或違憲行為時，由國會聯席會議議員之絕對多數彈劾之。」[11]另一方面則以為國家正、副元首，深具道德象徵意義，非僅職務上之違法、失職行為，可以作為彈劾之原因，即便是私人違法行為或道德之嚴重瑕疵，均得為彈劾之原因。例如美國憲法就規定不論是叛逆罪、賄賂罪或其他重罪、輕罪，均得作為彈劾之原因[12]。柯林頓總統與陸文斯基的性緋聞案，被國會提案彈劾，即是一個明顯的例證。

(三)彈劾案的提出與審議

依據憲法本文規定，監察院對於中央與地方公務人員，以及司法院、考試院人員之彈劾，僅須監察委員一人以上之提議（憲法第九十八條、第九十九條），其條件似嫌過於寬鬆，依據憲法增修文第七條第三項規定：「監察院對於中央、地方公務人員及司法院、考試院人員之彈劾案，須經監察委員二人以上之提議，九人以上之審查及決

定，始得提出，不受憲法第九十八條之限制。」

彈劾案之提議，以書面為之，並應詳敘事實；在未經審查決定前，原提案委員得以書面補充之（監察法第七條）。

彈劾案提出後，應即交付審查。由提案委員以外的監察委員九人以上負責審查（監察法第八條）。彈劾案之審查，應由全體監察委員按序輪流擔任之（監察法第九條），但是彈劾案之審查委員與該案有關係者，應行迴避（監察法第十一條）。監察院院長對於彈劾案，不得指使或干涉（監察法第十二條）。

彈劾案之成立與否，應有審查委員九人以上之出席，由出席委員以無記名投票方式表決，以投票委員過半數同意成立（監察法施行細則第五條第三項）。彈劾案經審查認為不成立，而提案委員有異議時，應即將該彈劾案另付其他監察委員九人以上審查，為最後之決定（監察法第十條）。

(四)彈劾案的移付與審理

對於中央及地方公務人員、司法院人員、考試院人員、監察院人員的彈劾案，既經審查及決定成立後，監察院應即移付公務人員懲戒委員會審理。監察院認為被彈劾人員違法或失職之行為有涉及刑事或軍法者，除向懲戒機關提出外，並應逕送各該管司法或軍法機關依法辦理（憲法第九十七條第二項、監察法第十五條）。

三、糾舉權

依監察法第十九條規定：「監察委員對於公務人員認為有違法失職之行為，應先予停職或其他急速處分時，得以書面糾舉，經其他監察委員三人以上之審查及決定，由監察院送交被糾舉人員之主管長官或其上級長官，其違法行為涉及刑事或軍法者，應逕送各該管司法或

軍法機關依法辦理。」

糾舉權的性質與彈劾權相同，均是對違法、失職公務人員的監察，但是有以下幾點差異[13]：

1. 糾舉案適用於情況急迫，須有對違失公務人員先予停職或其他其速處分之必要時，才得提出。

2. 糾舉案的提出，只須監察委員一人提案，經其他監察委員三人以上之審查及決定。彈劾案須有監察委員二人以上提議，其他監察委員九人以上之審查及決定。

3. 糾舉案既經審查及決定後，應即由監察院送交該違失公務人員之主管長官或其上級長官，依公務人員懲戒法相關規定，逕予停職或其他急速處分。彈劾案則由監察院移付公務人員懲戒委員會議決懲戒。

4. 除了總統、副總統的彈劾權轉由立法院行使之外，監察委員行使彈劾權的對象，包括全國文、武職公務人員。而糾舉權行使的對象，範圍較窄。因為糾舉案係由監察院移付該違失公務人員之主管長官或其上級長官急速處分，因此如果該公務人員無主管長官或上級長官，如行政、司法、考試、監察等院院長，即無適用之可能。

四、糾正權

依據憲法第九十六條，以及監察法第二十四條、第二十五條之規定，監察院於調查行政院及其所屬機關之工作及設施後，經各有關委員會之審查及決議，得由監察院提出糾正案，移送行政院或有關部會，促其注意改善。行政院或有關部會接到糾正案後，應即為適當之改善與處置，並應以書面答覆監察院，如逾二個月仍未將改善與處置

之事實答覆監察院時，監察院得質問之。

　　糾正權與彈劾權、糾舉權之主要差異，係彈劾與糾舉乃針對涉及違法、失職的公務人員，對象爲「人」；糾正乃針對行政機關不當之工作及設施，對象爲「事」。

　　對「人」之糾舉、彈劾，有懲戒之實質效果；但對「事」之糾正，如果行政機關未能採取必要之改善處置，監察院只能對之質問，並無處罰或其他有效之約束。故難免造成糾正權之流於形式，甚至監察院以糾正案代替彈劾案和糾舉案，將大事化小，以規避懲戒或其他處分之責任，此等情形爲強化監察權功能所應避免者 [14]。

五、調查權

　　不論是彈劾、糾舉或糾正案之提出，均須調查事實證據，因此調查權係行使監察權不可或缺的工具性權力。

　　依據憲法第九十五條、第九十六條，以及監察法第二十六條至第三十條之規定，將監察院行使調查權的要點敘述如下：

1. 調查權之行使，得由監察委員持監察證或派員持調查證，赴各機關部隊公私團體調查檔案冊籍及其他有關文件，各該機關部隊或團體主管人員及其他關係人員不得拒絕。必要時得通知書狀具名人及被調查人員就指定地點詢問之（監察法第二十六條）。
2. 調查人員得經該機關部隊團體主管長官之允許，封存有關證件，或攜去其全部或一部。除有妨害國家利益外，該主管長官不得拒絕（監察法第二十七條）。
3. 監察院於必要時，得就指定案件或事項，委託其他機關調查，各機關接受前項委託後，應即進行調查，並以書面答覆（監察

法第三十條）。

六、審計權

　　行政院於每年會計年度結束後四個月內，向監察院提出年度決算（憲法第六十條）。審計長於行政院提出決算後三個月內，依法完成審核，並提出審核報告於立法院（憲法第一百零五條）。

　　審計權雖然歸屬於監察院，但其行使，由審計部單獨負責。依據審計法規定，審計人員依法獨立行使審計權，不受干涉，監察委員並不參與，監察院會議雖有審議中央及地方政府總決算審核報告事項之職權，但僅具形式，審計權不受其管制[15]。

七、其他職權

(一)法津提案權

　　依司法院大法官會議釋字第三號解釋（41.05.21），監察院關於所掌事項，得向立法院提出法律案。

(二)監試權

　　監試法規定，考試院於舉行考試時，除檢覈外，應由考試院或考選機關，分請監察院或監察委員行署派員監試。凡組織典試委員會辦理之考試，應咨請監察院派監察委員監試。凡考試院派員或委託有關機關辦理之考試，得由監察機關就地派員監試。

(三)受理公職人員財產申報

　　公職人員財產申報法第四條規定，受理公職人員財產申報。

(四)分區巡迴監察

監察法第三條規定，監察委員得分區巡迴監察。此項巡察工作分為中央機關與地方機關兩部分，中央機關由各委員會辦理，巡察對象為與其業務有關之中央機關。地方機關按省（市）、縣（市）行政區劃分巡察責任區，分為十一組辦理。

(五)收受人民書狀

監察法第四條規定，監察院及監察委員均得收受人民書狀。人民如發現公務人員有違法失職之行為，應詳述事實並列舉證據，逕向監察院或監察委員舉發。監察委員核閱書狀後，按其所訴情節，決定輪派委員調查，或派職員進行調查，或委託有關機關代為調查。但其所訴事項不在監察在院職權範圍者，則不予受理[16]。

【註釋】

1 張忠正，《中華民國憲法釋論》，台北縣：李唐文化，民85，頁288。

2 法治斌，董保城，《中華民國憲法》，台北：國立空中大學，民85，頁381。

3 朱諶，《中華民國憲法與孫中山思想》，台北市：五南，民84，頁416。

4 張忠正，《中華民國憲法釋論》，台北縣：李唐文化，民85，頁298。

5 張忠正，《中華民國憲法釋論》，台北縣：李唐文化，民85，頁299。

6 彭堅文等，《中華民國憲法概論》，台北市：今古文化，民87，頁292。。

7 監察院網頁，http://www.cy.gov.tw//btst.htm。

8 審計部網頁，http://www.audit.gov.tw/aud4data/aud87-1.htm。

9 張忠正，《中華民國憲法釋論》，台北縣：李唐文化，民85，頁301。

10 張忠正，《中華民國憲法釋論》，台北縣：李唐文化，民85，頁302。

11 《新編世界各國憲法大全》（第二冊），台北市：國民大會秘書處，民85，頁409。

12 美國憲法第二條第四項規定：「總統、副總統及美國政府之文官，受叛逆罪、賄賂罪或其他重最輕罪之彈劾而定讞時，應免除其職位。」

13 法治斌、董保城，《中華民國憲法》，台北市：國立空中大學，民

86，頁388。

14 張忠正，《中華民國憲法釋論》，台北縣：李唐文化，民85，頁
   307。

15 彭堅汶等，《中華民國憲法概論》，台北市：今古文化，民87，
   頁298。

16 監察院網頁，http://www.cy.gov.tw/btst.htm。

第 十 二 章
地方自治

◉ 第一節　地方自治的意義與重要性

一、地方自治的意義

　　地方自治包含兩層意義，一爲「團體自治」，一爲「住民自治」
[1]。「團體自治」其深層意涵係「自主」（independence），意謂自治團
體就其自治範圍內之事項，擁有最終的自主決定權。具體言之，團體
自治係指國家領土內，另有地域團體，具備獨立完整的法律人格，可
依該自治團體的意思與目的，自行處理地方公共事務，國家或其他權
力均不得任意加以侵害、干涉。例如，地方自治團體可主張就其組
織、人事、立法、行政、財政等事項享有最終之自主決定權，雖然仍
須服膺上級政府之自治監督，但仍保有其自主性，無須事事秉持中央
政府意旨；得在不牴觸法律之範圍內自行決定，排除來自行政主管機
關乃至其他一切勢力的違法、不當干涉。

　　「住民自治」深層概念爲「自律」（self-control），意謂該自治團
體必須具有自我管理、克制的意願與能力，經由民主、合理的方式，
以形成該團體的共同意思。具體言之，必須以民主的方式組織並營運
該自治團體，以確保團體意思之形成乃基於構成員之共同意思，並保
障構成員之權益。

　　住民自治以團體自治爲前提，必先有獨立於國家的地域團體，其
可以自行處理地方事務，然後住民自治取得根據地，方有實現的機
會。反過來，如果僅有團體自治，而無住民自治，住民對於地域團體
意思的形成未能充分參與，則地方的政治和行政皆超脫於住民意思之
外，難以符合住民需求，這樣的地方自治雖可以避免外部壓迫，但內

部壓迫所造成的痛苦可能尤有過之，在結果上此種自治並不具實質意義。因此，當代立憲主義國家，談到地方自治時，均兼含團體自治與住民自治[2]。

我國憲法有關地方自治的規定，主要見於第十章「中央與地方權限」和第十一章「地方制度」。其內容除明定省縣為地方自治團體外，並保障住民的選舉、罷免、創制及複決等權，顯然兼具團體自治與住民自治的精神。

二、地方自治的重要性

(一)防止國家濫權、促進主權在民

近代立憲主義，以限制政府權力、保障人民權利為核心精神。為了防制專制獨裁，遂依權力分立理論，將原本集中於專制君主手中的國家權力，區分為行政權、立法權和司法權，使之分離獨立、相互牽制，藉以限制國家權力的專制濫權。惟此種「水平的權力分立」制度，雖然有助於防止權力集中於某一個國家機關或個人手中，但卻無法阻止壓抑地方特色及居民需要的「中央集權」的發生。特別是在不得不實施精英政治及代議政治的情況下，中央集權進而濫權，忽視或侵害地方團體人民權益的情況，必然發生。因此為保障人民權利、落實主權在民之精神，「垂直的權力分立」機制，亦即地方自治之積極落實，誠為必要。

(二)推動因地制宜行政，維護地域社會文化

地方公共事務與住民的日常生活息息相關，地方的情況住民知之最深，若實施地方自治，讓地方自治團體擁有地方事務的決策權，並由住民本於自我的責任判斷，才能找出最適合地方實際需要的作法，

將地方有限的資源投注於緊要之處，方可有效增進住民的福祉。自從二十世紀步入高度都市化與工業化以後，人類的生活圈不斷擴大，地域社會間差異性相對降低，各地文化特質亦逐漸褪色。加上現代政府提倡社會福利制度，紛紛走上「新中央集權化」的道路，更使地域文化的多樣性與特殊性加速泯滅。因此，藉地方自治緩和新中央集權的傾向，讓地方自治團體享有更多自由空間，以靈活運用住民的創意，發揮地域特色，維護地域文化，實乃必要之事[3]。

(三)增進人民福祉，提升民眾民主素養

建立地方自治體系，一方面可以運用結構分權以防止濫權，另一方面透過實地的政治教育，提升一般公民的民主素養，對自身權責有明確的認知，才能消滅公務員濫權的可能動機。布萊士於《近代民主政治》一書中指出「地方自治是民主政治的最佳學校，民主政治成功的最佳保證」，一語道破地方自治所具有的教育效果[4]。

第二節　我國憲法對地方自治的保障

一、中央與地方權限劃分

(一)單一國與聯邦國的權限分配

地方自治若從團體自治的觀點來看，首要問題便是中央政府與各級地方政府間的權限劃分。以權限劃分程序之不同，可區分為單一國體制及聯邦國體制。單一國是由中央立法授予地方自治權；而聯邦國則是由各邦代表參與制憲、修憲，共同決定權力的分配。茲簡述如下[5]：

■ 單一國體制

在單一國體制中，又分爲地方分權與中央集權兩種制度：

1. **地方分權**：在單一國中，如果由中央立法，劃出若干權限，交由地方自治團體自行決策並執行，即爲地方分權。但地方的自治權，中央也可依立法程序予以改變或收回。
2. **中央集權**：所有決策都由中央下達，地方政府並無決策權，只是中央政府的執行機關，成爲中央政府在各地方的代理機構，乃中央統治權的延伸。

■ 聯邦國體制

聯邦國的權力分配型態又可分爲以下三種：

1. 列舉聯邦政府的權限於憲法之中，未列入者皆屬於各邦，如美國、瑞士、德國。
2. 列舉各邦的權限於憲法之中，未列入者屬於聯邦政府，如南非。
3. 憲法同時列舉聯邦政府與各邦的權限，未列入者，依性質而定，或透過修憲會議再決定，如加拿大。

(二)我國中央與地方的權限分配

我國憲法對於地方自治設有專章。首先於第十章「中央與地方之權限」，明確列舉國家以及省、縣地方自治團體之權限，並就所列舉事項以外之「剩餘權」，依照「均權理論」，規定「事務有全國一致之性質者屬於中央，有全省一致之性質者屬於省，有一縣之性質者屬於縣。遇有爭議時，由立法院解決之」，兼含授權及限制之意義，可視爲對團體自治權的一種保障[6]。

傳統上，我國一向採取中央集權制，且屬單一國。然而我國廣土

衆民，各地政經條件不一，中央集權制易導致忽視各地實際需要之弊病，放任地方分權，則易造成地方權力過大，甚至割據自雄，阻礙國家統一。孫中山先生乃針對我國國情，提出「均權理論」。依事務性質之不同，而分別劃歸中央或地方掌理，不偏中央或地方，使中央無法因專權，而忽視地方需求，地方亦不可因掌權，而盤踞一方，妨礙國家發展。我國憲法即據此原則，而分別列舉中央與地方權限，且同時對於地方自治地位加以保障。

憲法第一百零七條至第一百十條，列舉中央與地方權限內之事項，可分為三種：

1. **中央專屬權（憲法第一百零七條）**：中央立法並執行之事項，是為完全屬於中央之職權。
2. **中央與地方執行權（憲法第一百零八條）**：中央立法並執行，或交由省縣執行之事項，是為立法權屬於中央，執行權得由中央賦予地方。
3. **地方專屬權**：由省立法並執行，或交由縣執行之事項，是為立法權屬於省，執行權則得由省賦予於縣；由縣立法並執行之事項，是為完全屬於縣之職權。

我國地方雖具自主地位，且享有一定權限之憲法保障，但地方團體終究欠缺中央參政權，對特定地方自治團體的存滅權，仍由中央單獨享有。且依憲法規定，中央對地方之行政、立法具有相當監督權，司法、考試、監察又皆屬中央權限，是以我國仍屬單一國，只是地方團體享有較高度之自主權[7]。

二、中央與地方權限爭議之解決

中央與地方權限爭議，可能有下列兩種情況，茲述明如下：

(一)憲法未列舉事項：即所謂剩餘權歸屬之爭議

憲法第一百零七條至第一百十條分別列舉中央、省及縣之事權，如有遺漏而未列舉之事項，則依均權理論，於憲法第一百十一條：「如有未列舉事項發生時，其事務有全國一致之性質者屬於中央，有全省一致之性質者屬於省，有一縣之性質者屬於縣。遇有爭議時，由立法院解決之。」

當地方自主意識抬頭與自治權限加重下，地方政府為爭取更多資源與主控權的情形將會愈多，在地方政府亟欲有所作為的情形下，中央與地方的爭議定會層出不窮，因此一有憲法未明文列舉而又對地方有利之事項（反之，對中央有利的事項亦同），均會被視為是憲法第一百十一條後段具有「爭議之事項」，交由立法院解決。但當中央與地方發生權限爭議時，憲法卻規定由當事人之一方——立法院來定奪，這種「球員兼裁判」的現象，顯然很難期望其立場公正客觀。故學者多認為爭議解決之機關應由大法官會議職司[8]。

(二)列舉事項，但究屬中央或地方權限，其界限不明者

有關此等權限爭議之解決，即非憲法第一百十一條所規定之剩餘權歸屬問題，自非由立法院解決之，而係由司法院大法官會議解釋解決之。

由於列舉事項之權限並不具體明確，經常導致中央與地方權限之爭，例如中央有警察制度之立法、執行權，省有省警政之立法、執行權，縣有警衛之立法、執行權，據此規定，所謂「警察制度」、「警政」、「警衛」之間的權限分野何在？並不明確。因之落實於執行層面時，權限爭議遂難完全避免。有關縣警察局局長之選派，究屬中央或地方權限，即曾發生爭議。

再例如，關於林業、漁業、公用事業、合作事業、公共衛生等，

三級政府均有立法及執行之權，如何劃分彼此之權限範圍便有所困難，特別是省與縣之立法與執行事項幾乎一致，則省與縣之權限如何劃分更是困難。民國八十八年地方制度法頒行之後，並未使此一問題得到進一步的釐清，反而又增加鄉鎮一級地方自治團體，並規定其自治事項，使得各級政府權限之劃分更加複雜而不明確[9]。

三、憲法規定的地方制度

我國憲法第十一章「地方制度」，就省制（含直轄市、蒙古以及西藏之制度）與縣制予以明文保障。並規定省、縣各設省、縣議會與省、縣政府；省、縣議會議員與省、縣長各由省、縣民選舉之，對住民自治做了必要最低限度的保障[10]。

(一)省級單位之自治

■省自治

依憲法第一百十二條規定，省召集省民代表大會，依據省縣自治通則，制定省自治法，實施省自治。復依憲法第一百十三條第一項之規定，省自治法之內容應包括下列各項：(1)省設省議會，省議會議員由省民選舉之；(2)省設省政府，置省長一人，省長由省民選舉之；(3)省與縣之關係。

惟須特別注意的是，省民代表大會制定之省自治法，不得牴觸憲法，且制定後，須即送司法院，司法院如認為有違憲之處，應將違憲條文宣布無效（憲法第一百十二條、第一百十四條）。此種規定，不同於一般違憲審查程序。一般法律之違憲審查，司法院係採「不聲請不理」之原則。必須由有權聲請釋憲之機關或個人向司法院大法官會議聲請釋憲，始予受理。亦即司法院係居於被動之地位。而憲法第一

272

272

百十四條關於省自治法之違憲審查，司法院則居於主動之地位，不須經聲請，大法官會議即應主動審查，如認為有違憲之處，應將違憲條文宣布無效[11]。

省民代表大會制定省自治法後，隨即解散。省民依據省自治法選舉省長、組成省政府，執行屬於省之行政權；選舉省議員，組成省議會，行使屬於省之立法權。由省議會制定之省法規與國家法律牴觸者無效（憲法第一百十六條），至於有無牴觸發生疑義時，由司法院解釋之（憲法第一百十七條）。此等規定，則依一般違憲審查程序，須由有權提出釋憲聲請之個人或機關向大法官會議聲請釋憲，始予受理，司法院居於「不聲請不理」的被動地位。

■ 直轄市之自治

憲法第一百十八條規定：「直轄市之自治，以法律定之。」所謂「直轄市」，係指直接隸屬於行政院管轄之市，故直轄市之地位與省同級。惟因直轄市之性質與省不同，直轄市自治之內容與實施程序，由立法院制定法律，即可依法實施。

■ 蒙古與西藏之自治

憲法第一百十九條規定：「蒙古各盟旗地方自治制度，以法律定之。」第一百二十條規定：「西藏自治制度，應予保障。」蒙古與西藏兩地方位於中國邊陲地帶，為少數民族之蒙族與藏族聚居之區。因兩地位處偏遠，交通不便，經濟落後，語言、文字、民情風俗及宗教信仰多與內地人民相異，故在行政體系中暫時無法設行省。憲法第一百十九條規定，蒙古各盟旗之地方自治制度，應由中央立法予以推行。至於憲法第一百二十條規定「西藏自治制度應予保障」，與前條文內容不同。蓋因西藏之自治認定已事實存在，不必另立法規定，憲法只要明定對其現存之自治制度予以保障即可[12]。

(二)縣自治

依據憲法第一百二十二條至一百二十七條規定，縣得召集縣民代表大會，依據省縣自治通則，制定縣自治法，實施縣自治。縣自治之內容並應包含：(1)縣設縣議會。縣議會議員由縣民選舉之。屬於縣之立法權，由縣議會行之。(2)縣設縣政府，置縣長一人。縣長由縣民選舉之。縣長辦理縣自治，並執行中央及省委辦事項。

縣民代表大會所制定之縣自治法，雖然並未如憲法第一百十四條規定：「省自治法制定後，須即送司法院。司法院如認為有違憲之處，應將違憲條文宣布無效。」但依憲法第一百二十二條規定，縣自治法亦不得與憲法及省自治法牴觸。另依憲法第一百二十五條規定，由縣議會所制定之縣單行規章，與憲法、法律或省法規牴觸者，亦屬無效，至於牴觸與否，則依一般違憲審查程序，須由有權提出釋憲聲請之個人或機關向大法官會議聲請釋憲，始予受理，司法院居於「不聲請不理」的被動地位。

依孫中山先生主張，縣為「完全自治之縣」，縣民得直接行使四種政權（建國大綱第九條）。為貫徹孫先生此一主張，憲法第一百二十三條規定：「縣民關於縣自治事項，依法律行使創制複決權，對於縣長及其他縣自治人員，依法律行使選舉罷免之權。」憲法此條文之規定，為省自治所無；此亦為省自治與縣自治最主要之區別。此種規定，符合孫中山先生之原意[13]。

第三節　地方自治的施行

一、地方自治的法制化

(一)憲法規定之省縣自治程序

依憲法規定，地方自治應依以下程序逐步實施[14]：

1. 先由立法院制定省縣自治通則，及有關省民代表大會的選舉與組織法律。
2. 由各省依省民代表大會選舉法與組織法，選出省民代表，組成省民代表大會。
3. 省民代表大會依省縣自治通則，制定省自治法。
4. 依省自治法，由省民選舉省議員，組成省議會，行使省立法權，並由省民選舉省長，組成省政府。
5. 縣自治之程序，基本上如同省自治，但關於縣民代表大會選舉法與組織法，並未要求由立法院制定，故似可由各省自訂。
6. 與省同級之直轄市之自治，憲法完全委由立法院以法律定之。

然而，政府遷台後推行地方自治，並未依照前述憲法所定程序。省縣自治通則、省縣自治法，以及省縣民代表大會選舉與組織法等相關法律付諸闕如。是以台灣省（市）及各縣、市自治之推行，均以行政命令為其根據，這些命令要則有台灣省政府合署辦公施行細則、台灣省議會組織規程、台北市各級組織及實施地方自治綱要、台灣省各縣市實施地方自治綱要等。由於缺乏法源基礎致備受爭議，此即所謂

「地方自治法制化」問題。此一問題經由大法官會議解釋與憲法增修條文之規定,逐步獲得解決。

(二)大法官會議對於地方自治法制化之解釋

■直轄市自治法制化

大法官會議釋字第二五九號解釋（79.4.13）略謂:「直轄市之自治,以法律定之,為憲法第一百十八條所明定。惟上開法律迄未制定,現行直轄市各級組織及實施地方自治事項,均係中央頒行之法規行之。為貫徹憲法實施地方自治之意旨,自應斟酌當前實際狀況,制定直轄市自治之法律。在此項法律未制定前,現行由中央頒行之法規應繼續有效。」

■省自治法制化

大法官會議釋字第二六〇號解釋（79.4.16）略謂:「依中華民國憲法有關地方制度之規定,中央尚無逕就特定之省議會及省政府之組織單獨制定法律之依據。現時設置之省級民意代表機關亦無逕行立法之權限。至於行憲後有制憲當時未料及之事發生,如何因應,應由中央盱衡全國之整體需要,兼顧地方之特殊情況,妥速為現階段符合憲法程序之解決。在未依憲法程序解決前……現行有關省實施地方自治及省議會、省政府組織之法律,仍繼續有效。」

(三)憲法增修條文關於地方自治法制化之規定

民國八十一年第二階段修憲時,簡化憲法規定實施地方自治之程序,省略先行召集省、縣民代表大會以制定省、縣自治法之程序。免除制定「省縣自治通則」、「省民代表選舉法」及「省民代表大會組織法」等地方自治法律,而規定逕由立法院制定省縣自治法。

依第二次憲法增修條文第十七條規定:「省縣地方制度,以法律

定之，其內容應包括下列各款，不受憲法第一百零八條第一項第一款、第一百十二條至第一百十五條及第一百二十二條之限制……」立法院依據此項修憲條文，於民國八十三年七月通過「省縣自治法」及「直轄市自治法」兩項法律，作為台灣地區實施地方自治的法律依據；台灣地區地方自治法制化問題乃正式獲得解決。

二、精省與新地方制度

(一)精省

　　民國八十三年，依據省縣自治法，台灣省省長首度民選。省長民選，固然滿足了民主參與的需求，但在行政區域未重新劃定、台灣省與中央轄區大幅重疊的情況下，挾台灣省龐大政經資源與雄厚民意基礎的台灣省省長，必將成為政治強人。為避免「葉爾欽效應」造成的政治不安，民國八十五年底的國家發展會議中，國、民兩黨在互為妥協的情況下，針對台灣省體制達成「調整精簡省府的功能業務與組織，並成立委員會完成規劃及執行，同時自下屆凍結省自治選舉」之共識，因此精省乃成為第四階段修憲的基調[15]。

　　民國八十六年憲法第四次增修，完成國發會「精省」之朝野共識。依該次憲法增修條文第九條規定，省地方自治之性質如下：

1. 第十屆台灣省議會議員及第一屆台灣省省長之任期至中華民國八十七年十二月二十日止，台灣省議會議員及台灣省省長之選舉自第十屆台灣省議會議員及第一屆台灣省省長任期之屆滿日起停止辦理。

2. 省設省政府，置委員九人，其中一人為主席，均由行政院院長提請總統任命之。省政府組織由首長制回復為委員制。

3. 省設省諮議會，置省諮議會議員若干人，由行政院院長提請總統任命之，不再由省民選舉產生，已非民意機關，自無省之立法權。

4. 地方制度中之省政府，其性質為行政院派出機關，並非地方自治團體，無公法人資格，不得為公法上權利義務之主體。

5. 依大法官會議釋字第四六七號解釋，雖然省不再有憲法規定之自治事項，亦非地方自治團體性質之公法人，但是省為地方制度層級之地位，仍未喪失。符合上開憲法增修條文意旨制定之各項法律，若未劃歸國家或縣市等地方自治團體之事項，而屬省之權限且得為權利義務之主體者，於此限度內，省自得具有公法人資格。

(二)新地方制度

依前述憲法增修條文規定，配合精省條例，並依原有之省縣自治法與直轄市自治法，加以整合修正。民國八十八年一月正式公布「地方制度法」，是為目前地方制度實施之法律依據。

地方制度法共五章八十八條，分別規定：(1)地方自治團體設立標準；(2)居民之權利與義務；(3)自治事項；(4)自治法規；(5)自治組織；(6)自治財政；(7)中央與地方關係。

根據地方制度法規定，所謂地方自治團體係指依本法實施地方自治，具公法人地位之團體。包括直轄市、縣（市）以及鄉（鎮、市），辦理自治事項，並執行上級政府委辦事項。至於省政府則為行政院派出機關，並非地方自治團體。

根據該法第四條規定，直轄市必須是人口聚居達一百二十五萬人以上，且在政治、經濟、文化及都會區域發展上，有特殊需要之地區；市則是人口聚居達五十萬人以上未滿一百二十五萬人，且在政治、經濟及文化上地位重要之地區；縣轄市是人口聚居達十五萬人以

上未滿五十萬人，且工商業發達、自治財源充裕、交通便利及公共設施完備之地區。

 ## 第四節　地方自治監督

　　地方自治監督一般可以區分為立法監督、行政監督和司法監督。惟我國採五權分立制度，因此中央政府對於地方政之自治監督，尚有考試監督和監察監督兩項。至於上級自治團體對下級地方自治團體，則僅有立法和行政監督。茲引洪泉湖等學者所言，就各項監督權說明如下[16]：

一、立法監督

　　所謂立法監督是中央立法機關對地方自治團體，或上級自治立法機關對下級地方自治團體，用一般的立法或個別的法案，給予地方自治團體或下級地方自治團體概括的職權或特殊的事權，使其職權的行使獲得合法依據。

　　英國對於全國各地方政府的組織與職權，均由法律予以規定；地方議會制定的單行法規或細則，必須呈奉核准，不得牴觸國家法律。而美國除各州必須遵守聯邦憲法，採用共和政體外，則皆予保有自主；但各州對於縣市的自治組織，則採立法監督方式，規定縣市自治組織的特別憲章和自治憲章，均須經州議會批准，因此英美等國對於自治監督都是以國會直接監督為原則[17]。

　　我國立法院為國家最高立法機關，憲法規定省縣自治通則係立法院制定，憲法增修條文也規定地方制度法由立法院制定，故我國各級地方自治組織乃在中央立法機關監督之下。又如憲法第一百零八條規

定「行政區劃」為中央立法事項之一,「行政區劃」與自治區域常為一致,故行政區域變更的結果,可能產生新的地方自治團體,或廢棄某一地方自治團體,地方自治團體的產生和廢棄,也在立法院控制之下。至於中央與省,或省與縣對於職權行使如有發生爭議時,依憲法第一百零七條至第一百十條規定,當由立法院解決。

地方制度法第二十七條明文規定:直轄市政府、縣(市)政府及鄉(鎮、市)公所訂定之自治規則,除法律或自治條例另有規定外,應於發布後依下列規定分別函報有關機關備查,可見地方自治法規應在不牴觸國家法律之限度內,方屬有效:

1. 其屬法律授權訂位者,函報各該法律所訂定中央主管機關備查。
2. 其屬依法定職權或自治條例授權訂定者,分別函送上級政府及各該地方機關備查或查照。

二、行政監督

行政監督是上級行政機關對於地方自治團體的業務,用行政程序予以考核或督策。因行政院為國家最高行政機關,自治事項屬於行政範圍,所以最後之監督機關為行政院自無疑義,縣市自治監督機關為省政府,鄉鎮縣轄市自治監督關為縣政府。

(一)自治與委辦事項的監督

地方政府之事務,可分為自治事項與委辦事項兩類,所謂委辦事項,是原屬於國家的事務,國家得自行設立官署自行辦理或委託地方自治團體辦理,國家對其有合理性的監督權力,可隨時介入干涉。因此,不僅能監督其有無違法,也能監督其適當性,故稱為「適當監

督」。至於自治事項，又分爲固有事項與委任事項兩類，前者指地方自治團體爲增進其存在之目的所提供的非權力性事務及與地方自治團體本身存在有關的事務，國家或地方政府不得加以任何干涉；後者則原爲國家或上級地方政府以法律授權方式委由地方自治團體處理，上級機關只有合法性監督，只能在事後以個案方式審查地方自治團體的行爲是否違反授權法規的規定[18]。

(二)訴願與自治監督

訴願是一種行政救濟制度，同時也具有自治監督功能，因爲當訴願審查對象是地方自治團體之行政處分時，訴願管轄機關通常就是自治監督機關。自治監督機關以訴願管轄機關之地位審議訴願，對認定爲違法或不當之行政處分有權撤銷或變更，甚至可自行另做處分，也就是適法或適當監督之表現。

三、司法監督

司法監督乃是中央司法機關本於司法職掌，以解釋法律或命令等方式，監督地方自治團體，一方面藉以防止地方當局違法濫權；一方面則爲人民生命財產自由的保障。

(一)憲法的解釋

我國司法制度兼具英、美兩國的精神，所以憲法第七十八條及第七十九條第二項規定，司法院大法官會議掌理憲法之解釋。由於地方法規有無牴觸憲法，亦屬憲法解釋範疇，故大法官會議自得其違憲審查權對地方法規進行司法監督。地方制度法第三十條及第四十三條也分別規定：「自治法規與憲法、法律，基於法律授權之法規、上級自治團體自治條例或該自治團體自治條例有無牴觸發生疑義時，得聲請

司法院解釋之。」「直轄市議會、縣（市）議會、鄉（鎮、市）民代表會議決自治事項與憲法、法律、中央法規、縣規章有無牴觸發生疑義時，得聲請司法院解釋之。」

這是司法院對於地方自治團體行使司法監督權的明證，司法院不但行使憲法解釋權，而且有統一解釋法律命之權，是則直轄市立法機關所立的法，或直轄市行政機關的行政命令，均在司法院監督之列，至於縣市之應受監督者，則更不待論。

(二)地方公務人員懲戒

對於自治人員的監督，依憲法第七十七條規定：「司法院為國家最高司法機關，掌理民事、刑事、行政訴訟之審判，及公務員之懲戒。」

地方制度法第八十條規定：「直轄市長、縣（市）長、鄉（鎮、市）長適用公務員服務法；其行為有違法、廢弛職務或其他失職情事者，準用公務人員之懲戒規定。」由上述可見，屬國家司法機關的公務員懲戒委員會，有權對地方自治團體的公務人員作出懲戒。

四、考試監督

考試監督係國家最高考試機關，以考試、銓敘、保障、撫卹、退休等權，對地方自治團體職員所實施的監督方式。一般是由中央或上級機關規定任用人員的資格，然後由自治團依其標準遴用。也有實行考試制度，依功績制以管理地方自治人員，我國即採用此一制度。

憲法第八十五條規定：「公務人員之選用，應實行公開競爭之考試制度，……非經考試及格者，不得任用。」第八十六條又規定：「左列資格，應經考試院依法考選銓定之一：一、公務人員任用資格。二、專門職業及技術人員執業資格。」故所有候選及任命官吏，

無論中央與地方，皆須經中央考試銓定資格，乃得任用。考試院為國家最高考試機關，因之，它對各級自治團體的人事有監督權。

五、監察監督

我國最高監察機關為監察院，係以糾舉、彈劾、財務審計等權，而對地方自治團體或個人實施監督。此項監督方式，為我國所特有。憲法第九十七條第二項規定：「監察院對於中央及地方公務人員認為有失職或違法情事，得提出糾舉案或彈劾案，如涉及刑事，應移送法院辦理。」

審計權亦屬憲法規定為監察院職權之一，依審計法第五條規定：「各省政府、院轄市及縣市政府暨其所屬機關財務之審計，由審計部就各該省及院轄市所設之審計處辦理之。」故財務審計行使之對象，地方自治團體當亦包括在內。

中央與地方的關係，近半個世紀以來，已有明顯的轉變趨勢，傳統的「監督與臣服」關係，已逐漸被「服務與協助」所取代。由於社會結構不斷改變，人民對政府的需求不斷增加，地方政府的職能也隨著人民的需求而擴張，地方政府現有的人力、物力及既有法定權力，均不足以應付此一變動的環境，勢必要仰賴中央政府提供知識與技術的協助，而中央政府也有責任與義務，針對地方政府的需求，提供適切的協助與服務，才能應付日益變遷的環境。隨著此一情勢的發展，中央與地方的關係也就有了急速改變，中央政府似乎不再扮演命令者、監督者，而逐漸轉變為顧問、諮詢、協助與服務的角色，這無疑是近代民主國定對地方自治團體監督權行使的新趨勢。

【註釋】

1 許志雄等，《地方自治研究》，台北市：業強，民81，頁3。

2 許志雄等，《地方自治之研究》，台北市：業強，民81，頁5。

3 許志雄等，《地方自治之研究》，台北市：業強，民81，頁8-9。

4 楊志誠，〈民主政治下的地方自治〉，《中國地方自治》，第50卷第3期，頁16。

5 洪泉湖等，《憲法新論》，台北市：幼獅，民89，頁242-243。

6 陳銘祥等，《現代憲法論》，台北市：元照，民88，頁373。

7 彭堅汶等，《中華民國憲法概論》，台北市：今古，民87，頁303。

8 廖義銘，〈我國中央與地方權限劃分爭議解決機制〉，《中國地方自治》，第58卷第6期，民88，頁22。

9 周志宏，〈修憲與地方自治的地殼變動〉，《中國地方自治》，第50卷第7期，民86，頁24。

10 陳銘祥等，《現代憲法論》，台北市：元照，民88，頁373。

11 張忠正，《中華民國憲法釋論》，台北縣：李唐文化，民85，頁328。

12 張忠正，《中華民國憲法釋論》，台北縣：李唐文化，民85，頁329。

13 張忠正，《中華民國憲法釋論》，台北縣：李唐文化，民85，頁329。

14 彭堅汶等，《中華民國憲法概論》，台北市：今古文化，民87，頁306-307。

15 謝秉憲，〈台灣省政府體制之典範轉移與第四階段憲政中省自治化規定的檢討〉，《憲政時代》，第24卷第4期，民88，頁31。

16 洪泉湖等，《憲法新論》，台北市：幼獅，民89，頁261-266。

17 黃哲真，《地方自治概論》，台北：正中書局，民67，頁422。

18 謝秉憲，〈台灣省政府體制之典範轉移與第四階段憲政中省自治化規定的檢討〉，《憲政時代》，第24卷第4期，民88，頁33。

附錄一

中華民國憲法

中華民國憲法

中華民國三十五年十二月二十五日國民大會通過
中華民國三十六年元旦國民政府公布
中華民國三十六年十二月二十五日施行

　　中華民國國民大會受全體國民之付託，依據　孫中山先生創立中華民國之遺教，為鞏固國權、保障民權、奠定社會安寧、增進人民福利，制定本憲法，頒行全國，永矢咸遵。

第一章　總　綱

第一條　　　　中華民國基於三民主義，為民有、民治、民享之民主共和國。

第二條　　　　中華民國之主權屬於國民全體。

第三條　　　　具有中華民國國籍者，為中華民國國民。

第四條　　　　中華民國領土依其固有之疆域，非經國民大會之決議，不得變更之。

第五條　　　　中華民國各民族一律平等。

第六條　　　　中華民國國旗為紅地，左上角青天白日。

第二章　人民之權利與義務

第七條　　　　中華民國人民，無分男女、宗教、種族、階級、黨派，在法律一律平等。

第八條　　　　人民身體之自由應予保障，除現行犯之逮捕由法律另定外，非經司法或警察機關依法定程序，不得逮捕拘禁。非由法院依法定程序，不得審問處罰。非依法定程序之逮捕、拘禁、審問、處罰，得拒絕之。人民因犯罪嫌疑被逮捕拘禁時，其逮捕拘禁機

關應將逮捕拘禁原因，以書面告知本人及其本人指定之親友；並至遲於二十四小時內移送該管法院審問，本人或他人亦得聲請該管法院，於二十四小時內向逮捕之機關提審。法院對於前項聲請不得拒絕，並不得先令逮捕拘禁之機關查覆。逮捕拘禁之機關對於法院之提審，不得拒絕或遲延。人民遭受任何機關非法逮捕拘禁時，其本人或他人得向法院聲請追究，法院不得拒絕。並應於二十四小時內向逮捕拘禁之機關追究，依法處理。

第九條　　　人民除現役軍人外，不受軍事審判。

第十條　　　人民有居住及遷徙之自由。

第十一條　　人民有言論、講學、著作及出版之自由。

第十二條　　人民有秘密通訊之自由。

第十三條　　人民有信仰宗教之自由。

第十四條　　人民有集會及結社之自由。

第十五條　　人民之生存權、工作權及財產權應予保障。

第十六條　　人民有請願、訴願及訴訟之權。

第十七條　　人民有選舉、罷免、創制、複決之權。

第十八條　　人民有應考試、服公職之權。

第十九條　　人民有依法律納稅之義務。

第二十條　　人民有依法律服兵役之義務。

第二十一條　人民有受國民教育之權利與義務。

第二十二條　凡人民之其他自由及權利，不妨害社會秩序及公共利益者，均受憲法之保障。

第二十三條　以上各條列舉之自由權利，除爲防止妨礙他人自由、避免緊急危難、維持社會秩序、或增進公共利益所必要者外，不得以法律限制之。

第二十四條　　　　凡公務員違法侵害人民之自由或權利者，除依法律受懲戒外，應負刑事及民事責任。被害人民就其所受損害，並得依法律向國家請求賠償。

第三章　國民大會

第二十五條　　　　國民大會依本憲法之規定，代表全國國民行使政權。

第二十六條　　　　國民大會以下列代表組織之：

一、每縣市及其同等區域各選出代表一人。但其人口逾五十萬人者，每增加五十萬人增選代表一人。縣市同等區域以法律定之。

二、蒙古選出代表，每盟四人，每特別旗一人。

三、西藏選出代表，其名額以法律定之。

四、各民族在邊疆地區選出代表，其名額以法律定之。

五、僑居國外之國民選出代表，其名額以法律定之。

六、職業團體選出代表，其名額以法律定之。

七、婦女團體選出代表，其名額以法律定之。

第二十七條　　　　國民大會之職權如下：

一、選舉總統、副總統。

二、罷免總統、副總統。

三、修改憲法。

四、複決立法院所提之憲法修正案。

關於創制、複決兩權，除前項第三第四兩款規定外，俟全國有半數之縣市曾經行使創制、複決兩項政權時，由國民大會制定辦法並行使之。

第二十八條　　　國民大會代表每六年改選一次。

每屆國民大會代表之任期，至次屆國民大會開會之日爲止。

現任官吏不得於其任所所在地之選舉區，當選爲國民大會代表。

第二十九條　　　國民大會於每屆總統任滿前九十日集會，由總統召集之。

第三十條　　　　國民大會遇有下列情形之一時，召集臨時會：

一、依本憲法第四十九條之規定，應補選總統、副總統時。

二、依監察院之決議，對於總統、副總統提出彈劾案時。

三、依立法院之決議，提出憲法修正案時。

四、國民大會代表五分之二以上請求召集時。

國民大會臨時會如依前項第一款或第二款應召集時，由立法院院長通告集會。依第三款或第四款應召集時，由總統召集之。

第三十一條　　　國民大會之開會地點在中央政府所在地。

第三十二條　　　國民大會代表在會議時所爲之言論及表決，對會外不負責任。

第三十三條　　　國民大會代表除現行犯外，在會期中非經國民大會許可，不得逮捕或拘禁。

第三十四條　　　國民大會之組織，國民大會代表之選舉、罷免，及國民大會行使職權之程序，以法律定之。

第四章　總統

第三十五條　　　總統爲國家元首，對外代表中華民國。

第三十六條　　　總統統率全國陸海空軍。

第三十七條　　　總統依法公布法律、發布命令，須經行政院院長之
　　　　　　　　副署，或行政院院長及有關部會首長之副署。

第三十八條　　　總統依本憲法之規定，行使締結條約及宣戰媾和之
　　　　　　　　權。

第三十九條　　　總統依法宣布戒嚴，但須經立法院之通過或追認，
　　　　　　　　立法院認為必要時，得決議移請總統解嚴。

第四十條　　　　總統依法行使大赦、特赦、減刑及復權之權。

第四十一條　　　總統依法任免文武官員。

第四十二條　　　總統依法授與榮典。

第四十三條　　　國家遇有天然災害、癘疫，或國家財政經濟上有重
　　　　　　　　大變故，須為急速處分時，總統於立法院休會期
　　　　　　　　間，得經行政院會議之決議，依緊急命令法發布緊
　　　　　　　　急命令，為必要之處置。但須於發布命令後一個月
　　　　　　　　內，提交立法院追認，如立法院不同意時，該緊急
　　　　　　　　命令立即失效。

第四十四條　　　總統對於院與院間之爭執，除本憲法有規定者外，
　　　　　　　　得召集有關各院院長會商解決之。

第四十五條　　　中華民國國民年滿四十歲者，得被選為總統、副總
　　　　　　　　統。

第四十六條　　　總統、副總統之選舉，以法律定之。

第四十七條　　　總統、副總統之任期為六年，連選得連任一次。

第四十八條　　　總統應於就職時宣誓，誓詞如下：
　　　　　　　　「余謹以至誠，向全國人民宣誓，余必遵守憲法，
　　　　　　　　盡忠職務，增進人民福利，保衛國家，無負國民付
　　　　　　　　託，如違誓言，願受國家嚴厲之制裁，謹誓。」

第四十九條　　　總統缺位時，由副總統繼任，至總統任期屆滿為

止。總統、副總統均缺位時，由行政院院長代行其職權，並依本憲法第三十條之規定，召集國民大會臨時會，補選總統、副總統，其任期以補足原任總統未滿之任期爲止。總統因故不能視事時，由副總統代行其職權。總統、副總統均不能視事時，由行政院院長代行其職權。

第五十條　　　總統於任滿之日解職。如屆期次任總統尙未選出，或選出後總統、副總統均未就職時，由行政院院長代行總統職權。

第五十一條　　行政院院長代行總統職權時，其期限不得逾三個月。

第五十二條　　總統除犯內亂或外患罪外，非經罷免或解職，不受刑事上之訴究。

第五章　行政

第五十三條　　行政院爲國家最高行政機關。

第五十四條　　行政院設院長、副院長各一人，各部會首長若干人，及不管部會之政務委員若干人。

第五十五條　　行政院院長由總統提名，經立法院同意任命之。
　　　　　　　立法院休會期間，行政院院長辭職或出缺時，由行政院副院長代理其職務，但總統須於四十日內咨請立法院召集會議，提出行政院院長人選，徵求同意。行政院院長職務，在總統所提行政院院長人選未經立法院同意前，由行政院副院長暫行代理。

第五十六條　　行政院副院長、各部會首長及不管部會之政務委員，由行政院院長提請總統任命之。

第五十七條　　行政院依下列規定，對立法院負責：

一、行政院向立法院提出施政方針及施政報告之
責，立法委員在開會時，有向行政院院長及行
政院各部會首長質詢之權。

二、立法院對於行政院之重要政策不贊同時，得以
決議移請行政院變更之。行政院對於立法院之
決議，得經總統之核可，移請立法院覆議。覆
議時，如經出席委員三分之二維持原決議，行
政院院長應即接受該決議或辭職。

三、行政院對立法院決議之法律案、預算案、條約
案，如認為有窒礙難行時，得經總統之核可，
於該決議案送達行政院十日內，移請立法院覆
議。覆議時，如經出席委員三分之二維持原
案，行政院院長應即接受該決議或辭職。

第五十八條　　　行政院設行政院會議，由行政院院長、副院長、各
部會首長及不管部會之政務委員組織之，以院長為
主席。

行政院院長、各部會首長，須將應行提出於立法院
之法律案、預算案、戒嚴案、大赦案、宣戰案、媾
和案、條約案及其他重要事項，或涉及各部會共同
關係之事項，提出於行政院會議議決之。

第五十九條　　　行政院於會計年度開始三個月前，應將下半年度預
算案提出於立法院。

第六十條　　　　行政院於會計年度結束後四個月內，應提出決算於
監察院。

第六十一條　　　行政院之組織，以法律定之。

第六章　立法

第六十二條　立法院為國家最高立法機關，由人民選舉之立法委員組織之，代表人民行使立法權。

第六十三條　立法院有議決法律案、預算案、戒嚴案、大赦案、宣戰案、媾和案、條約案及國家其他重要事項之權。

第六十四條　立法院立法委員依下列規定選出之：

一、各省、各直轄市選出者。其人口在三百萬以下者五人；其人口超過三百萬者，每滿一百萬人增選一人。

二、蒙古各盟旗選出者。

三、西藏選出者。

四、各民族在邊疆地區選出者。

五、僑居國外之國民選出者。

六、職業團體選出者。

立法委員之選舉及前項第二款至第六款立法委員名額之分配，以法律定之。婦女在第一項各款之名額，以法律定之。

第六十五條　立法委員之任期為三年，連選得連任，其選舉於每屆任滿前三個月內完成之。

第六十六條　立法院設院長、副院長各一人，由立法委員互選之。

第六十七條　立法院得設各種委員會。

各種委員會得邀請政府人員及社會上有關係人員到會備詢。

第六十八條　立法院會期每年兩次，自行集會。第一次自二月至五月底，第二次自九月至十二月底，必要時得延長

之。

第六十九條　　立法院遇有下列情事之一者，得開臨時會：

一、總統之咨請。

二、立法委員四分之一以上之請求。

第七十條　　　立法院對於行政院所提預算案，不得為增加支出之提議。

第七十一條　　立法院開會時，關係院院長及各部會首長得列席陳述意見。

第七十二條　　立法院法律案通過後，移送總統及行政院，總統應於收到後十日內公布之，但總統得依照本憲法第五十七條之規定辦理。

第七十三條　　立法委員在院內所為之言論及表決，對院外不負責任。

第七十四條　　立法委員除現行犯外，非經立法院許可，不得逮捕或拘禁。

第七十五條　　立法委員不得兼任官吏。

第七十六條　　立法院之組織，以法律定之。

第七章　司法

第七十七條　　司法院為國家最高司法機關，掌理民事、刑事、行政訴訟之審判，及公務員之懲戒。

第七十八條　　司法院解釋憲法，並有統一解釋法律及命令之權。

第七十九條　　司法院設院長、副院長各一人，由總統提名，經監察院同意任命之。

司法院設大法官若干人，掌理本憲法第七十八條規定事項，由總統提名，經監察院同意任命之。

第八十條　　　法官須超出黨派以外，依據法律獨立審判，不受任

何干涉。

第八十一條　法官爲終身職，非受刑事或懲戒處分或禁治產之宣告，不得免職，非依法律，不得停職、轉任或減俸。

第八十二條　司法院及各法院之組織，以法律定之。

第八章　考試

第八十三條　考試院爲國家最高考試機關，掌理考試、任用、銓敘、考績、級俸、陞遷、保障、褒獎、撫卹、退休、養老等事項。

第八十四條　考試院設院長、副院長各一人，考試委員若干人，由總統提名，經監察院同意任命之。

第八十五條　公務人員之選拔，應實行公開競爭之考試制度，並應按省區分別規定名額，分區舉行考試，非經考試及格者，不得任用。

第八十六條　下列資格，應經考試院依法考選銓定之：
一、公務人員任用資格。
二、專門職業及技術人員執業資格。

第八十七條　考試院關於所掌事項，得向立法院提出法律案。

第八十八條　考試委員須超出黨派以外，依據法律獨立行使職權。

第八十九條　考試院之組織，以法律定之。

第九章　監察

第九十條　監察院爲國家最高監察機關，行使同意、彈劾、糾舉及審計權。

第九十一條　監察院設監察委員，由各省市議會、蒙古西藏地方議會及華僑團體選舉之。其名額分配依下列之規

定：

一、每省五人。

二、每直轄市二人。

三、蒙古各盟旗共八人。

四、西藏八人。

五、僑居國外之國民八人。

第九十二條　監察院設院長、副院長各一人，由監察委員互選之。

第九十三條　監察委員之任期為六年，連選得連任。

第九十四條　監察院依本憲法行使同意權時，由出席委員過半數之議決行之。

第九十五條　監察院為行使監察權時，得向行政院及其各部會調閱其所發布之命令及各種有關文件。

第九十六條　監察院得按行政院及其各部會之工作，分設若干委員會，調查一切設施，注意其是否違法或失職。

第九十七條　監察院經各該委員會之審查及決議，得提出糾正案，移送行政院及其有關部會，促其注意改善。

監察院對於中央及地方公務人員，認為有失職或違法情事，得提出糾舉案或彈劾案，如涉及刑事，應移送法院辦理。

第九十八條　監察院對於中央及地方公務人員之彈劾案，須經監察委員一人以上之提議，九人以上之審查及決定，始得提出。

第九十九條　監察院對於司法院或考試院人員失職或違法之彈劾，適用本憲法第九十五條、第九十七條及第九十八條之規定。

第一百條　監察院對於總統、副總統之彈劾案，須有全體監察

委員四分之一以上之提議，全體監察委員過半數之
審查及決議，向國民大會提出之。

第一百零一條　監察委員在院內所爲之言論及表決，對院外不負責
任。

第一百零二條　監察委員除現行犯外，非經監察院許可，不得逮捕
或拘禁。

第一百零三條　監察委員不得兼任其他公職或執行業務。

第一百零四條　監察院設審計長，由總統提名，經立法院同意任命
之。

第一百零五條　審計長應於行政院提出決算後三個月內，依法完成
其審核，並提出審核報告於立法院。

第一百零六條　監察院之組織以法律定之。

第十章　中央與地方之權限

第一百零七條　下列事項，由中央立法並執行之：

一、外交。

二、國防與國防軍事。

三、國籍法及刑事、民事、商事之法律。

四、司法制度。

五、航空、國道、國有鐵路、航政、郵政及電政。

六、中央財政與國稅。

七、國稅與省稅、縣稅之劃分。

八、國營經濟事業。

九、幣制及國家銀行。

十、度量衡。

十一、國際貿易政策。

十二、涉外之財政經濟事項。

十三、其他依本憲法所定關於中央之事項。

第一百零八條　下列事項，由中央立法並執行之，或交由省縣執行之：

一、省縣自治通則。

二、行政區劃。

三、森林、工礦及商業。

四、教育制度。

五、銀行及交易所制度。

六、航業及海洋漁業。

七、公用事業。

八、合作事業。

九、二省以上之水陸交通運輸。

十、二省以上之水利、河道及農牧事業。

十一、中央及地方官吏之銓敘、任用、糾察及保障。

十二、土地法。

十三、勞動法及其他社會立法。

十四、公用徵收。

十五、全國戶口調查及統計。

十六、移民及墾殖。

十七、警察制度。

十八、公共衛生。

十九、賑濟、撫卹及失業救濟。

二十、有關文化之古籍、古物及古蹟之保存。

前項各款，省於不牴觸國家法律內，得制定單行法規。

第一百零九條　下列事項，由省立法並執行之，或交由縣執行之：

一、省教育、衛生、實業及交通。

二、省財產之經營及處分。

三、省市政。

四、省公營事業。

五、省合作事業。

六、省農林水利、漁牧及工程。

七、省財政及省稅。

八、省債。

九、省銀行。

十、省警政之實施。

十一、省慈善及公益事項。

十二、其他依國家法律賦予之事項。

前項各款，有涉及二省以上者，除法律別有規定外，得由有關各省共同辦理。

各省辦理第一項各項事務，其經費不足時，經立法院議決，由國庫補助之。

第一百十條　下列事項，由縣立法並執行之：

一、縣教育、衛生、實業及交通。

二、縣財產之經營及處分。

三、縣公營事業。

四、縣合作事業。

五、縣農林、水利、漁牧及工程。

六、縣財政及縣稅。

七、縣債。

八、縣銀行。

九、縣警衛之實施。

十、縣慈善及公益事項。

十一、其他依國家法律以及省自治法賦予之事項。

前項各款，有涉及二縣以上者，除法律別有規定外，得由有關各縣共同辦理。

第一百十一條　除第一百零七條、第一百零八條、第一百零九條及第一百十條列舉事項外，如有未列舉事項發生時，其事務有全國一致之性質者屬於中央，有全省一致之性質者屬於省，有一縣之性質者屬於縣。遇有爭議時，由立法院解決之。

第十一章　地方制度

第一節　省

第一百十二條　省得召集省民代表大會，依據省縣自治通則，制定省自治法，但不得與憲法牴觸。

省民代表大會之組織及選舉，以法律定之。

第一百十三條　省自治應包含下列各款：

一、省設省議會，省議會議員由省民選舉之。

二、省設省政府，置省長一人，省長由省民選舉之。

三、省與縣之關係。

屬於省之立法權，由省議會行之。

第一百十四條　省自治法制定後，須即送司法院，司法院如認為有違憲之處，應將違憲條文宣布無效。

第一百十五條　省自治法施行中，如因其中某條發生重大障礙，經司法院召集有關方面陳述意見後，由行政院院長、立法院院長、司法院院長、考試院院長與監察院院長組織委員會，以司法院院長為主席，提出方案解決之。

第一百十六條	省法規與國家法律牴觸者無效。
第一百十七條	省法規與國家法律有無牴觸發生疑義時，由司法院解釋之。
第一百十八條	直轄市之自治，以法律定之。
第一百十九條	蒙古各盟旗地方自治制度，以法律定之。
第一百二十條	西藏自治制度，應予以保障。

第二節　縣

第一百二十一條	縣實行縣自治。
第一百二十二條	縣得召集縣民代表大會，依據省縣自治通則，制定縣自治法，但不得與憲法及省自治法牴觸。
第一百二十三條	縣民關於縣自治事項，依法律行使創制、複決之權。對於縣長及其他縣自治人員，依法律行使選舉、罷免之權。
第一百二十四條	縣設縣議會，縣議會議員由縣民選舉之。屬於縣之立法權，由縣議會行之。
第一百二十五條	縣單行規章與國家法律或省法規牴觸者無效。
第一百二十六條	縣設縣政府，置縣長一人，縣長由縣民選舉之。
第一百二十七條	縣長辦理縣自治，並執行中央及省委辦事項。
第一百二十八條	市準用縣之規定。

第十二章　選舉、罷免、創制、複決

第一百二十九條	本法所規定之各種選舉，除本憲法別有規定外，以普通、平等、直接及無記名投票之方法行之。
第一百三十條	中華民國國民年滿二十歲者，有依法選舉之權，除本憲法及法律別有規定者外，年滿二十三歲者，有依法被選舉之權。
第一百三十一條	本憲法所規定各種選舉之候選人，一律公開競選。

第一百三十二條　選舉應嚴禁威脅利誘，選舉訴訟，由法院審判之。

第一百三十三條　被選舉人得由原選舉區依法罷免之。

第一百三十四條　各種選舉應規定婦女當選名額，其辦法以法律定之。

第一百三十五條　內地生活習慣特殊之國民代表名額及選舉，其辦法以法律定之。

第一百三十六條　創制、複決兩權之行使，以法律定之。

第十三章　基本國策

第一節　國防

第一百三十七條　中華民國之國防，以保衛國家安全，維護世界和平為目的。國防之組織，以法律定之。

第一百三十八條　全國陸海空軍，須超出於個人、地域及黨派關係以外，效忠國家，愛護人民。

第一百三十九條　任何黨派及個人，不得以武裝力量為政爭之工具。

第一百四十條　現役軍人不得兼任文官。

第二節　外交

第一百四十一條　中華民國之外交應本獨立自主之精神，平等互惠之原則，敦睦邦交，尊重條約及聯合國憲章，以保護僑民權益，促進國際合作，提倡國際正義，確保世界和平。

第三節　國民經濟

第一百四十二條　國民經濟，應以民生主義為基本原則，實施平均地權，節制資本，以謀國計民生之均足。

第一百四十三條　中華民國領土內之土地屬於國民全體，人民依法取得之土地所有權，應受法律之保障與限制。私有土地應照價納稅，政府並得照價收買。

附著於土地之礦，及經濟上可供公眾利用之天然
力，屬於國家所有，不因人民取得土地所有權而受
影響。土地價值非因施以勞力資本而增加者，應由
國家徵收土地增值稅，歸人民共享之。

國家對於土地之分配與整理，應以扶植自耕農及自
行使用土地人為原則，並規定其適當經營之面積。

第一百四十四條　公用事業及其他獨佔性之企業，以公營為原則，其
經法律許可者，得由國民經營之。

第一百四十五條　國家對於私人財富及私營事業，認為有妨害國計民
生之平衡發展者，應以法律限制之。合作事業應受
國家之獎勵與扶助。國民生產事業及對外貿易，應
受國家之獎勵、指導及保護。

第一百四十六條　國家應運用科學技術以興修水利、增進地方、改善
農業環境、規劃土地利用、開發農業資源、促成農
業之工業化。

第一百四十七條　中央為謀省與省間之經濟平衡發展，對於貧瘠之
省，應酌予補助。

省為謀縣與縣間之經濟平衡發展，對於貧瘠之縣，
應酌予補助。

第一百四十八條　中華民國領域內，一切貨物應許自由流通。

第一百四十九條　金融機關，應依法受國家之管理。

第一百五十條　　國家應普設平民金融機構，以救濟失業。

第一百五十一條　國家對於僑居國外之國民，應扶助並保護其經濟事
業之發展。

第四節　社會安全

第一百五十二條　人民具有工作能力者，國家應予以適當之工作機

會。

第一百五十三條　國家爲改良勞工及農民之生活，增進其生產技能，
　　　　　　　　應制定保護勞工及農民之法律，實施保護勞工及農
　　　　　　　　民之政策。婦女、兒童從事勞動者，應按其年齡及
　　　　　　　　身體狀態，予以特別保護。

第一百五十四條　勞資雙方應本協調合作原則，發展生產事業。勞資
　　　　　　　　糾紛之調解與仲裁，以法律定之。

第一百五十五條　國家爲謀社會福利，應實施社會保險制度，人民之
　　　　　　　　老弱殘廢，無力生活，及受非常災害者，國家應予
　　　　　　　　以適當之扶助與救濟。

第一百五十六條　國家爲奠定民族生存發展之基礎，應保護母性，並
　　　　　　　　實施婦女兒童福利政策。

第一百五十七條　國家爲增進民族健康，應普遍推行衛生保健事業及
　　　　　　　　公醫制度。

第五節　教育文化

第一百五十八條　教育文化，應發展國民之民族精神、自治精神、國
　　　　　　　　民道德、健全體格、科學及生活智能。

第一百五十九條　國民受教育之機會一律平等。

第一百六十條　　六歲至十二歲之學齡兒童，一律受基本教育，免納
　　　　　　　　學費，其貧苦者，由政府供給書籍。
　　　　　　　　已逾學齡未受基本教育之國民，一律受補習教育，
　　　　　　　　免納學費，其書籍亦由政府供給。

第一百六十一條　各級政府應廣設獎學金名額，以扶助學行俱優無力
　　　　　　　　升學之學生。

第一百六十二條　全國公私立之教育文化機關，依法律受國家之監
　　　　　　　　督。

第一百六十三條　國家應注重各地區教育之均衡發展，並推行社會教

育，以提高一般國民之文化水準，邊遠及貧瘠地區之教育文化經費，由國庫補助之。其重要之教育文化事業，得由中央辦理或補助之。

第一百六十四條　教育、科學、文化之經費，在中央不得少於其預算總額百分之十五，在省不得少於其預算總額百分之二十五，在市、縣不得少於其預算總額百分之三十五，其依法設置之教育文化基金及產業，應予保障。

第一百六十五條　國家應保障教育、科學、藝術工作者之生活，並依國民經濟之進展，隨時提高其待遇。

第一百六十六條　國家應獎勵科學之發明與創造，並保護有關歷史文化藝術之古蹟、古物。

第一百六十七條　國家對於下列事業或個人，予以獎勵或補助：

一、國內私人經營之教育事業成績優良者。

二、僑居國外國民之教育事業成績優良者。

三、於學術或技術有發明者。

四、從事教育久於其職而成績優良者。

第六節　邊疆地區

第一百六十八條　國家對於邊疆地區各民族之地位，應予以合法之保障，並於其地方自治事業，特別予以扶植。

第一百六十九條　國家對於邊疆地區各民族之教育、文化、交通、水利、衛生及其他經濟、社會事業，應積極舉辦，並扶助其發展。對於土地使用應依其氣候、土壤性質及人民生活習慣之所宜，予以保障及發展。

第十四章　憲法之施行及修改

第一百七十條　本憲法所稱之法律，謂經立法院通過，總統公布之

法律。

第一百七十一條　法律與憲法牴觸者無效。

法律與憲法有無牴觸發生疑義時，由司法院解釋
之。

第一百七十二條　命令與憲法或法律牴觸者無效。

第一百七十三條　憲法之解釋，由司法院為之。

第一百七十四條　憲法之修改依下列程序之一為之：

一、由國民大會代表總額五分之一之提議，三分之
二之出席，及出席代表四分之三之決議得修改
之。

二、由立法院立法委員四分之一之提議，四分之三
之出席，及出席委員四分之三之決議，擬定憲
法修正案，提請國民大會複決。此項憲法修正
案，應於國民大會開會前半年公告之。

第一百七十五條　本憲法規定事項，有另定實施程序之必要者，以法
律定之。

本憲法施行之準備程序，由制定憲法之國民大會議
定之。

附錄二

中華民國憲法增修條文

中華民國憲法增修條文

中華民國八十年五月一日總統令制定公布

中華民國八十一年五月二十八日總統令修正公布

中華民國八十三年八月一日總統令修正公布

中華民國八十六年七月二十一日總統令修正公布

中華民國八十八年九月十五日總統令修正公布

中華民國八十九年四月二十五日總統令修正公布

中華民國九十四年六月十日總統令修正公布

為因應國家統一前之需要，依照憲法第二十七條第一項第三款及第一百七十四條第一款之規定，增修本憲法條文如下：

第一條　人民行使直接民權

中華民國自由地區選舉人於立法院提出憲法修正案、領土變更案，經公告半年，應於三個月內投票複決，不適用憲法第四條、第一百七十四條之規定。

憲法第二十五條至第三十四條及第一百三十五條之規定，停止適用。

第二條　總統、副總統

總統、副總統由中華民國自由地區全體人民直接選舉之，自中華民國八十五年第九任總統、副總統選舉實施。總統、副總統候選人應聯名登記，在選票上同列一組圈選，以得票最多之一組為當選。在國外之中華民國自由地區人民返國行使選舉權，以法律定之。

總統發布行政院院長與依憲法經立法院同意任命人員之任免命令及解散立法院之命令，無須行政院院長之副署，不適用憲法第三十七條之規定。

總統為避免國家或人民遭遇緊急危難或應付財政經濟上重大變故，得

經行政院會議之決議發布緊急命令，為必要之處置，不受憲法第四十三條之限制。但須於發布命令後十日內提交立法院追認，如立法院不同意時，該緊急命令立即失效。

總統為決定國家安全有關大政方針，得設國家安全會議及所屬國家安全局，其組織以法律定之。

總統於立法院通過對行政院院長之不信任案後十日內，經諮詢立法院院長後，得宣告解散立法院。但總統於戒嚴或緊急命令生效期間，不得解散立法院。立法院解散後，應於六十日內舉行立法委員選舉，並於選舉結果確認後十日內自行集會，其任期重新起算。

總統、副總統之任期為四年，連選得連任一次，不適用憲法第四十七條之規定。

副總統缺位時，總統應於三個月內提名候選人，由立法院補選，繼任至原任期屆滿為止。

總統、副總統均缺位時，由行政院院長代行其職權，並依本條第一項規定補選總統、副總統，繼任至原任期屆滿為止，不適用憲法第四十九條之有關規定。

總統、副總統之罷免案，須經全體立法委員四分之一之提議，全體立法委員三分之二之同意後提出，並經中華民國自由地區選舉人總額過半數之投票，有效票過半數同意罷免時，即為通過。

立法院提出總統、副總統彈劾案，聲請司法院大法官審理，經憲法法庭判決成立時，被彈劾人應即解職。

第三條　行政院

行政院院長由總統任命之。行政院院長辭職或出缺時，在總統未任命行政院院長前，由行政院副院長暫行代理。憲法第五十五條之規定，停止適用。

行政院依左列規定，對立法院負責，憲法第五十七條之規定，停止適

用：

一、行政院有向立法院提出施政方針及施政報告之責。立法委員在開會時，有向行政院院長及行政院各部會首長質詢之權。

二、行政院對於立法院決議之法律案、預算案、條約案，如認為有窒礙難行時，得經總統之核可，於該決議案送達行政院十日內，移請立法院覆議。立法院對於行政院移請覆議案，應於送達十五日內作成決議。如為休會期間，立法院應於七日內自行集會，並於開議十五日內作成決議。覆議案逾期未議決者，原決議失效。覆議時，如經全體立法委員二分之一以上決議維持原案，行政院院長應即接受該決議。

三、立法院得經全體立法委員三分之一以上連署，對行政院院長提出不信任案。不信任案提出七十二小時後，應於四十八小時內以記名投票表決之。如經全體立法委員二分之一以上贊成，行政院院長應於十日內提出辭職，並得同時呈請總統解散立法院；不信任案如未獲通過，一年內不得對同一行政院院長再提不信任案。

國家機關之職權、設立程序及總員額，得以法律為準則性之規定。

各機關之組織、編制及員額，應依前項法律，基於政策或業務需要決定之。

第四條　立法委員之選舉

立法院立法委員自第七屆起一百一十三人，任期四年，連選得連任，於每屆任滿前三個月內，依左列規定選出之，不受憲法第六十四條及第六十五條之限制：

一、自由地區直轄市、縣市七十三人。每縣市至少一人。

二、自由地區平地原住民及山地原住民各三人。

三、全國不分區及僑居國外國民共三十四人。

前項第一款依各直轄市、縣市人口比例分配，並按應選名額劃分同額

選舉區選出之。第三款依政黨名單投票選舉之，由獲得百分之五以上政黨選舉票之政黨依得票比率選出之，各政黨當選名單中，婦女不得低於二分之一。

立法院於每年集會時，得聽取總統國情報告。

立法院經總統解散後，在新選出之立法委員就職前，視同休會。

中華民國領土，依其固有疆域，非經全體立法委員四分之一之提議，全體立法委員四分之三之出席，及出席委員四分之三之決議，提出領土變更案，並於公告半年後，經中華民國自由地區選舉人投票複決，有效同意票過選舉人總額之半數，不得變更之。

總統於立法院解散後發布緊急命令，立法院應於三日內自行集會，並於開議七日內追認之。但於新任立法委員選舉投票日後發布者，應由新任立法委員於就職後追認之。如立法院不同意時，該緊急命令立即失效。

立法院對於總統、副總統之彈劾案，須經全體立法委員二分之一以上之提議，全體立法委員三分之二以上之決議，聲請司法院大法官審理，不適用憲法第九十條、第一百條及增修條文第七條第一項有關規定。

立法委員除現行犯外，在會期中，非經立法院許可，不得逮捕或拘禁。憲法第七十四條之規定，停止適用。

第五條　司法院

司法院設大法官十五人，並以其中一人為院長、一人為副院長，由總統提名，經立法院同意任命之，自中華民國九十二年起實施，不適用憲法第七十九條之規定。司法院大法官除法官轉任者外，不適用憲法第八十一條及有關法官終身職待遇之規定。

司法院大法官任期八年，不分屆次，個別計算，並不得連任。但並為院長、副院長之大法官，不受任期之保障。

中華民國九十二年總統提名之大法官，其中八位大法官，含院長、副
院長，任期四年，其餘大法官任期為八年，不適用前項任期之規定。
司法院大法官，除依憲法第七十八條之規定外，並組成憲法法庭審理
總統、副總統之彈劾及政黨違憲之解散事項。
政黨之目的或其行為，危害中華民國之存在或自由民主之憲政秩序者
為違憲。
司法院所提出之年度司法概算，行政院不得刪減，但得加註意見，編
入中央政府總預算案，送立法院審議。

第六條　考試院

考試院為國家最高考試機關，掌理左列事項，不適用憲法第八十三條
之規定：
一、考試。
二、公務人員之銓敘、保障、撫卹、退休。
三、公務人員任免、考績、級俸、陞遷、褒獎之法制事項。
考試院設院長、副院長各一人，考試委員若干人，由總統提名，經立
法院同意任命之，不適用憲法第八十四條之規定。
憲法第八十五條有關按省區分別規定名額，分區舉行考試之規定，停
止適用。

第七條　監察院

監察院為國家最高監察機關，行使彈劾、糾舉及審計權，不適用憲法
第九十條及第九十四條有關同意權之規定。
監察院設監察委員二十九人，並以其中一人為院長、一人為副院長，
任期六年，由總統提名，經立法院同意任命之。憲法第九十一條至第
九十三條之規定停止適用。
監察院對於中央、地方公務人員及司法院、考試院人員之彈劾案，須
經監察委員二人以上之提議，九人以上之審查及決定，始得提出，不

受憲法第九十八條之限制。

監察院對於監察院人員失職或違法之彈劾，適用憲法第九十五條、第九十七條第二項及前項之規定。

監察委員須超出黨派以外，依據法律獨立行使職權。

憲法第一百零一條及第一百零二條之規定，停止適用。

第八條　待遇調整

立法委員之報酬或待遇，應以法律定之。除年度通案調整者外，單獨增加報酬或待遇之規定，應自次屆起實施。

第九條　省縣自治

省、縣地方制度，應包括左列各款，以法律定之，不受憲法第一百零八條第一項第一款、第一百零九條、第一百十二條至第一百十五條及第一百二十二條之限制：

一、省設省政府，置委員九人，其中一人為主席，均由行政院院長提請總統任命之。

二、省設省諮議會，置省諮議會議員若干人，由行政院院長提請總統任命之。

三、縣設縣議會，縣議會議員由縣民選舉之。

四、屬於縣之立法權，由縣議會行之。

五、縣設縣政府，置縣長一人，由縣民選舉之。

六、中央與省、縣之關係。

七、省承行政院之命，監督縣自治事項。

台灣省政府之功能、業務與組織之調整，得以法律為特別之規定。

第十條　基本國策

國家應獎勵科學技術發展及投資，促進產業升級，推動農漁業現代化，重視水資源之開發利用，加強國際經濟合作。

經濟及科學技術發展，應與環境及生態保護兼籌並顧。

國家對於人民興辦之中小型經濟事業，應扶助並保護其生存與發展。

國家對於公營金融機構之管理，應本企業化經營之原則；其管理、人事、預算、決算及審計，得以法律為特別之規定。

國家應推行全民健康保險，並促進現代和傳統醫藥之研究發展。

國家應維護婦女之人格尊嚴，保障婦女之人身安全，消除性別歧視，促進兩性地位之實質平等。

國家對於身心障礙者之保險與就醫、無障礙環境之建構、教育訓練與就業輔導及生活維護與救助，應予保障，並扶助其自立與發展。

國家應重視社會救助、福利服務、國民就業、社會保險及醫療保健等社會福利工作，對於社會救助和國民就業等救濟性支出應優先編列。

國家應尊重軍人對社會之貢獻，並對其退役後之就學、就業、就醫、就養予以保障。

教育、科學、文化之經費，尤其國民教育之經費應優先編列，不受憲法第一百六十四條規定之限制。

國家肯定多元文化，並積極維護發展原住民族語言及文化。

國家應依民族意願，保障原住民族之地位及政治參與，並對其教育文化、交通水利、衛生醫療、經濟土地及社會福利事業予以保障扶助並促其發展，其辦法另以法律定之。對於澎湖、金門及馬祖地區人民亦同。

國家對於僑居國外國民之政治參與，應予保障。

第十一條　兩岸關係

自由地區與大陸地區間人民權利義務關係及其他事務之處理，得以法律為特別之規定。

第十二條　憲法修正案之提出

憲法之修改，須經立法院立法委員四分之一之提議，四分之三之出

席，及出席委員四分之三之決議，提出憲法修正案，並於公告半年後，經中華民國自由地區選舉人投票複決，有效同意票過選舉人總額之半數，即通過之，不適用憲法第一百七十四條之規定。

POLIS 叢書 11

中華民國憲法

編 著 者／洪葦倉
出 版 者／揚智文化事業股份有限公司
發 行 人／葉忠賢
總 編 輯／閻富萍
執行編輯／張慧茵
地　　　址／台北縣深坑鄉北深路三段 260 號 8 樓
電　　　話／(02)8662-6826
傳　　　真／(02)2664-7633
網　　　址／http://www.ycrc.com.tw
　E-mail ／service@ycrc.com.tw
印　　　刷／鼎易彩色印刷股份有限公司
　I S B N ／978-957-818-862-4
初版一刷／2001 年 3 月
二版一刷／2008 年 3 月
定　　　價／新台幣 380 元

國家圖書館出版品預行編目資料

中華民國憲法 ＝ The constitution of the
Republic of China / 洪葦倉編著. -- 初版. --
臺北縣深坑鄉：揚智文化, 2008.03
　面；　公分（POLIS叢書；11）

ISBN 978-957-818-862-4(平裝)

1.中華民國憲法

581.21　　　　　　　　　　　97002120